HEYNE BÜCHER

Von Helmut Dietl/Patrick Süskind
erschien als Heyne-Taschenbuch

Monaco Franze · Band 01/6399

Helmut Dietl
Patrick Süskind

Kir ROYAL

Aus dem Leben
eines Klatschreporters

WILHELM HEYNE VERLAG
MÜNCHEN

HEYNE ALLGEMEINE REIHE
Nr. 01/6881

Der Albrecht Knaus Verlag dankt der litera-team-Verlagsgesellschaft mbH & Co., München, und der balance film GmbH, München, für ihre Unterstützung beim Zustandekommen dieses Buches. Die Szenenfotos stellte balance film GmbH zur Verfügung.

Die Folgen 3 *Das Volk sieht nichts* und 4 *Adieu Claire* sind von Helmut Dietl, die übrigen von Helmut Dietl und Patrick Süskind verfaßt.

Geschichten und Personen von ›Kir Royal‹ sind frei erfunden. Ähnlichkeiten mit wirklichen Begebenheiten oder mit lebenden oder toten Personen wären rein zufällig.

Genehmigte, ungekürzte Taschenbuchausgabe

Printed in Germany 1987
Umschlag- und Innenfotos: balance film, München
Umschlaggestaltung: Atelier Ingrid Schütz, München
Gesamtherstellung: Ebner Ulm

ISBN 3-453-00297-0

Inhalt

Die Personen und ihre Darsteller

Baby Schimmerlos	*Franz Xaver Kroetz*
Mona	*Senta Berger*
Herbie Fried	*Dieter Hildebrandt*
Frau von Unruh	*Ruth-Maria Kubitschek*
Edda Pfaff	*Billie Zöckler*

Ferner in
Folge 1

Heinrich Haffenloher	*Mario Adorf*
Puppi	*Harald Leipnitz*
Paula	*Peter Kern*
Sedlacek	*Rudolf Wessely*
Kellner	*Edgar Selge*
Lisa	*Corinna Drews*
Dr. Friedmann	*Martin Wimbush*
Barmann	*Heinz Kraehkamp*
Taxifahrer	*Walter Kraus*
Michi	*Peter Behrling*
Putzfrau	*Elma Karlowa*

Folge 2

Frau Schimmerlos	*Erni Singerl*
Ministerpräsident	*Georg Marischka*
Gregory Wiener	*Fritz Muliar*
Regisseur	*Rolf Ohlsen*
Fanny Kessler	*Christine Schuberth*
Reporterin	*Carola Regnier*
Frau Graf	*Maria Singer*
Georg Kanter	*Hanno Pöschl*
Bea	*Renate Langer*
Produktionschef	*Burkhardt Driest*
Regieassistent	*Fritz Müller-Scherz*
Polizist	*Michael Lerchenberg*

Danny Rosenschitz	*Donald Arthur*
Setzer	*Horst Tomayer*

Folge 3

Hubert von Dürkheimer	*Boy Gobert*
Ministerpräsident	*Georg Marischka*
Josef Geisshofer	*Hans Zischler*
Pfarrer Pfeiffer	*Karl Obermayr*
Bürgermeister	*Willy Harlander*
Notar	*Toni Berger*
Bankdirektor	*Horst Sachtleben*
Butler Michel	*Kurt Raab*
Sicherheitsbeamter	*Werner Asam*

Folge 4

Claire Maetzig	*Marianne Hoppe*
Friedrich Danziger	*Curt Bois*
Dr. Adolf	*Hans Korte*
Butzi	*Charles Regnier*
Holger	*Udo Kier*
Professor Krakauer	*Richard Münch*
Rezeptionist	*Rudolf Wessely*
Diakonissin	*Käte Jaenicke*
Krankenschwester	*Christina Amun*
Kriminalbeamter	*Peter Kuhnert*
Eckart Witzigmann	*Eckart Witzigmann*

Folge 5

Königin von Mandalia	*Michaela May*
Ministerpräsident	*Georg Marischka*
Staatssekretär Klaustaler	*Walter Schmidinger*
Hugo Raeber	*Paul Hubschmied*
Sedlacek	*Rudolf Wessely*

Oberst Montgomery	*Thomas Tipton*
Liane von Alvensleben	*Ortrud Beginnen*
Hubsi	*Dieter Krebs*

Folge 6

Gregory Wiener	*Fritz Muliar*
Peggy Kaufmann	*Angelica Domröse*
Toni Shultz	*Karl Lieffen*
Bauernbursch	*Wolfgang Fierek*
Sekretär Vogel	*Paul Baur*
Ehepaar	*Ortrud Beginnen*
	Klaus Guth
Massageschwester	*Elia Zimmermann*
Fred	*Thomas Müller*
Hans	*Konstantin Wecker*
Herr mit Hut	*Charles Kalman*
Sammy Drechsel	*Sammy Drechsel*

Mona (Senta Berger), die Freundin des Klatschreporters Baby Schimmerlos.

1

Wer reinkommt, ist drin

Wohnung Schimmerlos. Mona sitzt an Babys Schreibtisch, hat ihre Brille aufgesetzt und klebt Babys Restaurantrechnungen auf weiße DIN-A4-Bogen. Die jeweiligen Beträge tippt sie in einen Taschenrechner.
Baby sitzt im Bett, hat ein Tablett vor sich und frühstückt. Auf dem Marmorboden zwischen Bett und Schreibtisch kniet eine ältere türkische Putzfrau und wischt die Platten. Aus Babys Gesichtsausdruck und gelegentlichen Blicken ist zu entnehmen, daß ihm sowohl Monas Beschäftigung als auch die Gegenwart der Putzfrau auf die Nerven gehen.

MONA *drückt auf den Rechner, der das Endergebnis ausdruckt.* So. Das sind jetzt sechstausenddreihundertvierundsiebzig Mark sechzig, netto. Und wieviel Trinkgeld hast jedesmal gegeben?
BABY. Des weiß ich nimmer.
MONA. Ja ungefähr? Zehn Prozent? Fünfzehn Prozent?
BABY. Ja, zehn Prozent ungefähr.
MONA. Das Trinkgeld, das mußt du dir nämlich unbedingt auch erstatten lassen. Dafür mach ich dir jetzt einen Trinkgeldeigenbeleg.
BABY. Ja, von mir aus.
Mona tippt wieder in den Rechner, der Rechner druckt aus.
MONA. So. Dann sind das sechshundertsiebenunddreißig Mark sechsundvierzig Trinkgeld...
Die Putzfrau schaut kurz von ihrer Arbeit auf.
MONA *tippt.* ...und zusammen siebentausendvierzehn Mark und sechs Pfennig. Und das nimmst du heut mit in die Zeitung und rechnest ab.
Die Putzfrau geht am Bett vorbei ins Bad.
PUTZFRAU. Tschuldig!

Baby *zu Mona.* Kann sie ned am Nachmittag putzen, oder zuerst unten oder was?
Mona *geht nicht auf Babys Frage ein. Sie legt die Belege beiseite und schlägt ein Schulheft auf.* So. Und jetzt kommen unsere monatlichen Unkosten.
Baby. Muß des denn alles jetzt sein? Kann man ned amal in Ruhe frühstücken? Tu doch mal die greisliche Brille runter!
Mona *fährt ungerührt fort.* Miete zweitausendsechshundert, Nebenkosten mit Heizung vierhundertfünfzig. Putzfrau vierhundertfünfzig...
Die Putzfrau geht mit einem Eimer aus dem Bad in die Küche.
Putzfrau. Tschuldig!
Mona. ...Telefon Minimum siebenhundert, Lebensversicherung dreihundertfünfundsiebzig, Unfallversicherung hundertzwölf Mark fünfzig, Hausratversicherung vierundvierzig Mark...

Hof der Münchner Allgemeinen Tageszeitung. Babys Porsche fährt in den Hof. Monas Stimme ist weiter zu hören.
Mona. ...Autosteuer, Benzin und Versicherung – eintausendzweihundert Mark – Wäsche und Reinigung dreihundertfünfzig, Haushalt, Essen, Trinken: Minimum zweitausend – Kosmetik, Kleider, Zigaretten: Minimum eintausend...
Baby steigt aus dem Auto, geht über den Hof ins Gebäude.
Baby geht die Treppe hinauf. Wieder Monas Stimme.
Mona. ...Bausparvertrag sechshundertfünfzig Mark; Beitrag Journalistenverband: achtundsechzig Mark; Rechtsschutzversicherung und ADAC: einhundertundzehn Mark; Leasingvertrag Fernseher und Videorecorder: zweihundertachtzig Mark; Kreditkarten – Diners Club, American Express, Master Card, Eurocard, Visa – zusammen mindestens eintausendfünfhundert Mark.
Baby geht aus dem Bild.

Büro Schimmerlos. Baby betrachtet Fotos, die Herbie auf dem Schreibtisch ausgebreitet hat. Herbie steht am Waschbecken, läßt sich ein Glas Wasser einlaufen und bröckelt sich zwei Alka Seltzer hinein. Edda sitzt an der Schreibmaschine und tippt.

Der Klatschreporter Baby Schimmerlos (Franz Xaver Kroetz).

BABY. Des ist der reine Wahnsinn: Ich geb im Monat ungefähr vierzehntausend Mark aus, und viere verdien ich grad, netto. Des heißt, ich hab im Monat ungefähr zehntausend Mark Defizit ... Da müssert ich ja mindestens dreißigtausend Mark brutto verdienen im Monat, damit ich mir des leisten könnt. Dabei leist ich mir sowieso scho nix. Andre Leut haben Häuser und Yachten, gehn dreimal im Jahr zum Skifahrn oder zum Segeln oder spielen Golf – des mach ja ich alles nicht. Im Grund mach ich überhaupt nix anders als wie arbeiten. Ich versteh gar ned, wie des andre Leut machen. – Wie macht's denn ihr des? Wie machst denn du des, Edda, mit deine paar Mark?
EDDA. Ach ja, ich streck mich halt nach der Decke, weißt du, ich kauf auch nichts mehr normal. Höchstens mal ein Sonderangebot oder da halt, wo ich's günstiger oder billiger krieg, oder wo ich Beziehungen hab.
HERBIE. Ja, genau. So mußtes machen, Baby. Aus seinen Beziehungen muß man was machen. Schreib doch rein, wie fabelhaft der Champagner gestern war – und schon haste morgen zehn Kisten davon zu Haus.
BABY. Davon kann ich koa Miete zahln.
HERBIE. Na ja, dann schreibstes halt nich nur einmal rein, sondern immer, wenn's nur irgendwie geht, und gibst den Brüdern nen kleinen Wink, sie solln dirs in bar rüberschieben. Oder schreib endlich mal was über diesen Frischzellenonkel da aus Dingsda ... wie heißt das Kaff?
BABY. Ja, i weiß scho.
HERBIE. Der hat mir mal persönlich gesagt, und zwar ganz direkt, daß er dir zwanzig Mille auf den Tisch des Hauses legt, und zwar cash und schwarz und alles – verstehste ... da brauchen wir nur rausfahren, n paar schöne große Fotos machen, und schon klingelts in der Ladenkasse!
BABY. Ja, danke, Herbie, des is mir hinlänglich bekannt. Des fangen wir gar ned an.
HERBIE. Ja – tschuldige – *du* hast von Geld geredet, nicht ich.
BABY. Ja, ja, is scho recht ... *Er deutet auf ein Foto.*
BABY. Wer is denn die da eigentlich? Komm amal her!
HERBIE. Wer?
BABY. Ja, des Mädel da!

Der Photograph Herbie Fried (Dieter Hildebrandt).

HERBIE. Du, das is n sehr nettes junges Mädel.
BABY. Aha, netts jungs Mädel, die koaner kennt.
HERBIE. Du, ich kenn sie...
BABY. Ja, des glaub' ich. Die kommt nicht rein!
HERBIE. Ach Mensch, Baby, ich habs ihr doch versprochen... jetzt sei doch nich so... sieht doch süß aus, die kleine Maus!
BABY. Ja, ja, kleine Maus! Die kommt raus, die kleine Maus. Und nehmen tun wir die zwei Fotos da.
HERBIE. Tja. Schade. Jetzt haste nem kleinen begabten Mädchen das Herz gebrochen.
BABY. Ja, des kann ich mir vorstellen, wo die begabt is! – So. Und jetzt gib amal den Text her, Edda!

Edda nimmt das Blatt aus der Maschine und reicht es Baby. Baby nimmt seinen Kugelschreiber in die Hand und geht den Text durch. Edda sitzt gespannt da und ißt eine Praline.
BABY. Wer isn des da, Edda?
EDDA. Wer, Baby?
BABY. Prominentenzahnarzt Dr. Carl Friedmann?
EDDA. Du ... das is ein Zahnarzt ... ein bekannter Zahnarzt ...
BABY. Mir is der nicht bekannt. Ich hab den auch ned neigschrieben – wie kommt denn der da in die Gästeliste nei?
EDDA. Ja ... weil er auch da war. Der war auch dabei, Baby.
BABY. Wo?
EDDA. Ja gestern da ... im Villa Medici.
BABY. So? Aha! – Jetzt sag amal was anders, Edda: Kann des sein, daß dieser prominente Carl Friedmann da ... daß der dein Zahnarzt is?
EDDA. Du, zu dem gehn viele, Baby.
BABY. So? Aber hauptsächlich du, oder?
EDDA. Ja – ich auch, wieso?
BABY. Der kommt raus! *Er streicht den Namen aus.*
EDDA. Baby ... der ist aber ehrlich ein guter Zahnarzt, ehrlich!
BABY. Des is mir wurscht, Edda. Ich kenn ihn nicht und die Leut kennen ihn auch nicht, und wir machen hier a Serie »Wo sich die Prominenz trifft«, und ned »Wer mein guter Freund is« oder ... *er schaut Herbie an* ... »mit wem ich gestern bumst hab« oder *zu Edda* »Wo ich meine Zähne billiger krieg«. Is des jetzt ein für allemal klar, Herbie?
HERBIE. Och ... ich dachte halt, bißchen junges Blut ... tut jedem gut.
BABY. Naa, des fangen wir gar ned an, Herbie. Und wer reinkommt, Edda, verstehst, des bestimm ich. Und sonst niemand! Is des jetzt klar?
Edda nickt. Herbie zuckt die Achseln.
BABY *wirft Edda das Päckchen der von Mona aufgeklebten Spesenquittungen auf den Schreibtisch.* Und des san meine Spesen von die letzten vierzehn Tag, die möcht ich heut noch abgerechnet haben. *Er steht auf und geht hinaus. Herbie*

sammelt seine Fotos ein, schaut versonnen das junge Mädchen an.
HERBIE. So ne süße Maus ... und die is wirklich begabt – was die alles drauf hat! Er, verstehste! »Kennt keiner«! Natürlich nich, woher auch. Is ja erst achtzehn. Und ne Haut hat se, du, wie n Pfirsich, und so nen festen kleinen Popo, Mensch, wie ne Pflaume ... man fragt sich doch wirklich, wie aus den Kindern was werden soll, wenn keiner ihnen hilft.
EDDA. Mein Zahnarzt ist auch sehr gut ... und nett is er, ein Spitzenzahnarzt, des sag ich dir ... meine ganzen Zähn tät der mir neu machen, überall Jacketkronen, des kost normalerweise mindestens zwölftausend Mark ... und mir tät ers für fünfe machen, wenn ihn der Baby bloß einmal neischreiben tät. Tut ihm doch ned weh! Kost ihn doch nix. Ich versteh des nicht. Verstehst du des, Herbie?

Hochhaus Arabellapark. Eine Balkontür steht offen. Aus dem Apartment ist das Weinen eines Mädchens zu hören.
Apartment Lisa. Herbie sitzt an Lisas Bett, umgeben von Puppen und Stofftieren. Lisa liegt neben ihm und weint. Herbie streichelt ihren Hintern. Fotos vom Abend vorher liegen auf dem Bett.
HERBIE. Ach, Mädelchen, jetzt hör doch auf zu weinen. Sind doch wunderbare Fotos, überall biste drauf, guck mal, du bist die hübscheste von allen!
LISA *richtet sich auf*. So? Und warum bin ich dann nicht drin, du Schwein?
HERBIE. Ich wollt dich doch reintun, Lisamaus, der Baby wollts nicht!
LISA. Wieso, der kennt mich doch gar nicht.
HERBIE. Ja, deswegen eben. Er hat gesagt: »Wer ist denn die? Die kenn ich nicht. Die kommt raus!«
LISA. Gestern hast du gesagt, du bestimmst, wer reinkommt.
HERBIE. Lisamäuschen, das ist doch nur ne Frage der Zeit, jetzt hat er dich wenigstens mal gesehen auf dem Foto, und wen der Baby mal gesehen hat, den vergißt er auch nicht so schnell. Darfst doch nicht vergessen, Mädelchen, daß du nochn völlig unbeschriebenes Blatt bist. Bißchen ausziehen hättste dich müssen, das hat der Baby auch gesagt, dann hättn wir vielleicht was machen können ... so »schöne

nackte Unbekannte« oder so was – komm, das machen wir jetzt! *Er versucht, ihr die Bluse aufzuknöpfen, sie haut ihm sofort auf die Finger.*

LISA. Finger weg, du geiler Sack!

HERBIE. Ach komm, Lisamäuschen, komm ein bißchen schuckeln mit Onkel Herbie! Warst doch gestern auch nicht so.

LISA. Gestern war gestern und heut ist heut, und geschuckelt wird erst wieder, wenn ich drin bin!

HERBIE. Ja, Mädelchen, die Nummer kenn ich, Onkel Herbie hat schon viele Fotos gemacht in seinem Leben. Weißte, wenn du dich erst mal in der Zeitung siehst, verstehste, vierzehn mal achtzehn, dann kennst du mich doch gar nicht mehr!

LISA. Wieso? Du bist doch ein ganz toller Typ als Mann, ich stehe auf so Kerle wie dich, so ältere mit Brille und so. Von mir, das verspreche ich, kannste immer alles haben. Da, bitte, schau her! *Sie knöpfte die Bluse auf und zeigt ihm ihre Brüste.* Kannst du alles haben – aber erst, wenn ich drin bin.

Büro Schimmerlos/Praxis Dr. Friedmann. Edda telefoniert mit Dr. Friedmann. Sie hat eine Liste vor sich liegen.

EDDA. Naa, Herr Dr. Friedmann heut sinds noch nicht drin, leider.

Friedmann sitzt im Kittel auf seinem Drehstuhl. Hinter ihm liegt eine ältere Patientin mit Mundklammer und Speichelsauger im Behandlungsstuhl.

FRIEDMANN. Ja vielleicht hat er was gegen mich persönlich, der Herr Schimmerlos?

EDDA. Naa, ganz bestimmt nicht, Herr Doktor, der kennt Sie ja gar nicht, Herr Doktor, des is ja des Problem. Ich hab alles so neigschrieben, wie wirs ausgemacht haben: »Im Trubel gesichtet wurde Prominentenzahnarzt Dr. Carl Friedmann.«

FRIEDMANN. Carl mit »C«?

EDDA. Ja, freilich mit »C« – und dann hat ers wieder rausgestrichen!

FRIEDMANN. Er persönlich?

EDDA. Er persönlich mit seinem eigenen Kugelschreiber.

FRIEDMANN. Dann kennt er doch jetzt auf jeden Fall meinen Namen?
EDDA. Ja, ja, der Name Dr. Carl Friedmann, der is ihm jetzt schon ein Begriff. Und einen Namen, den der Herr Schimmerlos einmal gehört hat, den vergißt er auch nimmer so schnell. Des is jetzt nur noch eine Frage der Zeit, und dann stehen Sie drin, Herr Doktor, hundertprozentig!
Friedmann macht ein besorgtes Gesicht, die Patientin hinter ihm stöhnt.
FRIEDMANN *zur Patientin.* Pscht! – Tja ... wie wollen wir denn jetzt in der Sache weiterkommen?
EDDA. Ja, also jetzt passens auf, Herr Doktor: Ich geb Ihnen die Liste von allen Lokalen durch, die der Herr Schimmerlos in der Serie »Wo sich die Prominenz trifft« noch behandeln will – aber die ist streng geheim, gell, die weiß niemand, nicht amal die Lokale selber!
FRIEDMANN. Ja, ja, natürlich, das bleibt unter uns!
EDDA. Hams was zu schreiben?
FRIEDMANN *rollt mit seinem Drehstuhl zu einem Tisch, packt Kugelschreiber und Rezeptblock.* Ja, ich höre ... *Die Patientin hinter ihm stöhnt wieder.*
FRIEDMANN. Jetzt seien Sie mal still endlich! – Ja, ich höre ...
EDDA. Also: Heute abend Champs-Elysées; morgen Kay's Bistro; übermorgen Grüne Gans, hinterher Schumann's; Montag Franziskaner, hinterher Harry's Bar; Dienstag Käfer; Mittwoch Königshof; Donnerstag Schwarzwälder; Freitag Boettner; Samstag Trader Vic's und hinterher P 1 – des wär jetzt einmal die ganze nächste Woch, des müssert reichen. Wenns da überall hingehen, Herr Doktor, dann sans automatisch drin.
Friedmann hat alles auf seinem Rezeptblock notiert.

Vor Hotel Bayerischer Hof. Am frühen Abend. Babys weißer Porsche hält vor dem Hotel. Der Portier kommt ihm entgegen, öffnet die Wagentüre.
PORTIER. Guten Abend, Herr Schimmerlos.
BABY. N Abend, Herr Böck.
PORTIER. Soll ich ihn in die Garage nunterfahren?
BABY. Naa, ich geh nur schnell in die Bar, ich bleib ned lang.

Hotelhalle. Baby geht durch die Hotelhalle in Richtung Bar, grüßt in Richtung Rezeption.
BABY. N Abend, Herr Sedlacek! Is die Mona da ...?
SEDLACEK. In der Bar, Herr Schimmerlos! Guten Abend! *Er schaut Baby einen Moment nach, dann greift er zum Telefon und wählt drei Nummern.*

Hotelhalle/Badezimmer. Das Telefon klingelt. In der Badewanne liegt der Industrielle Heinrich Haffenloher und liest die Zeitschrift High Society.
HAFFENLOHER *hebt das Telefon im Bad ab.* Haffenloher!
SEDLACEK. Ja, hier Rezeption, Sedlacek. Ich wollte nur sagen, Herr Generaldirektor, grad ist der Herr Schimmerlos hereingekommen. Er ist jetzt in der Bar. Also wenn Sie sich jetzt da ganz unauffällig hinbegeben würden, dann könnten Sie ihn vielleicht ansprechen und ihm Ihr ... äh ... Anliegen vortragen. Ich müßt mich da natürlich ganz auf Ihre Diskretion verlassen können – nicht daß Sie sagen, ich hätt Sie geschickt oder so ...
HAFFENLOHER. Nein, nein, vielen Dank, Sedlacek!
Haffenloher legt auf und steigt aus der Badewanne. Er trocknet sich rasch ab und geht ins Zimmer hinüber. Fröhlich vor sich hinsummend öffnet er den Schrank, holt Hose, Hemd und dunkelblauen Blazer heraus, geht zum Schreibtisch, greift zu seiner dicken goldenen Uhr und zu seinen großen goldenen Manschettenknöpfen. Auf dem Schreibtisch liegen mehrere Zeitungsausschnitte von Babys Serie »Wo sich die Prominenz trifft«. Wohlgefällig ruht Haffenlohers Blick eine Weile lang auf einem großen Foto mit der Bildunterschrift: »Prächtig amüsieren sich Eckart Witzigmann und seine Gäste«.
HAFFENLOHER *versonnen.* Prächtig amüsiert sich Generaldirektor Heinrich Haffenloher im Kreise seiner Freunde ... *Er lächelt glücklich. Dann läuft er zum Bett zurück und schlüpft schnell in seine Socken.*

Hotelbar. Haffenloher betritt die Hotelbar. Baby und Mona sitzen an der Bar und trinken Kir Royal. Mona hat verschiedene Prospekte und Proben von Auslegeware vor sich liegen. Heftig redet sie auf Baby ein.

MONA. ... ich hab alles noch mal durchgerechnet, Baby, unsere monatlichen Unkosten. Das einzige, was wir uns wirklich sparen können, ist die Putzfrau. Des sind vierhundertfünfzig Mark im Monat, mal zwölf ... sind fünftausendvierhundert und absetzen von der Steuer kannst dus auch nicht, das heißt, daß uns die Putzfrau bei deinem Steuersatz ungefähr das Doppelte kostet, nämlich runde zehntausend Mark im Jahr.

BABY. Und wer putzt nacha? Machst des nacha du oder wie? Oder wer?

MONA. Ja, die tut ja sowieso nix, des meiste mach ja sowieso ich. Des einzige, was sie putzt, is der Boden.

BABY. Was? Für zehntausend Mark im Jahr putzt sie bloß an Boden oder wie?

Der Barmann Wolfgang kommt zu Haffenloher.

HAFFENLOHER *vertraulich.* Herr Wolfgang – der Herr da drüben, das ist doch der Herr Schimmerlos, nich wahr? *Wolfgang nickt.* Was trinkt denn der da mit seiner Dame?

WOLFGANG. Kir Royal, Herr Generaldirektor.

HAFFENLOHER. Aha! Kir Royal. Dann probier ich das vielleicht auch mal, Herr Wolfgang, was?

WOLFGANG. Gerne, Herr Generaldirektor.

HAFFENLOHER *hält Wolfgang, der sich entfernen will, am Ärmel zurück.* Äh ... Herr Wolfgang ... machen Sie doch gleich noch zwei so ... Dingsda ... für die Herrschaften ... auf meine Rechnung ... und für Sie auch einen!

WOLFGANG. Gerne, Herr Generaldirektor. *Er will sich entfernen, Haffenloher winkt ihn noch einmal zurück.*

HAFFENLOHER. Pst, Herr Wolfgang! – Was kostet denn da son Glas von dem Royal da?

WOLFGANG. Achtzehn Mark, Herr Generaldirektor.

HAFFENLOHER *pfeift beeindruckt durch die Zähne.* Huju! Donnerwetter! Herr Wolfgang, wissen Sie was – da lassen Sie doch meinen einfach weg!

WOLFGANG. Ja ... ich brauch auch keinen, Herr Generaldirektor.

HAFFENLOHER *lächelt erleichtert.* Aja ... dann, wissen Sie was – dann machen Sie doch nur diese zwei Royal da für Herrn Schimmerlos und seine Dame, und wir beide, wir trinken

zusammen ein schönes, gepflegtes Pils!
WOLFGANG. Eines? – Zusammen?
HAFFENLOHER *lächelt spendabel.* Nein, nein, natürlich jeder eines!
WOLFGANG. Wie Sie wünschen, Herr Generaldirektor!
Während der Barmann Pils und Kir Royal vorbereitet, setzt sich Haffenloher in Positur und versucht, einen Blick von Baby zu erhaschen, was ihm jedoch nicht gelingt, da Baby in die Prospekte vertieft ist. Nur Mona schaut einmal kurz auf, worauf Haffenloher sofort ein freundliches Lächeln aufsetzt, das von Mona mit einer Art mechanischer Höflichkeit kurz und fast unbewußt erwidert wird.
MONA. ... am billigsten wär, wir täten den Boden mit so einem Linoleum auslegen lassen ... so wie des da oder wie des da, da gibts alle Muster und alle Farben – des wisch ich einmal in der Woche naß raus und fertig.
BABY. Geh, Mona, ich spinn doch ned. Ich leg doch ned so ein greislichs Linoleum auf unseren schönen Marmorboden!
MONA. Der ist nicht schön ... der war vielleicht einmal schön ... der ist von Anfang an falsch verlegt und falsch behandelt worden. Da hab ich mich auch erkundigt: Da müßten zum größten Teil die Platten erneuert werden, und poliert müssens werden und richtig versiegelt, sonst hast du ewig die Dreckflecken und siehst ewig die Ränder. Schmutzabweisend muß dieser Boden gemacht werden und wischfest.
BABY. Ja, dann laß halt des machen, des is mir allweil noch lieber als des greisliche Linoleum.
MONA. Ja – des is aber teuer. Da hab ich mich nämlich auch erkundigt, beim Marmor-Lindlmaier. Wenn des ordentlich gemacht sein soll, dann kommt es bei unsere hundertfünfzig Quadratmeter da auf gute zwölftausend Mark.
BABY. Zwölftausend Mark? Für einen Boden versiegeln? Ja, ich bin doch ned wahnsinnig!
MONA. Baby – des is nicht billig, aber im Grund is des auch ned viel mehr als ein Jahr Putzfrau. – Schau, des schaut dann so aus!
Mona hält Baby ein kleines Probestückchen polierten Marmors hin. In diesem Moment serviert Wolfgang den beiden die Kir Royal von Haffenloher.

BABY. Was is des, Wolfi?
WOLFGANG. Von dem Typ da drüben.
Baby und Mona schauen zu Haffenloher hinüber, der bereits ein Glas Pils zuprostend hochhält und über das ganze Gesicht strahlt.
BABY. Was will denn der? Wer isn des?
WOLFGANG. Ach – irgend so ein Provinzheini. Fabrikant aus Kleinweilersheim oder so wo.
BABY. Kenn i ned. Schönen Gruß. Ich laß mich ned einladen.
Er schiebt die beiden Gläser weg.
Wolfgang schaut zu Haffenloher hinüber, zuckt die Achseln, entfernt sich mit den Gläsern.
BABY *zu Mona.* Zwölftausend Mark für einen Boden versiegeln – also alles was recht ist! Des is ja direkt kriminell – des is ja der offene Straßenraub. Über den müssert man direkt amal was schreiben.
MONA. Ja, genau das wärs! Wenn du das machen könntest, dann könnten wir nämlich mit diesem Lindlmaier da, der mir die Prospekte da mitgegeben hat, ein sehr gutes Geschäft machen.
BABY. Wieso?
MONA. Ja ... weil dieser Herr Lindlmaier, der ist mehr so ein Künstler, ein Kunstfliesenleger, verstehst du ... der macht auch so Marmorbüsten für alle möglichen Leut ... und hat überhaupt, scheint mir, so einen Drang zum Höheren ... zur besseren Gesellschaft halt.
BABY. Ja und?
MONA. Ja ... und da hat er mir halt ziemlich klar zu verstehen gegeben, daß ... wenn du zum Beispiel irgendeine kleine Gschicht machen würdest über ihn, mit ein paar Fotos ... so »Prominentenfliesenleger Lindlmaier« oder so ...
Im Hintergrund pirscht sich Haffenloher heran.
BABY. Ja wirkli ned!
MONA. ... Ja warum denn nicht? Dann kriegen wir das viel billiger! Aber viel! Vielleicht sogar um die Hälfte!
BABY. Also Mona, ich mach mich doch ned lächerlich und schreib an Artikel über ...
In diesem Moment steht Haffenloher neben Baby, mit seinem Pilsglas in der Hand.
HAFFENLOHER. Verzeihung, Herr Schimmerlos ...

MONA *redet weiter.* Warum denn nicht, schreibst doch sonst auch über jeden Deppen!
Baby dreht sich unwillig zu Haffenloher um.
HAFFENLOHER. Verzeihung, ich wollte Sie nicht stören...
BABY. Was wollen Sie?
HAFFENLOHER. Mein Name ist Haffenloher, Heinrich Haffenloher...
BABY. Ja und?
HAFFENLOHER. Ich glaube, Sie kennen mich.
BABY. Des glaub ich nicht!
HAFFENLOHER. Doch. Brieflich.
BABY. Brieflich?
HAFFENLOHER *beginnt zu rezitieren.*

> »Sehr verehrter, lieber Baby Schimmerlos!
> Herold und Zeremonienmeister der Glückseligen,
> derer, die im Lichte stehn,
> und im ewigen Lebensfeste
> tanzend sich im Reigen drehn...

MONA *leise zu Baby.* Was will er?
BABY. Ich weiß es nicht.
Auch Wolfgang, der Barmann, und die übrigen Gäste der Bar schauen Haffenloher verständnislos an.
HAFFENLOHER.

> ...Glücklich, wer an deiner Seite
> Tag für Tag und Nacht um Nächte
> rauschhaft durch das Leben schreite
> und nicht an das Morgen dächte!...

BABY. *leise zu Wolfgang.* Wolfi, ich möcht zahlen, schnell! *Zu Mona.* Steh auf, komm!
Haffenloher wird nun immer emphatischer.
HAFFENLOHER.

> ...wo die Jugend ewig währet,
> und das Alter keine Sorgen kennt,
> wo die Lebenslust sich nie verzehret,
> und der Schönheit Flamme tausend Jahre brennt...«

BABY *wirft vierzig Mark auf den Tresen und schiebt Mona zur Bar hinaus.* Geh zu, der spinnt, geh!

Hotelhalle. Baby und Mona durchqueren eilig die Hotelhalle und gehen dem Ausgang zu. Haffenloher läuft ihnen nach. Sedlacek sieht die Szene und kommt hinter der Rezeption hervorgelaufen.
HAFFENLOHER *ruft.* Herr Schimmerlos! Bitte! Warten Sie doch! Herr Schimmerlos!
Baby und Mona verschwinden nach draußen. Haffenloher will ihnen nach, da wird er von Sedlacek am Arm gepackt und zurückgehalten.
SEDLACEK. Aber bitte, Herr Generaldirektor! Ich habe Sie doch ausdrücklich um Diskretion gebeten!
HAFFENLOHER *plötzlich cholerisch.* Ach, halten Sie den Mund... *Er schaut durch die Glasscheiben der Eingangstüren hinaus, sieht, wie Baby und Mona in den Porsche steigen und davonfahren.* Wo ist er denn jetzt hingefahren, der Herr Schimmerlos?
SEDLACEK. Das weiß ich nicht! *Er geht zurück zur Rezeption.*
HAFFENLOHER *folgt ihm.* Der geht doch jetzt bestimmt zum Essen mit seiner Dame. Wo ißt er denn immer, der Herr Schimmerlos?
SEDLACEK. Was weiß ich.
Sedlacek verschwindet hinter dem Tresen der Rezeption. Haffenloher zieht seine Brieftasche aus dem Jackett, sie ist mit Tausendmarkscheinen gespickt. Er nimmt einen Fünfzigmarkschein heraus und schiebt ihn Sedlacek hin.
HAFFENLOHER. Bitte, Herr Sedlacek, es liegt mir sehr viel daran, ich wäre Ihnen außerordentlich dankbar!
SEDLACEK *steckt den Fünfziger ein.* Danke, Herr Generaldirektor, das ist sehr freundlich – aber ich könnts Ihnen jetzt trotzdem nicht mit Sicherheit sagen... ins Aubergine geht er gern, das weiß ich...
HAFFENLOHER. Aha, Augergine!
SEDLACEK. Ja, aber die haben heut Ruhetag.
HAFFENLOHER. Ach so.
SEDLACEK *überlegt.* Na... dann geht er vielleicht ins Villa Medici... das ist möglich, das ist sogar sehr wahrscheinlich. Ja, ja, ins Villa Medici ist er gegangen.

Haffenloher. Villa Medici! Gut! Dann bestellen Sie mir da jetzt einen Platz!

Sedlacek. Ja, das wird schwer sein, Herr Generaldirektor, da kommt man nur rein, wenn man mindestens drei Wochen im voraus bestellt.

Haffenloher. Aber ich brauch doch nur einen Platz, Herr Sedlacek! Einen kleinen Platz für eine Person! Das gibts doch immer!

Sedlacek. Naa – das gibts dort schon gleich gar nicht! Da müßten Sie schon der Herr Everding sein, oder der Herr Beckenbauer oder die Uschi Glas oder wer ... irgendwer jedenfalls. Aber das sind Sie ja nicht, Herr Generaldirektor, entschuldigens schon ... Einzeltisch für eine Person im Villa Medici! Niemals!

Haffenloher. Ja, dann ... äh ... verlangen Sie eben keinen Einzeltisch, sondern meinetwegen einen Tisch für zwei ... oder vier!

Sedlacek. Das wird zuwenig sein!

Haffenloher *ringt mit sich. Sedlacek schüttelt den Kopf.* Sechs ... sieben ...?

Sedlacek *schüttelt den Kopf.* Herr Generaldirektor, das mindeste, was jemand wie Sie, den man nicht kennt, dort bestellen muß, glauben Sie mirs, das ist ein Tisch für – zwölf Personen!

Haffenloher. Zwölf? – Gut, dann bestellen Sie für zwölf!

Sedlacek. Wie Sie wünschen, Herr Generaldirektor, aber dann müssens auch für zwölfe zahlen – das wird nicht billig sein!

Haffenloher schluckt.

Restaurant Villa Medici. Ein Gebäude im neoklassizistischen Stil. Der Vorbau ist von Säulen getragen, rechts und links des Eingangs stehen klassische griechische Figuren, auf dem Portikus ist der Name »Villa Medici« in großen goldenen Lettern eingemeißelt. Luxusautos sind vor dem Gebäude geparkt. Ein livrierter Parkwächter geht auf und ab.

Villa Medici. Innen. Auf einem Tablett stehen zwölf Champagnergläser. Rasch wird in jedes Glas ein Schuß Cassis gegeben und mit Champagner aufgefüllt. Ein Ober in römischer Toga und Sandalen ergreift das Tablett. Er trägt das Tablett mit den zwölf Gläsern durchs Lokal. Das Lokal sieht aus wie eine griechische Antikensammlung mit Säulen und Statuen. Die Tische sind mit Damast gedeckt und alle besetzt. Der Ober umrundet mit seinem Tablett mehrere Säulen, ehe er zu einer großen Tafel kommt, die für zwölf Personen gedeckt ist und an deren Kopf einzig und allein Heinrich Haffenloher sitzt. Er hält die Speisekarte in der Hand. Der Ober stellt ganz selbstverständlich vor jedes der Gedecke einen Kir Royal. Haffenloher beobachtet ihn mit entsetzten Augen. Zuletzt serviert der Ober ihm.

HAFFENLOHER. Verzeihen Sie... äh... ist das nicht ein bißchen viel für mich... allein?

OBER. Pardon – das ist ein Tisch für zwölf Personen.

HAFFENLOHER. Ja, aber... wenn ich das alles trinke, dann...

OBER. Pardon – Sie sind ja nicht gezwungen, alles zu konsumieren, was Sie bestellen.

HAFFENLOHER. Ah ja... natürlich... ja...

OBER. Als Vorspeise empfehle ich Ihnen frisches Carpaccio vom Lachs in Kaviarrand mit weißen Trüffeln.

HAFFENLOHER. Ah ja... äh – gibts nicht vielleicht irgendwas Bil-... äh... Bescheiden-... äh... was Einfacheres?

OBER. Pardon – das ist sehr einfach. Wenn Sie was Billigeres wollen, dann müssen Sie zu MacDonald's gehen.

HAFFENLOHER *lacht gequält.* Ja, ja,... natürlich... sehr gut!

OBER. Als nächstes vielleicht einen kleinen Fisch?

HAFFENLOHER. Kleiner Fisch?... Ja... äh... wenns sein muß...

OBER. Da hätten wir heute einen sehr schönen französischen Seewolf, pochiert in Champagner – müßte ich allerdings noch einmal kurz nachfragen, ob noch genug da ist für zwölf Personen. Anschließend vielleicht Wachteln im eigenen Nest, gefüllt mit Gänseleber, en suite äh... Käse, Dessert, Kaffee, Likör, Patisserie.

HAFFENLOHER. Für alle... äh... zwölf?

OBER. Ja, ich dachte – der Einfachheit halber. Oder wollen Sie lieber à la carte, für jeden was anderes?

HAFFENLOHER. Nein, nein... um Gottes willen... machen Sie nur... äh... wie Sie meinen!

OBER. Wie Sie wünschen! Dann bring ich Ihnen jetzt die Weinkarte.
HAFFENLOHER *leise.* Pssst... Herr Ober! Noch ne Frage: ... Sie kennen doch Herrn Schimmerlos?
OBER. Herrn Schimmerlos – ja sicher!
HAFFENLOHER. Der... äh... verkehrt doch hier auch häufiger... der kommt doch auch oft hierher?
OBER. Ja, ja... häufig.
HAFFENLOHER. Hat er... äh... für heute abend auch hier bestellt?
OBER. Nein, der Herr Schimmerlos bestellt nie, der hat hier sowieso immer seinen Tisch.
HAFFENLOHER. Wo?
OBER *deutet auf den einzigen noch freien Tisch im Lokal.* Da!
HAFFENLOHER. Ah ja. Danke!
OBER. Dann darf ich Ihnen jetzt die Weinkarte bringen?
HAFFENLOHER *gut gelaunt.* Ja, gerne!
Der Ober entfernt sich. Haffenloher nimmt sein Glas, trinkt, schaut mit sehnsüchtigem Blick auf Babys leeren Tisch.

Restaurant Champs-Elysées. Eine ehemalige bayrische Gastwirtschaft in Haidhausen. Die Fensterläden sind blau-weiß-rot angestrichen. Über dem Eingang weht die Trikolore, darunter steht in großer Neonschrift: »Champs-Elysées«. Ein Zeitungsverkäufer stellt sein Moped ab und geht ins Lokal. Als sich die Tür öffnet, hört man die Klänge der Marseillaise.
Champs-Elysées. Innen. Das ganz in den Farben der Trikolore gehaltene Lokal ist leer, bis auf Dr. Friedmann, der verloren in einer Ecke sitzt, und Lisa, die ebenso verloren in einer anderen Ecke sitzt.
Der Zeitungsverkäufer geht zur Theke, hinter der der Besitzer Puppi steht. Er trägt ein blau-weiß-rot gestreiftes Hemd und eine Jakobinermütze mit Kokarde auf dem Kopf. Er macht ein gelangweiltes Gesicht. Der Zeitungsverkäufer legt ein Exemplar der MATZ *auf die Theke. Puppi greift mit einer Hand zur Zeitung, mit der anderen zu einer Calvadosflasche und schenkt dem Zeitungsverkäufer ein kleines Glas ein. Der Zeitungsverkäufer kippt das Glas schnell hinunter und geht wieder hinaus.*
Mit sicherem Griff hat Puppi die Seite mit Babys Kolumne

aufgeschlagen. Wütend wendet er sich an seinen Freund Paula, der gerade zwei Kir Royal aufgießt.
PUPPI. Jetzt sieh dir das mal an, Paula!
In der Durchreiche erscheint Paula in blau-weiß-rotem T-Shirt.
PUPPI *angewidert.* »Wo die Prominenz speist – Villa Medici.«
Er zeigt Paula die Kolumne.
PUPPI. Mein Gott, diese Neppklitsche! Diese griechisch-römische Plastikbude! Als ich ihn gebeten habe, mal was über uns zu machen, ja, da hat er nur große Töne gespuckt, ja. Unter nem Stern könnt ers gar nicht machen, nur die Crème de la Crème kommt rein, ja, Aubergine, Tantris, Sabitzer, Königshof und *vielleicht* noch Käfer, wenn die Serie länger geht, mein Gott ... und jetzt Villa Medici, und von uns wieder kein Wort, ja? Ich wette, die haben den geschmiert!
PAULA. Natürlich is der geschmiert! *Er geht mit dem Tablett in Richtung Dr. Friedmann.*
PUPPI. Das korrupte Schwein, das korrupte!
PAULA. Ja dann schmier ihn doch auch!
PUPPI. Ach, an den Kerl kommste doch gar nicht mehr ran, da sitzt doch dieses fette, arrogante Tier, diese Edda, die wimmelt dich doch schon am Telefon ab!
PAULA *serviert Dr. Friedmann einen der Kir Royals.* Ja, aber wer gut schmiert, der gut fährt!
PUPPI. Ja, ja, auch noch schmieren, diesen Schmierenschreiber! *Ihm* sollte man mal eine schmieren!
PAULA. Ja, dann tus doch mal! *Er geht in Richtung zu Lisas Tisch.*
PUPPI. Ja. Tu ich auch. Der wenn mir das nächste Mal über den Weg läuft, dann werde ich ihm mal ganz klar sagen, was ich von ihm halte, von diesem halbseidenen Schnösel, diesem fadenscheinigen, und seiner rothaarigen Schlampe da, dieser prätentiösen Gewitterziege ...
PAULA *serviert Lisa den Kir.* Der übelste von allen ist der Fotograf, das sag ich dir, Puppi, dieser scheinheilige Typ mit der Brille.
PUPPI. Na, der ist ja indiskutabel!
PAULA. Ne ganz linke Sau is der, das sag ich dir!
PUPPI. Ach, die sind doch alle miteinander so was von zum Kotzen ...

Paula ist mit dem leeren Tablett zur Bar zurückgekommen. In diesem Moment geht die Tür auf und Baby, Mona und Herbie kommen herein. Puppi dreht sich um. Er setzt das strahlendste Lächeln der Welt auf und stürzt auf sie zu.

PUPPI. Baby! Mein Liebster! Grüß dich! Bussi! Welch Glanz in meiner Hütte! *Er umarmt ihn.*

BABY. Servus, Puppi!

PUPPI *umarmt Mona.* Mona! Mein Darling, du siehst ja wieder todschick aus! Bussi!

MONA. Bussi, Puppi!

PUPPI *umarmt Herbie.* Herbie! Mein lieber alter Herbie! Bussi!

HERBIE. Bussibussi! *Er winkt hinter Puppis Rücken Lisa zu.*

PUPPI *wendet sich sofort wieder an Baby, legt den Arm um ihn und geht mit ihm voraus zu einem Tisch, die anderen folgen.* Du, Baby, ich habe gerade deinen Artikel übers Villa Medici gelesen – toll, süperb!

BABY. Wieso?

PUPPI. Du – ich will jetzt gar nicht vom Inhalt reden, aber stilistisch! Das ist ja so auf den Punkt, so was von geschliffen!

BABY. Findst du?

PUPPI. Ja, ja, ich habs grade zur Paula gesagt: Der Baby schreibt nen Stil, den findste heute gar nicht mehr – so hat Truman Capote geschrieben für den New Yorker.

BABY. Ja, ja, jetzt langts dann wieder, Puppi.

PUPPI. Nee, du ehrlich, du: Für mich ist das Literatur. Was wollt ihr trinken?

Baby, Mona und Herbie setzen sich.

BABY. Ja, irgendwas halt.

PUPPI. Mach ich euch drei Kir Royal, ist das recht?

BABY. Ja, ja. – Sag amal, Puppi: Viel is bei dir nicht los, oder?

PUPPI. Ach, du – das ist alles reserviert ... ist ja noch früh am Abend, die kommen alle erst noch, weißt du ...

BABY. Also – wer kommtn heut zum Beispiel?

PUPPI. Äh ... ja ... alle ... alle ... *Er geht rasch zur Theke zurück.*

Küche. Puppis Kopf erscheint in der Durchreiche.
PUPPI *aufgeregt.* Paula! Ruf alle an!
PAULA. Wen?
PUPPI. Egal wen – alle sollen kommen, die ganzen Schnorrer – jeder soll jeden mitbringen, Fressen ist umsonst – aber schnell!
PAULA. Ja, wie soll ich denn das jetzt machen?
PUPPI. Egal... irgendwie... sagst einfach, Baby is da und will ne große Story machen für »Wo die Prominenz frißt«, und dann kommen die schon.
PAULA. Is ja wahnsinnig peinlich – Baby is da und das Lokal is leer! *Er greift zum Telefon und wählt.*

Am Tisch. Baby, Mona und Herbie studieren die Speisekarte. Herbie schielt über seine Speisekarte hinüber zu Lisa, die schon etwas ungeduldig dasitzt und ihm durch Gesten deutlich macht, er solle etwas unternehmen.
HERBIE. Du... äh... Baby, ich seh grade, daß da ne alte Bekannte von mir... äh... da sitzt... ganz alleine... würde euch das was ausmachen, Mona, wenn ich die... äh... zu uns rüberhole? Dann muß die nich so alleine dasitzen.
BABY *schaut von der Karte auf.* Was?
MONA *schaut kurz zu Lisa hinüber.* Ja... von mir aus.
HERBIE. Na, dann mach ich das mal gleich – die ist wirklich sehr nett. *Er steht auf und geht zu Lisas Tisch. Baby dreht sich um und schaut ihm nach, sieht Lisa.*
MONA *leise.* Das is doch diese Junge da, die er gestern im Villa Medici auch dabeigehabt hat!
BABY *schaut Mona an, schaut wieder zu Lisa zurück.* So eine Drecksau, dieser Herbie!
MONA. Und warum muß die jetzt hier bei uns am Tisch sitzen?
BABY. Ja, da kann doch ich jetzt nix dafür, Mona!
MONA. Die ist doch nicht zufällig hier – das erzählst du mir doch nicht!
BABY. Ja, Mona, entschuldige... wenn der mir die da reinwürgt...
HERBIE *kommt mit Lisa an den Tisch.* Baby – darf ich euch Lisa vorstellen? Mona – das ist Lisa!

MONA. Guten Abend.
LISA. N Abend, Mona.
HERBIE. Baby, das ist Lisa!
BABY *steht auf.* Grüß Gott.
LISA *strahlend.* Ich bin die Lisa!
BABY *setzt sich.* Ja, i weiß scho. Sie waren gestern auch im Villa Medici dabei, oder?
LISA. Ja? Haben Sie mich gesehn? Bin ich Ihnen aufgefallen?
Mona schaut Baby an. Herbie, der die aufkommende Spannung spürt, greift sofort ein.
HERBIE. Ach, wißt ihr, die Lisa is ja überall dabei und kennt jeden und jeder kennt sie ... und so ...
BABY. So, so.
HERBIE. Sezt dich, Lisamäuschen, komm!
LISA. Wohin denn?
HERBIE. Gleich da irgendwo ... da vielleicht!
Herbie zieht einen Stuhl heran, stellt ihn neben Baby, so daß Baby etwas weiterrücken muß und Lisa neben ihm zu sitzen käme. Herbie setzt sich ans Kopfende des Tisches. Mona sitzt nun an der anderen Längsseite etwas isoliert. Lisa zögert einen Moment.
LISA. Ja, ich weiß nicht, ob Ihnen das recht ist, Mona?
MONA. Ja, warum soll mir das nicht recht sein, Fräulein?
HERBIE. Ach weißte, Mona, sie is halt nochn bißchen scheu, die Lisa.
MONA. Ah ja?
Lisa setzt sich zwischen Baby und Herbie. Alle nehmen die Speisekarte in die Hand.
LISA. Darf ich mal was sagen?
HERBIE *nimmt ihre Hand.* Ja, ja, sag nur, meine Maus!
LISA. Also ... ich finde das toll, was der Baby immer schreibt ... sooo toll, ehrlich! Super!

Küche. Puppi hängt seinen Kopf in die Durchreiche.
PUPPI. Was is? Haste jemand erreicht?
PAULA *steht mit seinem Notizbuch am Telefon.* Bis jetzt noch nicht ... um die Zeit ist ja auch kein Mensch mehr zu Hause.
PUPPI. Ja, zu Hause natürlich nicht, du Doofkopf! In den andern Kneipen mußte anrufen!

PAULA. Ach so... ja... wo denn?
PUPPI. Mein Gott, wo wohl! Wo sie eben sitzen!
PAULA. Ja. Wo sitzen sie denn?
PUPPI. Doofkopf! Ruf im Villa Medici an, hol dir den Michi an die Strippe, der sitzt dort todsicher mit seinem fetten Arsch, und sag ihm, er solle alle mit rüberbringen... und vor allen Dingen sag: Sie können bei uns fressen und saufen, was sie wollen – gratis, franko und umsonst!

Villa Medici, Michi steht am Telefon.
MICHI. ... Umsonst? Aha... ja, Paula, jetzt haben wir natürlich schon bestellt – aber dann bstelln wirs halt wieder ab... und der Baby is auch da, is des gwiß?... Ja, gut, dann sag ich allen Bescheid, dann kommen wir nüber, logisch. Und is wirklich umsonst?... Gut, in zehn Minuten san wir da!
Er legt auf und geht zurück in Richtung seines Tisches. Als er an Haffenlohers Tafel vorbeikommt, trifft er auf den Ober, der gerade zwölf Gedecke Wachteln serviert.
MICHI. Du, Tschitschi, paß auf: Unser Menü bstellst ab, wir müssen dringend weg.
OBER. Ja – es ist aber doch schon bestellt!
MICHI. Ja drum sag i ja: Bstells wieder ab!
OBER. Dann muß ich das sofort machen...
Der Ober läßt seine Wachteln stehen, läuft eilig zur Küche. Haffenloher schaut von seinem Essen auf, schaut dem Ober nach, schaut Michi an, der von Tisch zu Tisch geht und mit den Leuten tuschelt – worauf manche nach den Kellnern rufen, um zu bezahlen, andere sofort aufstehen und das Lokal verlassen. Haffenloher ist verwundert.

Champs-Elysées. Einige der Autos, die man früher vor der Villa Medici gesehen hat, halten vor dem Lokal. Michi und seine Freunde steigen aus, andere Gäste sind zu Fuß gekommen, von allen Seiten strömen Leute in das Lokal. Puppi steht am Eingang und küßt jeden.
PUPPI. Bussi, Michi! Bussi!
MICHI. Bussi, Puppi!
PUPPI. Bussi, Fuschi!...

Champs-Elysées. Innen. Das Lokal ist jetzt brechend voll. Paula und Puppi haben alle Hände voll zu tun. Auch an Dr. Friedmanns Tisch haben sich Leute gesetzt. Stolz verteilt er seine Visitenkarten.

Puppi eilt an Babys Tisch. Auf dem Tisch stehen zwei Eiskübel mit Champagnerflaschen. Baby schenkt Lisa nach, Herbie will Mona nachschenken, sie hält ihre Hand auf das Glas.

PUPPI *aufgekratzt.* So, Kinder, jetzt sagt mir mal schnell, was ihr essen wollt, bevor der Trubel hier zu doll wird.

MONA. Ja – und bevor wir alle völlig besoffen sind!

PUPPI. Wenn er dir nicht schmeckt, mein Champagner, dann mußtes sagen, Mona, dann kriegst nen Apfelsaft.

MONA *gereizt.* Wie?

BABY. Komm, Mona, jetzt!

LISA. Also mir schmeckt er toll, ich find ihn super, Champagner könnt ich jeden Tag trinken.

HERBIE. Du sei jetzt mal ein bißchen still, Lisamäuschen!

LISA. Hab ich was Falsches gesagt?

BABY. Also Mona, sag, wasd essen magst!

Mona greift wieder nach der Karte.

PUPPI. Kinder, nehmts Menü, das geht am schnellsten!

BABY. Was isn des?

PUPPI. Du, heute hätten wir ein superfrisches Lachscarpaccio im Kaviarrand mit weißen Trüffeln ...

LISA. Ah! Super!

PUPPI. ... dann nen schönen französischen Seewolf in Champagner pochiert ...

LISA. Ui toll, schon wieder Champagner!

HERBIE. *nimmt Lisas Hand.* Lisa, bitte – halt mal den Mund!

PUPPI. ... dann Wachteln im eigenen Nest mit Gänseleberfüllung ...

MONA. Das kommt mir alles wahnsinnig bekannt vor ...

PUPPI. Jawiewas? Willstes nicht?

MONA. Doch, Puppi, aber das gleiche haben wir halt gestern auch schon gegessen.

BABY. Mona – wir san ja nicht zum Vergnügen hier!

LISA. Du, Baby, da versteh ich die Mona aber schon, ich möcht auch nicht jeden Tag das gleiche essen. Laß die Mona halt was anderes essen, Baby!

MONA. Das ist sehr nett von Ihnen, Lisa, daß Sie sich so für mich einsetzen, aber ich kann im allgemeinen schon selber sagen, was ich gerne hätte.
PUPPI. Ja, was is jetzt, Kinder?
BABY. Nix is – Wachteln? Und weiter?
PUPPI. Dann Käse, Dessert, Kaffee, Likör, Patisserie.
LISA. Ui, Dessert! Was für Dessert?
MONA. Mousse au chocolat, Lisa, Tiramisù und frische Walderdbeeren – oder, Puppi?
PUPPI *schaut Mona wütend an.* Ja, isses dir nich recht oder nich gut genug oder wie?
BABY. Doch, doch, Puppi, brings nur!
PUPPI *geht weg.* Viermal Menü, Paula!
BABY. Schau, Mona – wenn dir des alles nicht paßt, dann mußt halt das nächste Mal daheimbleiben.
MONA. Nein, das muß ich nicht, Baby. Mich wunderts nur, daß dir das nicht auf die Nerven geht, dieser einfallslose Nouvelle-Cuisine-Scheißdreck, dieser prätentiöse.
BABY. Geh, mir is doch des wurscht!
MONA. Das ist doch immer und überall der gleiche Fraß!

Villa Medici. Der Ober steht neben Haffenloher und zeigt ihm die Dessertkarte.
OBER. ... Mousse au Chocolat – Tiramisù – frische Walderdbeeren ...
HAFFENLOHER *ist schon ziemlich beduselt. Er schaut den Ober mit glasigen Augen an.* Aha! Mhm! Sehr schön! Das ist doch mal was anderes ... dann nehm ich das – wie muß ich das nehmen?
OBER. Ja, ich würde sagen: Viermal Mousse, viermal Tiramisù, viermal Walderdbeeren.
HAFFENLOHER. Gut! – Sag mal, Kumpel, mal ehrlich: Kommt der Schimmerlos noch oder kommt er nun nich mehr?
OBER. Wenn er bis jetzt nicht da war, dann kommt er auch nicht mehr.
Der Ober entfernt sich zum Buffet, um die Desserts zu holen. Bis auf Haffenloher ist das Lokal vollständig leer. Er schaut mit glasigem Blick um sich. Der Ober kommt mit einem Tablett mit zwölf Desserts zurück und serviert.

Der Kleinindustrielle Heinrich Haffenloher (Mario Adorf).

HAFFENLOHER. Sag mal, Kumpel, hier is ja mausetot. Wo sind denn die ganzen Leute hin? So aufn Schlag?
OBER. Ich weiß nicht – vielleicht ist irgendwo eine Party oder so.
HAFFENLOHER. Ah ja! Bei euch Brüdern hier in München ist ja immer ne Menge los, was?
OBER. Ja, hier ist dauernd irgendwo was.
HAFFENLOHER. Und dann gehts aber rund, was? Tag und Nacht lassen die Brüder hier die Sau raus!
OBER. Pardon – wer läßt die Sau raus?
HAFFENLOHER. Ja, die da alle! Wo sind die denn? Waren doch grade alle noch da! Die lassen doch jetzt irgendwo die Sau raus miteinander. Und uns lassen sie hier sitzen. Hätten mich doch auch mitnehmen können, oder? Dabeisein ist doch alles, oder nich?
OBER. Ja... das tut mir leid. Wenn ich das gewußt hätte, dann hätte ich Sie ja mit einem der Herrschaften bekannt machen können...
HAFFENLOHER. Ach du! Wer bist denn du, du kleine Nummer du!? Solche wie dich, die kauf ich mir doch am Dutzend, und deinen Chef dazu mit der ganzen Bude hier – wenn ich will! Kostet mich ein müdes Arschbackenrunzeln. Steh mal stramm, du römischer Jammerlappen!
OBER. Wie bitte?
HAFFENLOHER *holt einen Tausendmarkschein aus der Tasche und hält ihn dem Ober hin.* Strammstehen! Hacken zusammen! Und jetzt sag mal: »Stets zu Diensten, Herr Generaldirektor!«
OBER. Stets zu Diensten, Herr Generaldirektor!
HAFFENLOHER. Haffenloher!
OBER. Haffenloher!
HAFFENLOHER *zieht einen zweiten Tausender heraus.* So. Und jetzt sag mal: »Geld regiert die Welt, und für Geld tu ich alles, Herr Generaldirektor!«
OBER *nimmt den zweiten Tausender.* Geld regiert die Welt und für Geld tu ich alles, Herr Generaldirektor Haffenloher!
HAFFENLOHER. So. Siehste. Und jetzt mach mir mal die Rechnung, du leere Hose, du!

Vor Villa Medici. Die zehn Kellner des Lokals stehen in ihren römischen Togen vor dem Ausgang des Lokals stramm. Sie bilden ein Spalier, durch das Haffenloher, Geldscheine verteilend, auf ein wartendes Taxi zugeht.
ALLE KELLNER. Danke, Herr Generaldirektor ... vielen Dank, Herr Generaldirektor ...
Der Taxichauffeur öffnet Haffenloher die Tür des Wagens. Bevor Haffenloher einsteigt, wendet er sich noch einmal zu den an der Treppe versammelten Kellnern um, winkt ihnen zu.
HAFFENLOHER. Auf Wiedersehen, meine Herren!
DIE KELLNER *im Chor*. Auf Wiedersehen, Herr Generaldirektor Haffenloher!
Das Taxi fährt ab. Haffenloher winkt durch die Scheibe. Alle Kellner winken dem davonfahrenden Taxi nach.

Im Taxi.
HAFFENLOHER. So, Kumpel – wo ist denn jetzt noch was Besonderes los?
TAXIFAHRER. Des woaß i ned – und des is mir aa wurscht – weil i bin jetzt zwölf Stund gfahrn und bei mir is nach der Fahrt jetzt Feierabend!
Haffenloher zieht einen Tausender aus der Tasche, beschmiert ihn mit einem Klebestift – dann klatscht er ihn dem Taxichauffeur auf die Stirn.
Im Rückspiegel sieht der Taxichauffeur den Tausender auf seiner Stirn kleben.
HAFFENLOHER. Wir zwei – wir hauen jetzt auf die Pauke, Kumpel!
TAXICHAUFFEUR. Jawohl, Herr Generaldirektor.

Champs-Elysées. Innen. Das Lokal ist gerammelt voll. Alle Tische sind zusammengeschoben. Die Gäste haben sich untergehakt, singen lauthals die Marseillaise und schunkeln dazu. Puppi steht mit seiner Jakobinermütze auf einem Stuhl, singt den Text vor und dirigiert.
PUPPI. Allons enfants de la patrie-e, le jour de gloire est arrivé ...
Paula geht mit einer Super-Magnum-Flasche Champagner um den Tisch herum und schenkt ein. Betont amüsiert gibt sich Dr.

Friedmann, der in der Mitte der Tafel zwischen Lisa und Michi sitzt, schunkelt und aus Leibeskräften singt.
Herbie steht einige Meter entfernt mit seinem Fotoapparat und knipst, Baby steht hinter ihm. Mona sitzt abseits an dem einzigen Tisch, der frei geblieben ist, und schaut dem Treiben zu.
HERBIE *ruft.* Cheese!
Paula stellt sich sofort mit seiner Flasche in Positur und grinst.
HERBIE *blitzt und sucht eine neue Position.* Cheese!
Paula steht mit der großen Flasche neben Lisa, die versucht, in die Kamera zu grinsen. Auch Dr. Friedmann versucht, ins Bild zu kommen.
LISA *boxt Paula in die Seite.* Geh mal weg, du kamerageiler Bock du – verdeckst ja alles mit deiner Riesenflasche da!
HERBIE *blitzt und visiert Lisa erneut an.* Mach noch mal, Lisa, jetzt biste gut! Cheese!
Lisa wirft sich erneut in Positur.
HERBIE. Brust raus!
Lisa reißt die Bluse auf und streckt ihren Busen heraus. Vom Tisch nimmt sie ein Trikolorenfähnchen und hält es triumphierend in die Luft.
Baby trinkt sein Champagnerglas aus. Er scheint sich ebenfalls zu amüsieren. Als er zur Flasche auf dem abseits stehenden Tisch greift, um sein Glas nachzuschenken, sieht er Mona, die gelangweilt dasitzt.
BABY. Was is denn los mit dir? Is doch lustig, oder? Mach mit, komm!
MONA. Ich find das dermaßen saublöd!
BABY. Du, wennst des so blöd findst, geh heim! Geh!
MONA. Das könnt dir so passen!
BABY. Ja, lieber wärs mir scho, als daß i mir dauernd deine saure Lätschn da anschaun muß!
MONA. Dann schau dir halt den Busen von der Lisa an!
BABY. Mona – du gehst jetzt entweder da hin und machst mit, oder du gehst heim!
Mona überlegt einen Moment, schaut zu Lisa hinüber – steht dann kurzentschlossen auf, geht zum großen Tisch, schiebt Lisa und Friedmann einfach auseinander und setzt sich zwischen die beiden.
MONA *zu Lisa.* Du, rutsch mal, du!

Lisa (Corinna Drews) und Dr. Friedmann (Martin Wimbush, re.) wollen in die Zeitung kommen und feiern deshalb zusammen mit Mona, Baby Schimmerlos und Herbie in Puppis (Harald Leibnitz, stehend, Mitte) Lokal.

HERBIE *ruft ihr zu.* Du Mona... das is nich so gut! Kannst dich nich woanders hinsetzen?
MONA. Nein, mir gfällts da sehr gut, Herbie!
Sie hängt sich bei Lisa und Friedmann ein und schunkelt mit.
FRIEDMANN *schunkelt zu Mona.* Mein Name ist Dr. Carl Friedmann, ich bin Zahnarzt. Prominentenzahnarzt.
MONA. Ja, ja, is scho recht. Singens nur weiter!
PUPPI *ruft von seinem Stuhl herab.* Baby! Herbie! Guckt doch mal her! Is gut so?
BABY *zu Herbie.* Hast ihn scho, den Puppi?
HERBIE. Ja, ja, tausendmal...
Er versucht, Lisa ins Visier zu kriegen, was ihm aber nicht gelingt, da Mona sich beim Schunkeln so weit vor Lisa beugt, daß Lisa immer verdeckt ist.

HERBIE *für sich.* Dieses Miststück ... *Er läßt die Kamera sinken und wendet sich an Baby.* Du, Baby – ich glaube, des is alles nicht so gut mit der Schunkelei da. Sieht ja alles mehr so aus wie Fröhlicher Weinberg, aber nich wie Champs-Elysées. Sollten wir nich lieber so was machen wie ... äh ... »Pariser Leben«, verstehste, Weiber aufn Tisch und so – dada, dadadada-dada! *Er intoniert den Cancan aus »Orpheus in der Unterwelt«.*
BABY. Ah ja, genau! Des is sehr gut. – Paula! *Er packt Paula am Arm, der mit der leeren Flasche vorbeikommt, während die andern weiterhin die Marseillaise singen.* Habts ihr des da, des Dings, »Pariser Leben«, weißt scho: Dada-dadadada-dada?
PAULA. Naa, »Pariser Leben« is des ned. Des is »Orpheus in der Unterwelt«.
BABY. Des is mir wurscht – habts des?
PAULA. Türlich. Willstes haben, Baby?
BABY. Ja, mach des amal! Los!
Paula läuft zum Tresen.
BABY *schreit.* Ende!
Alle hören schlagartig auf zu singen und zu schunkeln. Puppi erstarrt in der Bewegung des Dirigierens.
BABY. Jetzt mach ma Pariser Leben! Alle Weiber aufn Tisch!
PUPPI. Ah! Toll! Los, los, macht mal schnell den Tisch frei!
In diesem Moment beginnt die Offenbach-Musik. Lisa springt sofort auf den Tisch. Michi und seine Freunde fegen das Geschirr vom Tisch auf den Boden.
PUPPI *springt vom Stuhl.* Kinder! Mein teures Geschirr!
Auch Mona klettert jetzt auf den Tisch und zieht Dr. Friedmann mit.
BABY. Mona! Was isn los, was machstn da?
MONA. Mitmachen tu ich – soll ich doch, oder? Auf gehts!
Mona packt Lisa und den Zahnarzt, die drei beginnen, den Cancan zu tanzen.

Straße vor Champs-Elysées. Haffenlohers Taxi fährt am Champs-Elysées vorbei. Die Musik dringt bis auf die Straße heraus.

Im Taxi. Haffenloher schaut sich nach dem erleuchteten Lokal und den vielen Autos um, an denen er gerade vorbeigefahren ist.
HAFFENLOHER. Mal langsam, Kumpel, langsam! Halt mal an!
TAXIFAHRER. Jawohl, Herr Generaldirektor.
Er bremst. Auf seiner Stirne hat er immer noch den Tausendmarkschein kleben.
HAFFENLOHER. Da is doch was los! Was is das denn für ein Schuppen?
TAXIFAHRER. Den kenn i ned. Des muß irgendwas Neues sein!
HAFFENLOHER. Champs-Elysées! Das gucken wir uns jetzt mal an, Kumpel!
TAXIFAHRER. Jawohl, Herr Generaldirektor! *Er stößt zurück.*

Vor Champs-Elysées. Das Taxi hält auf dem Bürgersteig vor dem Lokal. Haffenloher steigt aus, nach ihm der Taxifahrer, weiterhin mit dem Tausendmarkschein auf der Stirn. Haffenloher nähert sich dem Lokal und schaut durch die Fenster. Die schmissige Musik ist deutlich zu hören.
HAFFENLOHER. Menschmaier! Is ja doll!
Auf der großen Tafel tanzen Puppi, Paula und die Gäste Cancan, angeführt von Mona in der Mitte, neben ihr Lisa und Friedmann. Darum herum stehen die anderen Gäste und klatschen begeistert im Takt.
HAFFENLOHER. Jetzt guck dir das mal an, Kumpel, wie die die Sau rauslassen!
TAXIFAHRER *steht neben Haffenloher und schaut ebenfalls ins Lokal.* Jawohl, Herr Generaldirektor, des sans, die oberen Zehntausend.
HAFFENLOHER. Das ist ja die Ding! Die da in der Mitte! Die kenn ich! ... Die Ding ist das – seine Freundin ist das!
Herbie kommt mit dem Rücken ins Bild, blitzt, versperrt Haffenloher die Sicht. Haffenloher rennt aufgeregt zum nächsten Fenster. Durch die Scheibe sieht er Baby, der zur Musik klatscht.
HAFFENLOHER. Das ist er ja! Das ist er, Mensch!
TAXIFAHRER. Jawohl, Herr Generaldirektor. Wer?
HAFFENLOHER. So. Da gehen wir jetzt rein, Kumpel! Da mischen wir jetzt mit!
TAXIFAHRER. Jawohl.

Haffenloher geht zur Tür, drückt die Klinke, betritt das Lokal. Der Taxifahrer folgt.

Champs-Elysées. Innen. Die Musik ist ohrenbetäubend laut, die Stimmung ausgelassen. Fasziniert bleibt Haffenloher stehen und betrachtet das Spektakel.

HAFFENLOHER. Is ja doll, Mensch!

Er will weitergehen – da kommt ihm aber schon Puppi entgegen und wedelt abwehrend mit den Händen.

PUPPI. Raus, raus, raus, raus! Geschlossene Gesellschaft!

HAFFENLOHER. Ich bin der Generaldirektor Haffenloher!

PUPPI. Ja, ja, Onkelchen – und jetzt heim zu Muttchen! Zieh Leine!

HAFFENLOHER *zum Taxifahrer.* Kumpel! Sag ihm, wer ich bin!

TAXIFAHRER. Ja, ja, er is der Dings ... der Generaldirektor is er ...

PUPPI. Ja, ja, sind wir auch, Generaldirektor sind wir alle. Die Pilskneipe is an der Ecke. *Er schiebt die beiden zur Tür hinaus.*

HAFFENLOHER. Lassen Sie mich los, Sie! Fassen Sie mich nicht an!

Baby drehte sich kurz um und sieht, wie Puppi hinter den beiden die Türe zuschlägt und sie absperrt. Als Puppi zurück ins Lokal geht, sieht er, wie Haffenloher außen am Fenster steht und wütend gegen die Scheibe trommelt.

Puppi packt einen Champagnerkübel, reißt das Fenster auf.

HAFFENLOHER. Komm raus, du Suppenkaspar, dann hau ich dir eins in die Fresse!

Puppi schüttet ihm den Kübel mit Eiswasser über den Kopf, schließt schnell das Fenster und zieht den Vorhang zu.

Vor Champs-Elysées. Haffenloher steht tropfnaß vor dem Lokal. Die Vorhänge werden einer nach dem anderen zugezogen.

HAFFENLOHER. Euch kauf ich mir, ihr Brüder, alle!

Hotel Bayerischer Hof. Hotelhalle. Ein wütender und klatschnasser Heinrich Haffenloher stürmt in die Halle. Sedlacek schaut auf.

SEDLACEK. Haben Sie angenehm gespeist, Herr Generaldirektor?

HAFFENLOHER *geht auf Sedlaceks Frage gar nicht ein. Wütend.* Will sofort den Besitzer von diesem Schmierblatt an die Strippe, Sedlacek, aber dalli-dalli!
SEDLACEK. Pardon?
HAFFENLOHER *wirft ein* MATZ-*Exemplar auf den Tresen.* Los, los! Chefredakteur, Verleger, Herausgeber, Beisitzer, alle! Ich will den haben, der in diesem Laden da das Sagen hat, aber sofort!
SEDLACEK. Ja, aber... das ist Frau von Unruh, Herr Generaldirektor.
HAFFENLOHER. Ja, dann will ich die!
SEDLACEK. Ja, aber... jetzt ist es zwei Uhr nachts!
HAFFENLOHER. Halt den Mund, du Knecht, und leg mir die Olle rauf aufs Zimmer!
Haffenloher dreht sich um, betritt die offene Liftkabine und fährt nach oben.

Villa Unruh. Die Villa im Herzogpark liegt im Dunkel. Nur aus einem Zimmer dringt flackerndes Kerzenlicht. Ein Telefon klingelt. Gleichzeitig beginnt ein Hündchen zu jaulen.

Wohnzimmer Unruh. Friederike von Unruh sitzt mit zwei Ehepaaren und einem jüngeren Mann um einen runden Tisch, auf dem eine Kerze brennt. Schweigend halten sie eine spiritistische Sitzung ab. Ihre Händen schweben über den Tisch. Unaufhörlich klingelt das Telefon. Das Hündchen jault.
UNRUH. Ihr entschuldigt mich...
Sie steht auf und geht zum Telefon. Die anderen schließen mit ihren Händen die Lücke, die die Unruh hinterlassen hat, und schweigen weiter.

Wohnzimmer Unruh/Hotelzimmer. Frau von Unruh nimmt den Hörer ab.
UNRUH *leise.* Von Unruh...?
HAFFENLOHER *sitzt mit offenem Hemd auf seinem Bett und raucht beim Telefonieren eine Zigarre.* Hier spricht Generaldirektor Haffenloher.
UNRUH. Wer?
HAFFENLOHER. Haffenloher. HALO-Werke. Ich bin der größte

Fabrikant Heinrich Haffenloher (Mario Adorf, li.) mit dem Portier Sedlacek (Rudolf Wessely).

Hersteller von Haushalts- und Industrieklebern in Europa mit nem Marktanteil von vierunddreißig Prozent und nem Gesamtumsatz von drei Milliarden, gnädige Frau...
UNRUH. Ja, äh...
HAFFENLOHER. ...und nem Werbeetat für Printmedien von sechzig Millionen und n paar Zerquetschte – nur für Printmedien, Zeitungen und Illustrierte und so...
UNRUH. Ja, äh... und was...
HAFFENLOHER. ...und ich laß mich nicht verscheißern von Ihren kleinen Schmiererschreiberlingen da – dieser Schimmerlos da, das is doch Ihr Knecht, oder?
UNRUH. Ja, ja...
HAFFENLOHER. Also dann hören Sie mal zu, gute Frau...
UNRUH. Verzeihen Sie, Herr... können Sie mich nicht morgen früh anrufen – ich bin grade mitten in einer Sitzung...

HAFFENLOHER. Sitzung? Um zwei Uhr nachts? Das lob ich mir! Der deutsche Unternehmer schläft nich, was? Hahaha! Ich glaube, wir zwei, gnädige Frau, wir sind aus dem gleichen Holz geschnitzt. Jetzt lassen Sie Ihre Herren mal warten, weil mit mir, gnädige Frau, da machen Sie heute abend noch n ganz dickes Geschäft...

Büro Schimmerlos. Am nächsten Morgen. Edda wirft zwei Alka Seltzer in ein Glas Wasser. Sie bringt das Glas an den Schreibtisch, wo Baby verkatert dasitzt und die Fotos vom Vorabend betrachtet, die Herbie ihm vorlegt.

BABY *trinkt langsam das Alka Seltzer, faßt sich an den schmerzenden Kopf.* Scheiß Sauferei, bschissene! – Da is ja überall die Mona in der Mittn drauf – was soll denn des, Herbie?

HERBIE. Du, ich kann nur fotografieren, was ich vor der Linse hab, und wenn sie sich dauernd ins Bild drängelt, dann isse eben drauf... Ich dachte, du wolltest das.

Das Telefon klingelt. Edda hebt ab.

BABY. Ja, spinnst denn du – ich druck doch keine Fotos, wo mei Freundin drauf is!

EDDA *ins Telefon.* Ja... ja, Frau von Unruh. Ich sags ihm... ja, sofort...

BABY. Die muß raus, die Mona – da muß was anderes rein! *Er nimmt eine Schere und schneidet Mona aus dem Bild heraus.*

EDDA *zu Baby.* Du sollst sofort zur Unruh kommen!

BABY. Was wills denn?

EDDA. Wahrscheinlich wegen deiner Spesen...

BABY. Ja, i komm gleich.

EDDA *ins Telefon.* Er kommt sofort, Frau von Unruh. *Sie legt auf.*

BABY *sucht auf den anderen Fotos nach einem geeigneten Gesicht.* So a gequirlte Scheiße! Alles die gleichen Leut, die wir gestern und vorgestern und die ganze Zeit scho dringhabt ham!

HERBIE. Ja – andre waren nich da, Baby – ich bin Fotograf und kein Zauberer – aus alt mach neu, des hab ich nicht drauf, tut mir leid!

BABY. Die einzigen neuen Gesichter überhaupt, des is dei nackerte Freundin da und der Puppi und der Vogel da... *Er*

deutet auf ein Foto, das Dr. Friedmann zeigt. Wer is denn der überhaupt? Kennt ma den?
HERBIE *schaut kurz Edda an.* Das is glaub ich der ... der Ding da ... dieser Prominentenzahnarzt Friedmann ...
Edda nickt.
HERBIE. Doktor Friedmann ... äh ... Karl ...
Edda formuliert stumm mit den Lippen die Wörter »Mit C«.
HERBIE. Mit »C«.
Baby schaut auf, schaut Herbie an, schaut Edda an. In diesem Moment läutet wieder das Telefon. Edda hebt ab.
EDDA. Ja ... ja, Frau von Unruh, er ist schon unterwegs. *Sie legt auf. Zu Baby.* Sie wart auf dich, dringend!
Baby steht auf, trinkt in einem Zug sein Glas Alka Seltzer aus, greift zur Jacke, geht zur Türe.
HERBIE. Und ... äh ... wie sollen wirs nu machen ... hier ... *Er deutet auf die Fotos* ... für heute? Irgendwelche Fotos müssen ja wohl rein, oder?
BABY. Ja – aber die nicht! Und jetzt sag ichs euch zum letzten Mal: Wer reinkommt, bestimm ich! *Er geht hinaus und wirft die Türe hinter sich zu.*

Büro Unruh. Friederike von Unruh hat auf ihrem Schreibtisch den Packen mit Babys Spesenabrechnungen liegen.
UNRUH. Ich habe mir erlaubt, lieber Baby, Ihre Spesenbelege da noch mal nachzurechnen: Es sind nicht siebentausendundvierzehn Mark und sechs Pfennig ...
BABY. Nicht?
UNRUH. Nein, sondern siebentausendundzwölf Mark und sechs Pfennig.
BABY. Ja – dann sans halt zwei Mark weniger, is des a Problem?
UNRUH *lächelt.* Nein, nein, das ist natürlich kein Problem ... bei dieser Gesamtsumme ist das geradezu lächerlich ... aber die ist ja sowieso indiskutabel.
BABY. Was?
UNRUH. Na ja, das ist ja aberwitzig, ich bin doch nicht bekloppt! – Aber darüber reden wir dann anschließend, das ist auch nicht der Grund, weshalb ich Sie sprechen wollte.
BABY. Sondern?

UNRUH. Ist Ihnen der Name Heinrich Haffenloher ein Begriff?

BABY. Naa... glaub ich nicht... der Name kommt mir irgendwie bekannt vor, aber ich wüßt jetzt nicht, in welchem Zusammenhang.

UNRUH. HALO ist der größte Hersteller von Haushalts- und Industrieklebern in Europa – Europa, Baby!

BABY. Ja... des is sehr interessant, Frau von Unruh! Aber ich versteh nicht ganz, was des mit meine Spesen zu tun hat!

UNRUH. Nichts, Baby – ich hab ja gesagt, über Ihre Spesen reden wir dann später. – Und der alleinige Besitzer dieser HALO-Werke, das ist nun jener Haffenloher – daher der Name HA-LO.

BABY. Ja, des find ich wahnsinnig interessant, Frau von Unruh – aber ehrlich gsagt is mir der Mann ganz wurscht, weil ich kenn ihn nicht.

UNRUH. Schade, Baby. Er möchte Sie nämlich gerne kennenlernen.

BABY. Mich? Wieso?

UNRUH. Weil er Anzeigen plazieren möchte in unserer Zeitung... große, ganzseitige Anzeigen, achtzehntausend Mark die Seite. Und ne farbige Werbebeilage will er machen für noch mal circa dreihunderttausend Mark.

BABY. Ja, dann is gscheider, er lernt unsern Anzeigenleiter kennen und ned mich.

UNRUH. Sehen Sie: Genau das gleiche hab ich ihm auch gesagt. So was macht unsere Annoncenabteilung, hab ich gesagt, und nicht der Herr Schimmerlos. Da wurde der pampig, dieser Kerl, das können Sie sich gar nicht vorstellen, Baby. Aber so direkt, im unverblümten Stil, das war mir fast peinlich. Wenn ich Wert drauf lege, daß er bei uns inseriert, dann soll ich gefälligst dafür sorgen, daß er in Ihre Kolumne reinkommt. Stellen Sie sich mal so was vor! Wer sind wir denn!

BABY. Ja, des mach ich doch ned, des kommt ja überhaupt nicht in Frage!

UNRUH. Ja, niemals! Das hab ich ihm auch gesagt. Ich habe ihm klar und deutlich gesagt, daß ich prinzipiell – aus Prinzip! – keinen Einfluß nehme auf den redaktionellen Teil

Baby Schimmerlos (Franz Xaver Kroetz) ist Klatschreporter bei der MATZ, der Münchner Allgemeinen Tageszeitung.

Friederike von Unruh (Ruth-Maria Kubitschek) ist die Verlegerin der MATZ. Herbie Fried (Dieter Hildebrandt) ist bei ihr als Photograph tätig.

meiner Zeitung... oder gar Druck ausübe auf meine Mitarbeiter...
BABY. Ja, ja, des is mir klar, Frau von Unruh. Und damit wär ja der Fall dann auch erledigt, oder?
UNRUH. Ja selbstverständlich. Soll er doch inserieren, wo er will, dieser Kerl. Gibt ja schließlich genug andre Zeitungen, dies nicht so nötig haben wie wir...
BABY. Und was is jetzt mit meine Spesen?
UNRUH. Ach ja, richtig!
Sie nimmt den Packen mit Quittungen und gibt ihn Baby zurück.
Die können Sie wieder mitnehmen. Ich zahl doch nicht auch noch Rechnungen für Restaurants, für die Sie Reklame machen in meinem Blatt!
BABY. Ja, Moment! Des hab ich ja schließlich alles ausgelegt! Die siebentausend Mark da, die hab ich bereits bezahlt!
UNRUH. Das kann schon sein – oder auch nicht!
BABY. Was?
UNRUH. Ach, Baby, spielen Sie mir doch hier nicht den Naiven vor! Ich weiß doch genau, wie solche krummen Dinger laufen! Was glauben Sie, was mir Ihr Vorgänger für Rechnungen hingelegt hat? Zuerst hat er sich einladen lassen, und dann hat er bei mir noch mal abkassiert...
BABY. Das unterstellen Sie mir nicht!
UNRUH. ... ja, ja! Und heute hat er ne Villa und Reitpferde an der Côte d'Azur. Das hab ich nicht!
BABY. Ich auch ned, ich erst recht ned! Und jetzt möcht ich mein Geld!
UNRUH. Das kriegen Sie nicht!
BABY. Das kann ich mir ned leisten, Frau von Unruh, daß ich auf siebentausend Mark verzicht!
UNRUH. Und ich kann mir nicht leisten, siebentausend zu bezahlen, wenn ich gleichzeitig auf Anzeigen im Wert von Hunderttausenden verzichten muß!
BABY. Aha! Da weht der Wind her! Dann sagens es doch gleich! Daß ich mein Geld bloß wiederkrieg, wenn ich zu dem Dingsda-Kleber hingeh und ihn neischreib! Sagens es doch einmal direkt! Ich möcht scho lang einmal was ganz direkt von Ihnen hören, so wies is.
UNRUH. Baby, mein Lieber, jetzt beruhigen Sie sich doch! Sie

wissen doch, wie sehr ich Sie schätze. Ich habe doch immer zu Ihnen gehalten. Was glauben Sie, was ich mir Ihretwegen schon alles anhören mußte – immer habe ich mich vor Sie gestellt, vor jedermann habe ich Sie verteidigt, Sie sind doch der einzige unter diesen ganzen Brunnenvergiftern, hier im Haus und in der ganzen Branche, mit dem ich offen und ehrlich reden konnte. Mir gehts doch weiß Gott nicht ums Geld, Baby, das wissen Sie doch ganz genau. Und selbstverständlich kriegen Sie Ihre siebentausend Mark, das ist doch sonnenklar, Baby, mein Lieber! Ich hab doch nichts getan als mal ein bißchen zart angeklopft...

Baby. Zart angeklopft!

Unruh *kriegt allmählich feuchte Augen.* Ja! Auf meine Art! Ich wollte nur mal wissen, ob Sie auch mal bereit wären, *mir* einen Gefallen zu tun. Mir und unserer Zeitung, Baby. Hängen doch ein Haufen Leute dran, und es ist nicht leicht für eine Frau, so nen ganzen Laden am Laufen zu halten. – Tun Sie mir doch den Gefallen, Baby. Gehen Sie hin zu dem ollen Kleber da und machen Sie was über ihn. Sie schreiben über so viele Blödiane – da kommts doch auf einen mehr oder weniger auch nicht an, hm, Baby? Tun Sie ihn rein! Tun Sies für mich!

Baby schaut die Unruh an. Sie hat jetzt Tränen in den Augen.

Vor Hotel Bayerischer Hof. Herbie und Baby fahren in Herbies Jeep vor dem Hotel vor. Sie steigen aus und gehen ins Hotel. Swimmingpool. Im Pool schwimmt alleine Heinrich Haffenloher. Ein Barmann trägt einen Champagnerkübel und zwei Gläser an einen Tisch. Über einem der Stühle hängt Haffenlohers Bademantel.

Hoteleingang. Baby und Herbie gehen den Gang entlang zum Swimmingpool.

Herbie. Weißte, Baby, mir isses ja im Grunde Jacke wie Hose. Ich fotografier dir jeden, den du haben willst, du bist der Boß, ich bin bloß der Knipser – okay! Is mein Job! Aber wieso ich mir dann nächtelang den Arsch aufreiße, damit ich mal n paar ordentliche Bilder zusammenkriege mit Stimmung und Miezen und Weiber aufn Tisch und Beine hoch und tolle Atmosphäre und so, und... und... und dann, dann fliegt alles raus, und statt dessen mach ich dann Porträtfotos von Herrn Direktor Dingsbumskleber am Schwimmpfuhl... also weißte, Baby...

BABY. Der Mann ist ein bedeutender deutscher Industrieller...

HERBIE. Den kein Schwein kennt!

BABY. Und außerdem is er a Spezi von der Unruh, damitstas jetzt genau weißt!

HERBIE. Was?

BABY. Ja.

HERBIE. Also weißte, Baby – das finde ich jetzt aber oberschofel von dir: Meine Lisamaus muß raus...

BABY. Herbie, halts Maul!

HERBIE. ...und Direktor Koofmich kommt rein!

Die beiden öffnen die Tür zum Pool.

Swimmingpool. Herbie und Baby betreten die Schwimmhalle. Haffenloher kommt gerade aus dem Wasser.

HERBIE *mault weiter.* Was is ihm denn das wert? Was läßt er denn dafür springen, der Herr Generaldirektor? Busen wird er ja wohl nich vorzeigen können?

BABY. Herbie – des Maul wennst jetzt ned hältst, dann hau i dir eine nei!

HAFFENLOHER *schlüpft in seinen Bademantel, geht auf Baby zu und ergreift seine Hand mit beiden Händen.* Mein lieber, verehrter Herr Schimmerlos! Ich freue mich ja so, daß Sie zu mir gekommen sind! Schade, daß Sie gestern in der Hotelbar so wenig Zeit für mich hatten. Soll ich Ihnen mein Gedicht noch einmal aufsagen?

BABY. Naa danke, Herr Pfaffenhuber.

HAFFENLOHER. Haffenloher!

BABY. Ja, is scho recht, des is ned notwendig. Das ist mein Fotograf, der Herr Fried.

HAFFENLOHER. Ah – sehr erfreut...

HERBIE. Angenehm.

HAFFENLOHER. ...daß man auch mal den Mann kennenlernen darf, der immer diese gelungenen Schnappschüsse... äh... schießt! Kompliment, Herr Fried!

HERBIE. Danke, Herr ... Generaldirektor.
HAFFENLOHER. Tja. Also. Wie wolln wirs denn nun machen, Sportsfreunde?
BABY. Ja – vielleicht stellens sich amal da am Pool hin ...
HAFFENLOHER. Wie?
HERBIE. Ja, ja ... oder Sie gehen gleich wieder rein ins Wasser und plantschen nochn bißchen rum ...
HAFFENLOHER. Wollen Sie mich veräppeln, Fried?
HERBIE. Nee, nee ... ich dachte nur ... damit der Leser gleich sieht, wie entspannt der deutsche Industrielle sein kann ... äh ... wenn er will.
BABY *drohend.* Herbie!
HAFFENLOHER *zu Baby.* Will er mich verarschen oder is er nich im Bilde, oder was?
BABY. Naa, naa, der ...
HAFFENLOHER *zu Baby.* Dann soll er nich so n Kappes vorschlagen. *Zu Herbie.* Wissen Se was, gehn Se mal raus!
HERBIE. Äh – wie bitte?
HAFFENLOHER. Ja, lassen Sie uns mal allein, ich hab jetzt erst mal mit Ihrem Chef hier ein paar Takte zu reden.
HERBIE *schaut unschlüssig zu Baby.* Ja, äh ...
BABY. Geh naus und wart draußen!
Herbie zuckt die Achseln und geht hinaus.
HAFFENLOHER *schaut ihm nach.* Vorlautes Kerlchen, dieser Fried. Der hat doch zu machen, was Sie sagen? Oder redet der auch mit, oder was?
BABY. Naa, natürlich ned. Also – was wollens jetzt von mir?
HAFFENLOHER *schenkt sich Champagner ein, reicht Baby die Flasche.* Ich will ne schöne, große Geschichte mit nem schönen großen Foto. Und nicht so nen Kokolores wie »Industrieller planscht im Bade«. Ich will so was Ähnliches wie gestern abend da, im Champs-Elysées, mit Weibern und Stimmung und so – und ich in der Mitte. Und drunter schreiben wir: »Prächtig amüsiert sich Generaldirektor Heinrich Haffenloher ... im Kreise seiner Freunde.«
BABY. Aha. Und den Text wollens auch gleich selber schreiben oder was?
HAFFENLOHER. Komm, Junge, jetzt sei mal nich so empfindlich! Der Spaß kostet mich ja schließlich ne Stange Geld. Und

dafür verlang ich ne Leistung! Ich sag dir, was ich will – und du machst das! Is doch ein ganz klares Geschäft, oder nich?

BABY. Wissens was, Herr Generaldirektor: Kaufens Eana doch selber a Zeitung, da könnens dann jeden Tag drinstehn, nur Sie, exklusiv, mit Bild: Vorn des Gsicht und hinten der Arsch! Auf Wiederschaun. *Baby will aufstehen. Haffenloher sieht, daß er zu weit gegangen ist. Er hält Baby zurück.*

HAFFENLOHER. Mensch, Junge, jetzt sei doch nicht gleich beleidigt! War doch nurn Spaß! ... Wollt dir doch nicht an deine Schreiberehre gehen! Guck mich doch an! Ich bin doch selber nur n armes Schwein! *Er rutscht von seinem Stuhl herunter auf die Knie.* Du ... ich mach seit fünfunddreißig Jahren nur in Kleber. Seit fünfunddreißig Jahren sitz ich aufm Kaff: In Kleinweilersheim bei Tauberbischofsheim – kennst du das, Junge?

BABY. Naa.

HAFFENLOHER. Und da mach ich in Kleber. In Polyvinylacetat und Zelluloseäther und in Phenolharz und in Glutaminsäure und in Polyester und in Epoxyd und maloche mich zu Tode! Und das einzige, was ich sehe von früh bis nachts, sind meine langweiligen Direktoren und meine langweiligen Chemiker und meine todlangweilige Alte ... und einmal im Jahr die Weinkönigin von Kleinweilersheim, und die küsse ich dann, das erlaubt mir meine Olle ... grade noch! Kannst du dir das vorstellen, mein Junge?

BABY. Naa.

HAFFENLOHER. Ja. So ist es! Und jetzt bin ich fünfundfünfzig und jetzt reichts mir, jetzt hab ich den Kleber satt bis da oben! Ich will jetzt leben ... ich will mich amüsieren ... ich will was von meiner Kohle haben, verstehste, Junge – ich will jetzt endlich mal die Sau rauslassen!

BABY. Ja, von mir aus. Lassen Sies raus. Aber ned bei mir, Herr Generaldirektor.

Er steht auf und geht zur Türe.

HAFFENLOHER *rappelt sich auf, schnürt seinen Bademantel fest zu, drohend.* Schimmerlos! *Baby bleibt stehen und dreht sich um.* Ich mach dich nieder, Schimmerlos. Wenn du mich hier jetzt stehen läßt wie nen Deppen, dann mach ich dich nieder!

Baby. Was? Was machen Sie?
Haffenloher. Ich ruinier dich. Ich mach dich fertig. Ich kleb dich zu von oben bis unten!
Baby. Mit Ihrem Kleber?
Haffenloher. Mit meinem *Geld*!
Baby. Wie?
Haffenloher. Ich kauf dich einfach, verstehste, Junge! Ich kauf dir eine Villa, und dann stell ich dir noch einen Ferrari davor! Und deinem Weib schick ich jeden Tag nen Fünfkaräter. Ich schiebs dir hinten und vorne rein. Ich scheiß dich so was von zu mit Geld, daß du keine ruhige Minute mehr hast. Ich schick dir täglich Cash im Koffer. Das schickst du einmal zurück, und zweimal, und vielleicht noch ein drittes Mal. Aber ich schick dir jedesmal mehr. Und irgendwann kommt dann der Punkt, da bist du so mürbe und so fertig und die Versuchung ist so groß, dann nimmst dus. Und dann hab ich dich, dann gehörst du mir. Dann bist du mein Knecht, und dann mach ich mit dir, was ich will, verstehste, Junge? Ich bin dir einfach über! Gegen mich hast du keine Chance, begreifst du das nicht?
Baby schaut Haffenloher an, als ob er einen Wahnsinnigen vor sich hätte.
Haffenloher. Mensch, Baby! Ich will doch bloß dein Freund sein! Komm! Und jetzt sag Heini zu mir! *Er umarmt Baby und drückt ihn an seine Brust.*

Hotelgang vor Swimmingpool. Herbie geht vor der Türe zum Swimmingpool auf und ab. Baby und Haffenloher kommen aus der Schwimmhalle.
Baby. Herbie, kannst du die Lisa erreichen?
Herbie *erstaunt.* Die Lisa?
Baby. Ja, weil wirs bräuchten für a Foto – der Heini hat da nämlich grad a Riesenidee ghabt.
Herbie *verwirrt.* Der – d-d-der Heini?
Baby. Ja – er halt! *Er deutet auf Haffenloher.*
Herbie *strahlt.* Mensch, Heini ...!
Baby. Sag danke, Herbie!
Herbie. Danke, Baby ... äh – danke, Heini! *Er schüttelt Haffenloher die Hand.*

Haffenloher. Nichts zu danken, Herbie!
Die drei gehen den Gang hinunter.
Herbie. Also ehrlich, Baby ... das find ich jetzt richtig dufte von dir, du ... also wenn de mal irgendwas von mir brauchst – brauchste bloß sagen ...

Vor Hotel Bayerischer Hof. Haffenloher kommt mit Baby und Herbie aus dem Hotel. Er trägt jetzt einen Smoking. Die drei steigen in Herbies Auto ein und fahren ab. Der Portier Sedlacek steht auf den Stufen vor dem Hotel und winkt ihnen freundlich nach.

Vor Hochhaus Arabellapark. Am Eingang des Hochhauses steht schon Lisa und winkt freudig dem sich nähernden Wagen Herbies entgegen. Herbie hält, steigt aus, küßt Lisa und läßt sie einsteigen.
Lisa. Bussi, Herbie!
Herbie. Bussi, Lisa!
Lisa *klettert auf den Rücksitz, küßt Baby.* Bussi, Baby!
Baby. Bussi, Lisa! Des is der Heini. Heini, des is die Lisa.
Lisa. Bussi, Heini!
Haffenloher. Bussi, Lisa!
Herbie fährt ab.

Büro Schimmerlos. Edda telefoniert aufgeregt mit Dr. Friedmann.
Edda. ... Ja – weil die Fotos nix geworden sind, Herr Doktor, verstehns, drum werden jetzt noch amal welche gmacht, neu, verstehns, und wenns jetzt gleich hinfahrn, dann sans auch mit drauf, das wär jetzt eine einmalige Chance, Herr Doktor!

Praxis Dr. Friedmann. Friedmann am Telefon. Im Hintergrund liegt ein Patient mit Mundsperre und Speichelzieher im Behandlungsstuhl.
Friedmann *aufgeregt.* ... Natürlich, Fräulein Edda, das mach ich sofort! Ich komme, sofort! Ich komme!
Friedmann legt auf, rennt aus dem Behandlungszimmer, wobei er im Gehen seinen Kittel auszieht, fallen läßt und sein Jackett vom Kleiderhaken nimmt. Konsterniert schaut ihm der Patient nach.
Vor Champs-Elysées. Herbies Auto hält vor dem Lokal, Puppi

und Paula stehen schon in der Tür. Vor dem Lokal stehen die Autos all der Gäste, die am vergangenen Abend auch schon da waren. Baby, Herbie, Haffenloher und Lisa steigen aus und gehen ins Lokal. Haffenloher hat den Arm um Lisa gelegt.
HERBIE. Puppi, das ist der Heini. Heini, das ist der Puppi.
PUPPI *schließt Haffenloher in die Arme.* Bussi, Heini! Bussi!
HAFFENLOHER. Bussi, Puppi!
PUPPI. Heini, das is Paula!
HAFFENLOHER. Bussi, Paula!
PAULA. Bussi, Heini!
PUPPI *ruft ins Lokal.* Kinder, Heini is da – jetzt kanns losgehen!
Allgemeines Gebrüll und Bravorufe ertönen.
HAFFENLOHER. Jetzt lassen wir mal die Sau raus, Kinder!
Sie verschwinden alle im Lokal. Da kommt Dr. Friedmann mit seinem Sportwagen angerast, hält, läuft auch ins Lokal, aus dem schon laut die Cancan-Musik ertönt.

Champs-Elysées. Innen. Auf den zusammengerückten Tischen tanzen die Gäste zur Offenbachschen Musik. In der Mitte Heinrich Haffenloher, flankiert von Lisa und Puppi auf der einen und Friedmann und Paula auf der anderen Seite. Herbie fotografiert. Baby steht hinter ihm und gießt sich aus einer Magnumflasche Champagner ein.
HAFFENLOHER *schreit.* Is gut so, Herbie?
HERBIE *laut.* Was?
PUPPI *schreit.* Der Heini will wissen, ob er auch gut drauf is, Herbie!
HERBIE. Ja, prima, Heini, prima!
HAFFENLOHER *zu Puppi.* Danke, Puppi!
PUPPI. Nichts zu danken, Heini!
HERBIE *zu Lisa.* Lisa, Brust raus! Cheese, Heini, Cheese! *Er blitzt. Haffenloher strahlt und tanzt und amüsiert sich wie Bolle.*

Vor Champs-Elysées. Mona kommt mit einem Herrn in Babys Porsche angefahren. Beide steigen aus und laufen zum Lokal. Die Tür ist abgesperrt. Mona klopft. Nach einer Weile wird die Tür geöffnet, Baby erscheint.
MONA. Baby, das ist der Herr Lindlmaier.

Lisa (Corinna Drews), Heinrich Haffenloher (Mario Adorf) und Puppi (Harald Leipnitz, re.) im Restaurant Champs-Elysées.

BABY. Der wer is es?
MONA. Der Herr Fliesenleger Lindlmaier!
LINDLMAIER. Grüß Gott, Herr Schimmerlos, ich freu mich sehr.
MONA *flüstert Baby zu.* Der uns den Marmorboden macht.
BABY. Ah so, ja, der! – Grüß Gott, Herr Lindlmaier!
LINDLMAIER. Wo darf ich mich jetzt hinstellen, Herr Schimmerlos?
BABY. Da aufn Tisch nauf! Mona, zeigs ihm!
Mona führt Lindlmaier ins Lokal hinein, wo im Hintergrund die Tanzenden zu sehen sind. Lindlmaier steigt auf den Tisch und tanzt mit.
Baby wirft noch einen kurzen Blick zurück ins Lokal, schließt dann von außen die Tür und setzt sich mit seinem Sektglas auf die Stufen vor dem Eingang. Nach einer Weile kommt Mona heraus und setzt sich neben Baby.
MONA. Also mit dem Lindlmaier hab ich jetzt geredet: Er war ganz begeistert, daß du so kooperativ bist, und er macht uns jetzt den schönen versiegelten Marmorboden – poliert und alles – um die Hälfte... das heißt, wir zahlen jetzt statt zwölftausend nur sechseinhalb!
BABY. Gar nix zahl ma. Umsonst möcht ichs haben.
MONA. Umsonst?
BABY. Ja, logisch!
MONA. Und wenn er das nicht macht?
BABY. Dann is er halt nicht drin, der Herr Prominentenfliesenleger Lindlmaier.
MONA. Ach so... ja dann muß ich ihm das jetzt sagen.
BABY. Ja. Des sagst ihm jetzt.
Mona steht auf und geht ins Lokal zurück. Baby bleibt auf den Stufen in der Sonne sitzen und trinkt Champagner.

2

Muttertag

Wohnung Schimmerlos. Es ist neun Uhr. Der Wecker beginnt zu piepen. Baby stellt den Wecker ab. Er richtet sich im Bett auf, hält sich seinen schmerzenden Kopf. Seine Haare sind wirr, er hat tiefe Ringe unter den Augen.
BABY *stöhnt.* Ah... ah...
Er schaut sich um, sieht die heillose Unordnung, die im Zimmer herrscht: auf dem Boden herumliegende Kleidungsstücke, Flaschen, Gläser, ein Büstenhalter.
Baby schaut neben sich aufs Bett: Da liegt jemand, halb vom Bettlaken verborgen. Baby hebt das Laken hoch, um nachzuschauen, um wen es sich handeln könnte. Zum Vorschein kommt ein nacktes Mädchen. Es schläft.
BABY *zieht das Laken ganz weg und rempelt es an...* Geh weida, steh auf, schleich dich! *... dann steht er auf, schlüpft in seinen Morgenmantel und torkelt zum Telefon. Im Hintergrund sieht man, wie das Mädchen wieder das Laken über sich zieht und weiterschläft. Baby wählt eine Nummer. Eine Frauenstimme meldet sich.*

Wohnung Schimmerlos/Reihenhaus Frau Schimmerlos.
FRAU SCHIMMERLOS. Ja, Schimmerlos?
BABY. Ja, Mama, i bins, kommst du heut?
FRAU SCHIMMERLOS. Ja freilich, is dir nicht recht, Bubi?
BABY. Doch, aber vielleicht kommst a bissel früher, weil bei mir is ein wahnsinniger Verhau, und am Mittag kommt die Mona zruck. Und bring mein Smoking mit, den brauch ich heut abend.
FRAU SCHIMMERLOS. Ich tu ihn grad bügeln, Bubi.
BABY. Unds Bett überziehst frisch. Servus!
FRAU SCHIMMERLOS. Ja, Moment, Bubi... bist denn dann da, wenn ich komm?

BABY. Naa, bin i ned, Mama, und jetzt pressierts mir. Servus!
FRAU SCHIMMERLOS. Ja, dann seh ich dich ja wieder nicht...
Baby legt auf. Er geht zurück zum Bett, reißt das Laken weg.
BABY. Aufstehn sollst, kruzifix!
BEA. Ich bin so müd, Baby...
BABY. Des is mir wurscht, da werd dann jetzt aufgräumt, steh auf!
Er geht ins Bad, nimmt den Rasierapparat und beginnt, sich zu rasieren.

Wohnküche Frau Schimmerlos. Frau Schimmerlos bügelt. Sie senkt das Bügeleisen auf die Smokinghose. Sorgfältig plättet sie das Hosenbein entlang der Satinfalte. Dann stellt sie das Bügeleisen kurz ab, greift sich mit der Hand an ihren schmerzenden Rücken, dehnt und streckt sich ein bißchen.
FRAU SCHIMMERLOS *ächzend.* Ah...!
Auf dem Küchentisch liegt schon ein ganzer Stapel gebügelter Herrenhemden, daneben zusammengelegte Socken und Unterwäsche. An der Wand hinter dem Küchentisch hängen ein Kruzifix und darunter viele gerahmte Fotos von Baby, die ihn allein und in Gesellschaft von Prominenten zeigen.
Frau Schimmerlos setzt sich für einen Moment auf die Küchenbank, um zu verschnaufen. Auf dem Küchenherd stehen zwei dampfende Töpfe. Einer davon droht gerade überzulaufen. Frau Schimmerlos steht schnell auf, geht zum Herd, um das Feuer kleiner zu stellen. In diesem Moment ist ein fernes Grollen zu vernehmen, das rasch zu einem ohrenbetäubenden Lärm anschwillt.

Reihenhaussiedlung. Über der ärmlichen Reihenhaussiedlung im Osten Münchens setzt ein Verkehrsflugzeug zum Steigflug an.

Wohnküche Frau Schimmerlos. Frau Schimmerlos steckt sich die Finger in die Ohren. Die Fensterscheiben vibrieren. In der verglasten Küchenvitrine zittert und klirrt das Geschirr. Der Papagei von Frau Schimmerlos beginnt auf seiner Schaukel zu schwingen wie bei einem Erdbeben. Mit krächzender Stimme schreit der Papagei.
PAPAGEI. Bubi-Bubi, Baby-Baby, Bubi-Bubi, Baby-Baby...

Der Flugzeuglärm läßt allmählich nach... Bubi-Bubi, Baby-Baby...

Frau Schimmerlos *geht zum Küchentisch zurück.* Gib a Ruh, dummer Vogel! Des ist nicht unser Bubi... *Unter der Küchenbank zieht sie einen Louis-Vuitton-Koffer heraus, stellt ihn auf den Tisch und öffnet ihn...* Wenn unser Bubi wohinfliegt, dann fliegt er nach New York und nach Paris und nach Hollywood... *Sie packt die Hemden, Unterhosen und Socken in den Koffer...* oder er fliegt einmal nach Rom oder nach London oder auf eine karibische Insel, oder nach Rio oder so was... da fliegt unser Bubi hin... *Sie schließt den Koffer, geht zum Herd und füllt den Inhalt der Töpfe, Kalbsgulasch und Salzkartoffeln, in die Behälter eines altmodischen blechernen Henkelmanns.* ...aber mit der Zehn-Uhr-Fünfunddreißig nach Köln/Bonn fliegt unser Bubi gewiß nicht.

Reihenhaussiedlung. Frau Schimmerlos kommt aus dem Reihenhäuschen. In der einen Hand trägt sie den Louis-Vuitton-Koffer, in der anderen Hand den Henkelmann.

Nachbarin. Frau Schimmerlos!

Frau Schimmerlos schaut auf. Im Vorgarten eines anderen Reihenhäuschens steht die Nachbarin, Frau Graf. Sie war gerade damit beschäftigt umzugraben, trägt Gummistiefel, mit Erde beschmutzte rosa Gummihandschuhe, Kleiderschürze und Kopftuch.

Von einem Gartentischchen nimmt sie die aufgeschlagene Matz *und eilt damit zum Gartenzaun, an dem Frau Schimmerlos gerade vorübergeht. Empört hält sie Frau Schimmerlos Babys Kolumne unter die Nase.*

Frau Graf. Hams des wieder glesen?

Frau Schimmerlos. Ja – was?

Frau Graf. Was er da wieder schreibt über die Caroline?

Frau Schimmerlos. Naa, hab ich heut no gar ned glesn.

Frau Graf zeigt auf die Schlagzeile: »Prinzessin von Monaco im Bett nicht wählerisch«. Darunter sieht man ein Bild von Caroline von Monaco in Abendrobe und Diadem und ein Foto eines bulligen jungen algerischen Handwerkers mit nacktem Oberkörper und einem Hammer in der Hand.

Frau Graf *liest.* Da! »Prinzessin von Monaco im Bett nicht

wählerisch... Ist Caroline eine Nymphomanin? Das behauptet jedenfalls der algerische Installateur Muhammed Ibrahim Safallah. Bei Auskleidungsarbeiten des fürstlichen Badezimmers mit roséfarbenem Carraramarmor soll sich die junge Prinzessin vor dem gesamten algerischen Bautrupp anläßlich eines Probebades entkleidet und nackt zur Schau gestellt haben, worauf es nach Angaben von Safallah zu einer Massenorgie kam.« – Schreibt ma so was?

FRAU SCHIMMERLOS. Ja, entschuldigens scho, Frau Graf, aber...

FRAU GRAF. Ja, schreibt ma so was, wenn ma a anständiger Mensch is? Des könnens Ihrem Herrn Sohn jetzt amal ausrichten, daß wir Leser diese Sauereien nimmer länger mitmachen. Ned nur, daß des hint und vorne erstunken und erlogen is, weil so was macht die nicht, die Caroline, und mit Algerier scho glei gar ned, des arme Mädel, des arme, wo koa Mutter mehr hat... kann ma de ned amal in Ruh lassen, sie und ihrn Vater, den armen Fürsten Rainer, der keine Freude mehr am Leben hat, seit sie tot is, die Gracia Patricia, und nix wie Sorgen mit seine Kinder – des soll er amal schreiben, der Herr Sohn!

FRAU SCHIMMERLOS. Ich richts ihm aus, Frau Graf! *Sie geht weiter.*

FRAU GRAF *ruft ihr hinterher.* Keinen Reschpeckt hat er vor der menschlichen Tragödie, und nix is ihm heilig mit seiner schmutzigen Fantasie, seiner schmutzigen! Des könnens ihm ausrichten von uns, die Leser, sonst schreiben wir nämlich amal an Brief an die Zeitung!

FRAU SCHIMMERLOS. Ja, ja, is scho recht.

Sie biegt in einen Feldweg ein, der zwischen brachliegenden Äckern am Flughafen vorbei zur S-Bahn-Station führt.

Büro Schimmerlos/Apartment New York.

EDDA *telefoniert mit New York.* Hällo New York? ... Siß is Munich – Westgermany, ße offiß of Mister Schimmerlos. Mister Schimmerlos wants to speak to Mister Rosenschitz please...

ROSENSCHITZ *liegt im Bett.* Ha? What? Oh, fuck off! Its five o'clock in the morning!

EDDA. ... one moment, please, Mister Rosenschitz ...
Sie hält Baby den Hörer hin. Neben Baby steht Herbie und sortiert seine Fotos.
EDDA. Schnell!
BABY. Danny, Servus! Hier is der Baby! Du, Danny, sei mir nicht bös, daß ich dich so früh aufweck, aber ich muß unbedingt noch amal mit dir den Terminplan fürn Gary besprechen, da hat sich nämlich was geändert.
Rosenschitz richtet sich im Bett auf, neben ihm liegt der junge muskulöse Gary Stern. Durch die großen Fenster des Schlafzimmers sieht man einen Ausschnitt der Skyline von Manhattan.
BABY. Also: Ankunft morgen früh 9.45 in München bleibt. Abholung durch mich und meinen Fotografen und Begrüßung am Flughafen bleibt ...
ROSENSCHITZ. Ja, was hat sich dann geändert?
BABY. Moment! Jetzt: Fahrt in die Innenstadt nicht mit Mercedeslimousine, wie besprochen, sondern mit offener Hochzeitskutsche, vier schöne Münchnerinnen in Dirndl und Fiaker ...
ROSENSCHITZ *hellhörig.* Moment mal, Baby! Wieso Fahrt in die Innenstadt? Was ist mit Innsbruck und den Krampfadern?
BABY. Augenblick, Danny! Dann is shopping, Weißwurstessen, Telefonaktion etcetera bis 14 Uhr – und dann, dann kommts: Abfahrt Besichtigung bayrischer Königsschlösser.
ROSENSCHITZ. Und was is mit Innsbruck, will ich wissen, Goddammit!
BABY. Ja, Danny, das *ist* ja Innsbruck, verstehst! Wir sagen, der Gary besichtigt jetzt allein und in Ruhe die bayrischen Königsschlösser, und in Wirklichkeit bringen wir ihn nach Innsbruck zu dem Spezialisten. Da hat er dann drei Stunden Zeit und kann sich in Ruhe beim Professor Androsch seine Krampfadern untersuchen lassen.
Gary Stern ist inzwischen aufgestanden und kommt mit einer Zweiliter-Milchtüte aus der Küche zurück. Er ist nackt. Seine beiden Unterschenkel sind vom Knöchel bis zum Knie in weiße Mullbinden eingewickelt.
GARY. I want to go to Innsbruck, Danny!
ROSENSCHITZ. Darling, relax, dont get upset! – Baby, wenn

das ein schmutziger Trick ist mit diesen scheiß Königsschlössern, Baby ...

BABY. Danny, des is koa schmutziger Trick. Des sagen wir nur so – weil wir ja schlecht sagen können, daß der Gary bloß wegen seine scheiß Krampfadern rüberkommt – oder wär dir des lieber?

ROSENSCHITZ. Natürlich nicht, aber ...

BABY. Also nachert, tschau, bis morgen.

Baby legt auf, wendet sich Herbie und den Fotos zu.

HERBIE. Schau, da find ich sie gut, die Fanny, auf dem da, wo der Kanter den Arm um sie legt.

Baby schaut die beiden Fotos an. Sie zeigen eine hübsche Frau von Mitte Dreißig, die Schauspielerin Fanny Kessler, und den jungen erfolgreichen Filmproduzenten Georg (genant Schorschi) Kanter.

BABY. Des find ich gar ned gut, weil da schauts irgendwie komisch aus, so von der Seitn.

HERBIE. Wieso komisch? Die Frau sieht doch tadellos aus für ihr Alter.

BABY. Naa ... ich mein *da* so ... so dicklich um den Bauch rum. Die schaut ja aus, wie wenns schwanger wär ... Sag amal, is die vielleicht schwanger, die Fanny?

HERBIE. Aber niemals! Der Kanter gibt ihr doch nicht die Hauptrolle in der Riesenserie, wenn die schwanger ist!

BABY. Ja, vielleicht weiß ers nicht.

HERBIE. Ooch Baby ...!

BABY *nimmt ein Vergrößerungsglas und schaut die Fotos genau an.* Da! Schau doch! Da, wo der Oberbauch in den Unterbauch übergeht, da hat doch die früher a Taille ghabt, die Fanny – oder vielleicht ned?

HERBIE *beugt sich über die Fotos.* Des is ne Falte im Kleid, Baby!

BABY. Des is koa Falte im Kleid, Herbie, des is a Auswölbung im Bauch. Ich sag dir, die is schwanger! Des siech i ja scho an die Augen. Schau doch hin! Die hat ja scho des typische mütterliche Kuhauge ... dieses Familienglück im Blick ...

Edda schaut kurz verwundert auf.

HERBIE. Baby, das is dochn Quatsch. Die drehen an dem Ding doch noch mindestens zwei Jahre, des ganze kostet fünfzig Millionen oder was – da kriegt man doch nichn Kind zwischendrin ... des darf die gar nicht. Baby, da platzt doch die ganze Produktion.

BABY. Ja, um so besser – dann hätten wir doch eine wunderbare Gschicht, verstehst ...

HERBIE. Ja, ja, schon ...

BABY. Weißt was: Wir fahren da jetzt einfach naus ins Studio zu der Fanny und sagen, die Fotos von gestern san leider nix geworden, drum müßma jetzt neue machen. Und dann machst du die Fotos und ich lang ihr zwischendurch a bissel aufn Bauch ...

U-Bahn-Ausgang Briennerstraße. Frau Schimmerlos kommt mit Koffer und Henkelmann die Rolltreppe heraufgefahren. Sie geht an Luxusgeschäften vorbei und schaut in die Auslagen.

Vor Haus Schimmerlos. Frau Schimmerlos stellt den Koffer ab, zieht einen Schlüssel aus der Tasche und sperrt die Haustür auf.

Treppenhaus. Am Lift hängt ein Schild. »Außer Betrieb«. Frau Schimmerlos schleppt den Koffer die Treppe hinauf.

Vor Wohnung Schimmerlos. Frau Schimmerlos kommt die letzten Treppenstufen heraufgegangen, sperrt die Türe von Babys Wohnung auf.

Wohnung Schimmerlos innen. Frau Schimmerlos betritt die Wohnung und stellt den Koffer ab. Dann geht sie zum Bett und beginnt, die herumliegenden Kleidungsstücke aufzusammeln. Sie hebt eine Hose auf, ein Hemd, ein paar Socken, eine Unterhose und ... einen Büstenhalter. Etwas irritiert schaut sie den Büstenhalter an. In diesem Moment erscheint hinter ihr, auf der Wendeltreppe von unten heraufkommend, die nackte Bea.

BEA. Morgen!

Frau Schimmerlos dreht sich erstaunt um. Fassungslos starrt sie Bea an. Den Büstenhalter hält sie immer noch in der Hand.

BEA *kommt auf sie zu und nimmt den Büstenhalter.* Danke! *Sie geht damit ins Bad.*

Frau Schimmerlos (Ernie Lingerl) in der Wohnung ihre Sohnes. Im Hintergrund Bea (Renate Langer), eine Bekannte von Baby Schimmerlos.

FRAU SCHIMMERLOS. Ja ... Moment ... wer san denn Sie? Was machen Sie denn da herin?
BEA. Machen Sie mir doch einen starken Kaffee, bitte!
FRAU SCHIMMERLOS *geht ihr zwei Schritte nach und stemmt die Hände in die Hüften.* Was mach ich? Sie ... jetzt amal an Moment amal da ...
Bea steht schon im Bad und duscht sich.
Frau Schimmerlos bleibt noch einen Moment mit offenem Mund stehen, dann läuft sie zum Telefon.

In Babys Porsche. Baby sitzt am Steuer, Herbie neben ihm. Sie fahren auf der Grünwalder Straße stadtauswärts. Baby telefoniert mit seiner Mutter.
BABY. ... Mama, des is koa Flitscherl, des is ein Top-Model aus Paris, die is in München wegen der Modewoche, und

weils kein Hotelzimmer gefunden hat, hab ich ihr gsagt, sie kann bei mir schlafen... ja, dann schmeiß halt naus!... Doch, des kann ma – gibs her!
HERBIE. Was fürn Top-Model?
BABY *zu Herbie.* Schmarrn Top-Model – die Bea is! Ich hab ihr extra gsagt, daß abhauen soll. *Ins Telefon.* Hallo? Sag amal, Bea, spinnst du jetzt? Was hab ich dir denn gsagt, du blöde Gans?...

Wohnung Schimmerlos. Bea steht nackt am Telefon, Frau Schimmerlos ist auf einen Stuhl gesunken, atmet schwer und hält sich die Hand auf die Brust.
BEA. ... Entschuldige, Baby, ich bin einfach noch mal eingeschlafen, nachdem du weg bist...
BABY *durchs Telefon, schreit.* ... des is mir wurscht! Du haust jetzt sofort ab, auf der Stelle!
Frau Schimmerlos stöhnt und ringt nach Atem.
BEA *zu Frau Schimmerlos.* Was haben Sie denn, um Gottes willen?
FRAU SCHIMMERLOS. Ich krieg kei Luft... Fenster auf, Fenster auf!
Bea legt den Hörer weg, rennt zum Fenster, reißt es auf. Aus dem Hörer hört man Babys Stimme.
BABY. Bea! Hallo! Bea! Was ist denn?
BEA *läuft zurück zum Telefon, aufgeregt.* Du, Baby, ich glaub, deiner Putzfrau, der gehts nicht gut, die kriegt einen Herzanfall!

Im Porsche vor Bavaria Filmgelände.
BABY. ... des is nicht meine Putzfrau, des is meine Mutter, blöde Kuh! Gib mirs!
BEA. Des geht nicht, Baby, die kriegt ja kaum noch Luft!
BABY. Sie soll sofort ihre Tropfen nehmen!
BEA. Was für Tropfen?
BABY. Nimm ihre Handtasche, da muß ein braunes Flaschl drin sein, und da tust zwanzig Tropfen auf einen Löffel, und die gibst ihr! Sofort!
BEA. Baby! Jetzt sagt sie, du sollst kommen! Sonst stirbt sie, sagt sie!

BABY. De stirbt ned. Ja, ich komm gleich. Gib ihr die Tropfen! *Er legt auf.* Kruzifix!

Baby bremst vor der Schranke des Filmstudios. Der Pförtner öffnet die Schranke.

HERBIE. Was is denn los, sag mal?

BABY. Ach nix! Des machts mir jetzt schon zum dritten Mal – Herzanfall!

HERBIE. Die Bea?

BABY. Naa, meine Mutter. Die reine Erpressung is des! Bloß daß ich jetzt scho wieder zu ihr hin muß!

HERBIE. Wieso schon wieder? Wann hast du sie das letzte Mal gesehen?

BABY. Ja ... des weiß ich nimmer ... vor zwei Jahr oder so ... aber ich telefonier ja schließlich dauernd mit ihr.

Er fährt an der geöffneten Schranke vorbei ins Gelände der Bavaria, dreht sofort um und rast unter der sich gerade schließenden Schranke hindurch wieder hinaus. Der Pförtner schaut dem Wagen kopfschüttelnd nach.

Wohnung Schimmerlos. Bea kniet nackt vor der nach Luft ringenden Frau Schimmerlos und löffelt ihr die Herztropfen ein. Frau Schimmerlos schluckt mit Widerwillen.

FRAU SCHIMMERLOS. Mei, schmeckt des Zeug greislich.

BEA *träufelt noch einmal zehn Tropfen auf den Löffel.* Die zehn Tropfen müssen Sie aber noch nehmen ...

FRAU SCHIMMERLOS *schiebt den Löffel beiseite.* Naa, Fräulein, die nimm ich jetzt gwiß nicht mehr – wann, hat er gesagt, daß er kommt?

BEA. Er muß jeden Moment da sein.

FRAU SCHIMMERLOS. Ja, dann gehens jetzt aber, Fräulein, sonst regt er sich bloß wieder recht auf, daß Sie noch da sind ... Warum sans denn ned weggegangen in der Früh, wie er Ihnen gsagt hat?

BEA *hat begonnen, sich anzuziehen.* Wie?

FRAU SCHIMMERLOS. Ja! Ghört sich des, daß man am hellichten Tag nackert im Bett herumliegt, bis um elfe?

BEA. Sie, jetzt langts aber! Wenn er mich bis um sechs in der Früh bumst, dann darf ich vielleicht noch ein paar Stunden ausschlafen!

FRAU SCHIMMERLOS. Werdens fei ja nicht unverschämt! Sie Flitscherl, Sie, Sie ausgschamts! Und da herin möcht ich Sie nicht noch einmal wiedersehn, das sag ich Ihnen! Mein Sohn ist in festen Händen und ...

BEA. Ihr Sohn! Soll ich Ihnen mal was erzählen über Ihren Sohn?

FRAU SCHIMMERLOS. Naa, des is gar ned notwendig, Fräulein, weil den kenn ich besser und länger als Sie – und daß Sie aa bloß eine von dene san, die seine Gutmütigkeit ausnutzen wolln und ihm recht schön tun, bloß daß bei ihm in der Zeitung stehn – des seh ich schon an Ihre ungwaschnen Füß!

BEA *ist angezogen und greift nach ihrer Handtasche.* Blöde alte Geiß!

FRAU SCHIMMERLOS *ist aufgestanden und deutet gebieterisch auf die Türe.* Naus, sag ich! Hure!

Bea läuft hinaus und knallt die Tür hinter sich zu.

Später. Die Wohnung ist blitzsauber aufgeräumt. Am Eßtisch sitzen Baby und Herbie und essen das mitgebrachte Kalbsgulasch. Zwischen ihnen sitzt Frau Schimmerlos und lächelt glücklich. Baby und Herbie haben ihre Teller noch nicht zur Hälfte aufgegessen, da serviert sie ihnen schon nach.

Frau Schimmerlos legt ihre rechte Hand auf Babys linke. Baby schaut seine Mutter kurz an, dann legt er das Messer ab, nimmt die Gabel aus der linken in die rechte Hand und ißt weiter.

FRAU SCHIMMERLOS. Gell, schmeckts dir recht?

BABY. Ja, Mama.

FRAU SCHIMMERLOS. Und Ihnen? Schmeckts Ihnen auch, Herr Fried?

HERBIE. Ja, ja, ausgezeichnet, sehr gut. Frau Schimmerlos.

FRAU SCHIMMERLOS. Kalbsgulasch, des war scho die Lieblingsspeise von seinem Vater, meinem verstorbenen Mann, und dem Bubi hab ichs auch schon als Kind immer kochen müssen, des hätt er jeden Tag essen können, der Bubi, gell Bubi?

BABY. Ja, Mama.

FRAU SCHIMMERLOS. Aber des haben wir uns damals natürlich nicht leisten können, gell, Bubi?

BABY. Naa, Mama.
FRAU SCHIMMERLOS. Jeden Pfennig hab ich mir einteilen müssen, Herr Fried, daß ichs wenigstens am Sonntag für meine beiden Männer aufn Tisch hab bringen können, des Kalbsgulasch.
BABY. Jetzt hör doch auf, Mama!
FRAU SCHIMMERLOS. Ja, warum? Des is doch kei Schand nicht, wenn man kein Geld hat – oder, Herr Fried?
HERBIE. Nein, natürlich nicht!
FRAU SCHIMMERLOS. Er war halt ein einfacher Trambahner, mein Mann – einfach, aber anständig. Da brauchst doch du dich jetzt ned genieren für dein Vater.
BABY. Ja – ich genier mich ja gar ned, Mama!
FRAU SCHIMMERLOS. Doch – des glaub ich schon. Sonst tätst ja auch öfters nauskommen zu mir.
BABY. Was hat jetzt des mitm Vater zu tun, Mama?
FRAU SCHIMMERLOS. Ja, wie der Vater noch gelebt hat, bist ja auch noch öfters kommen.
BABY. Ja, wie er halt krank war!
FRAU SCHIMMERLOS *kurz*. Ja, ich bin auch krank. – Haben Sie noch Eltern, Herr Fried?
HERBIE. Nein.
FRAU SCHIMMERLOS. Mutter auch keine mehr?
HERBIE. Nein ... äh ... leider nicht.
FRAU SCHIMMERLOS. Frau?
BABY. Jetzt frag halt die Leut ned so aus, Mama!
HERBIE. Nein, ich bin geschieden.
FRAU SCHIMMERLOS. Ja, dann sinds ja ganz allein – habens denn jemand, der bei Ihnen aufräumt und saubermacht?
BABY. Mama, jetzt hörst aber auf!
FRAU SCHIMMERLOS. Ja, warum? Ich könnt mich doch leicht um den Herrn Fried auch a bissel kümmern?
BABY. Ja, das fehlt grad noch!
FRAU SCHIMMERLOS. Ja, warum denn nicht?
FRAU SCHIMMERLOS *zu Herbie*. Wissens, *er* tut sich leicht: Braucht ihm bloß einfallen, daß ers eines schönen Tages noch heirat, seine Mona, dann braucht er überhaupt kei Mutter mehr ...
BABY *legt das Besteck weg*. Um Gottes willn, die Mona!

HERBIE. Was is denn?
FRAU SCHIMMERLOS. ... dann bin ich nämlich abgeschrieben, Herr Fried, und ganz allein und einsam.
BABY. Ihr Flugzeug kommt in einer Viertelstunde an, ich muß nausfahren und sie abholen.
HERBIE *legt sein Besteck weg.* Und was ist mit der Fanny?
BABY. Ah – Scheiße!
HERBIE. Soll ich alleine rausfahren ins Studio?
BABY. Dir sagt die doch nix. Komm, gemma, schnell! *Sie sind aufgestanden.*
FRAU SCHIMMERLOS *panisch.* Aber zuerst mach ich euch noch einen Kaffee.
BABY. Naa, nix mehr, Mama, Schluß! Wir müssen jetzt zum Flughafen – geh zu, Herbie!
HERBIE. Auf Wiedersehen, Frau Schimmerlos, und vielen Dank!
FRAU SCHIMMERLOS. Aber kannst nicht noch ... wenigstens eine Viertelstunde, Bubi?
BABY. Naa, ich kann jetzt nimmer, Mama. Servus! *Er umarmt sie rasch.*
FRAU SCHIMMERLOS. Und wann seh ich dich wieder mal?
BABY. Ich ruf dich an, Mama. *Er geht zur Tür, Herbie wartet draußen.*
FRAU SCHIMMERLOS. Bubi!
BABY. Was is denn, Mama?
FRAU SCHIMMERLOS. Und mit meinem Herzen, wollt ich bloß noch sagen, gehts mir jetzt schon wieder viel besser. Da brauchst dir keine Sorgen machen.
BABY. Geh einmal zum Arzt, endlich!
FRAU SCHIMMERLOS. Ja, des mach ich.
BABY. Aber ned zu deinem Viechdoktor da draußen, sondern zu einem gescheiten!
FRAU SCHIMMERLOS *läuft hinaus ins Treppenhaus und ruft ihrem davoneilenden Sohn nach.* Ich kenn ja kein gscheiden! *Dann kommt sie zurück in die Wohnung, geht an den Tisch und räumt das Geschirr ab.* Tausendmal hat er mir scho versprochen, daß er mich einmal anmeldt bei einem gscheiden Professor, mit meinem Herz. Er kennt ja an jeden, der berühmt is. Aber sei eigene Mutter, die is ihm ja nicht amal

ein Telefonat wert. Die ander, sei Mona, wenn sich an Knöchel verstaucht in Sankt Moritz, beim Skifahrn, dann muß gleich der Herr Professor Hackethal daherkommen. Und a bissel ein Kopfweh wenns hat, oder a Wimmerl am Bauch, dann schickt ers glei zum Köhnlechner zur chinesischen Massage.

Wohnung Schimmerlos. Küche. Frau Schimmerlos läßt Wasser in die Spüle, zieht Gummihandschuhe an und beginnt abzuspülen.

FRAU SCHIMMERLOS. ... Ah ja! Mir solls ja recht sein, wenn sich zwei Menschen lieben, des is ja auch was Schönes, des hätt mir auch gut gfallen, daß mich amal einer recht verwöhnt, aber da war ich bei meinem Mann an der falschen Adress. Liebe in dem Sinn hats da bei uns ned geben ... mir warn halt verheirat, vierzg Jahr lang, nachad is er gstorben, und jetzt is doch irgendwie zu spät für die Liebe. Jetzt freu ich mich halt am Glück von meinem Bubi. San ja auch a schöns Paar, die zwei. Sie – die elegante Frau, und er ... der sie am liebsten dauernd nur auf Händen trägt – da herrscht eine Harmonie, mei Liaba, da fällt nie ein böses Wort, ein jeder Blick is da zwischen dene zwei von einer solchenen Zärtlichkeit und von einer solchenen Romantik, mei Liaba, daß direkt eine Lust is, wenn mans nur anschaut! Ein Liebespaar is des wia aus dem Bilderbuch!

Vor Flughafen. Mona kommt aus der Ankunftshalle gelaufen. Baby läuft ihr entgegen. Die beiden umarmen sich. Dann löst sich Mona abrupt. Herbie, der dabeisteht, kommt gar nicht dazu, sie zu begrüßen, da Mona sofort anfängt zu schimpfen.

MONA. Wo warst denn du die ganze Nacht? Ich hab jede halbe Stunde angerufen. Du warst nicht zu Haus – oder du warst zu Haus und bist nicht hingegangen! Die ganze Nacht hab ich kein Auge zugemacht. Schau mich doch an, wie ich ausschau!

BABY. Du – wennst meinst, daß du mir jetzt hier a Szene machen mußt, dann is gescheider, du gehst glei wieder da nei und fahrst dahin zruck, wosd herkommen bist! Und da bleibst dann am besten gleich.

MONA. Das ist ja eine freundliche Begrüßung! Genauso hab

Baby Schimmerlos (Franz Xaver Kroetz, li.) und Herbie (Dieter Hildebrandt) holen Mona (Senta Berger) vom Flughafen ab.

ich mir das vorgestellt. Genauso. Du brauchst mich nie wieder abholen, an keinem Flughafen, an keinem Bahnhof, nie und nirgends!
BABY. Ja. Des tu ich auch nicht mehr, Mona, des war des letzte Mal – weil soviel Zeit, die hab ich nämlich nicht, ich muß nämlich arbeiten, im Gegensatz zu dir!
MONA. Ja, dann geh doch! Geh doch arbeiten! Warum bist denn überhaupt gekommen?
BABY. Ich kann mir keine Vergnügungsreisen leisten, ich nicht!
MONA. Eine Reise, von der du einen abholst, ist von vornherein schon kein Vergnügen. Ich krieg ja schon sämtliche Zuständ, wenn mein Flugzeug fünf Minuten Verspätung hat...
BABY. Zehn Minuten...
MONA. Der Schweiß bricht mir aus – aus lauter Angst vor deinem Terror. Schau doch her, wie ich zitter!
BABY. Dann komm einmal im Leben pünktlich! Sei ein einziges Mal pünktlich – dann brauchst auch ned zittern. – Wo san denn deine Koffer?
In diesem Moment klingelt das Autotelefon in Babys Porsche.
MONA. Ja... die sind noch nicht da, die sind noch drin im Dings, im...
BABY. Ja dann steh ned blöd rum, sondern hols! Geh zu, Herbie, hol das Gepäck!
MONA. Du bist wirklich das Letzte, der letzte... bist du!
Sie läuft zurück ins Flughafengebäude. Herbie folgt ihr. Baby läuft zum Wagen und hebt den Telefonhörer ab.
BABY. Ja, hallo?

Babys Porsche/Büro Schimmerlos.
EDDA. Du bist ja gar nicht im Studio, Baby?
BABY. Naa, i bin no am Flughafen, aber i fahr jetzt glei naus – was is los?
EDDA. Ja, der Danny Rosenschitz hat jetzt grad noch mal angerufen aus New York und will unbedingt zuerst nach Innsbruck zu den Krampfadern und dann erst Hochzeitskutsche, Weißwurscht und Telefonaktion – was soll ich denn jetzt machen?

BABY. So. Aha. Dann rufst ihn jetzt zurück und sagst einen schönen Gruß und sagst, es bleibt genau so, wie ich gsagt hab, nämlich zuerst Hochzeitskutsche, dann Weißwurscht und Telefonaktion und dann die Krampfadern und aus. Servus.
EDDA. Und was is jetzt mit der Fanny Kessler? Is sie jetzt schwanger oder nicht?
BABY. Des weiß i no ned, da fahr i jetzt naus. Servus.

Bavaria-Filmgelände. Zwischen zwei Atelierhallen hält Babys Porsche. Er steigt aus.
Auf einer großen Plakatwand ist Fanny Kesslers Serie angekündigt:

Georg Kanter präsentiert
DÜSSELDORF
das deutsche Dallas.
Eine Fernsehserie wie noch keine war
Geld – Sex – Macht
und
Fanny Kessler als männermordende
Milliardenerbin

Baby schaut sich um, geht auf eine der Hallen zu, öffnet eine Tür und verschwindet.

Studio. Innen. Baby betritt das Studio, in dem gerade eine Filmszene gedreht wird.
BÜHNENARBEITER. Düsseldorf – 4/16 die fünfundzwanzigste!
REGISSEUR. Playback ab!
Arabische Bauchtanzmusik ertönt.
Baby löst sich von der Tür und geht auf Zehenspitzen weiter nach vorne.
REGISSEUR. Action!
Baby bleibt stehen und schaut.
Im Studio ist ein großes, luxuriöses Badezimmer aufgebaut mit einer Badewanne von der Größe eines kleinen Swimmingpools, zu der Stufen hinaufführen. Obwohl die Wanne schon voll dampfendem Wasser und Schaum ist, scheint das Badezimmer noch nicht vollständig installiert zu sein: ein Dutzend arabischer

Handwerker mit entblößtem Oberkörper ist noch damit beschäftigt, Fliesen zu legen, Löcher zu bohren, goldene Rohre zu verlegen, zu hämmern, zu malen.
Vor der Dekoration steht das Aufnahmeteam, in der Mitte Fanny Kessler in weißem Bademantel, neben ihr der Regisseur. Auf ein Zeichen des Regisseurs geht Fanny in die Badezimmerdekoration hinein. Die Studiokamera folgt ihr.
Baby sucht sich einen Platz, von dem aus er die Szene gut beobachten kann.
Fanny betritt das Badezimmer. Langsam schreitete sie die Treppen zur Wanne hinauf. Die arabischen Arbeiter unterbrechen einer nach dem andern ihre Arbeit und schauen ihr mit begehrlichen Blicken nach. Fanny kommt am Rand der Badewanne an und bleibt dort einen Moment unschlüssig stehen.
Baby sieht, wie der Regisseur hinter der Kamera ihr ungeduldig mit Zeichen zu verstehen gibt, sie solle endlich den Bademantel ausziehen und in die Wanne steigen.
Fanny zögert noch einen Moment, dann steigt sie wie selbstverständlich mit dem Bademantel in das Schaumbad.
REGISSEUR *schreit.* Aus! Schluß! Cut! Scheiße!
Die Playback-Musik bricht ab. Die Handwerker setzen sich auf den Boden. Fanny steigt mit dem triefendnassen Bademantel aus der Wanne und kommt die Stufen herab. Eine Garderobiere läuft ihr entgegen, legt ihr ein Badetuch über die nassen Haare.
Der Regisseur läuft in die Dekoration und hält Fanny auf, die mit der Garderobiere weggehen will.
REGISSEUR. Jetzt erkläre ich es dir zum letzten Mal, Fanny ...
FANNY. Da brauchst du mir gar nichts zu erklären, Tscheppi, weil ...
REGISSEUR. Doch! Weil kein Mensch auf der Welt mit einem Bademantel in ein Badewanndl steigt!
FANNY. Vielleicht in Düsseldorf schon!
REGISSEUR. Naa, auch in Düsseldorf nicht.
FANNY. Ich zieh mich nicht aus.
REGISSEUR. Fanny, du brauchst dich ja nicht ausziehen – oder nur ein bissel. Wir sind ja von hinten drauf, man sieht ja fast nix ... paß auf ... gebts mir einen Bademantel!
Die Garderobiere gibt ihm einen neuen Bademantel, er zieht ihn an und macht Fanny vor, was sie zu spielen hat.

REGISSEUR. Also: Die Gabriele kommt zur Tür herein. Sie hat noch geschlafen und ist von dem Lärm, der aus dem Badezimmer kommt, geweckt worden ... Jetzt denkt sie sich, die Gabriele: Was ist das für ein Lärm? *Zum Assistenten.* Geh, die solln mal laut was arbeiten, die Tschuschen!
Der Assistent ruft den Arbeitern etwas auf Arabisch zu, sie beginnen zu mimen.
REGISSEUR. Und des Playback! *Die Bauchtanzmusik beginnt.* ... Also: Sie kommt zur Tür herein – schaut – siecht die Tschuschen und denkt: Des gibts doch nicht! – Jetzt gehts näher hin zum Badewanndl, siecht, daß da schon ein Wasser drin is und ein Schaum – jetzt denkts, sie träumt, die Gabriele ...
Er geht die Treppe zur Wanne hinauf.
... und auf dieser fließenden Grenze – verstehst, Fanny – zwischen Traum und Wirklichkeit, vergißt sie alles, was um sie herum is, laßt wie träumerisch ihren Mantel fallen, die Tschuschen schaun ... *Zu den Arabern.* – ... Schaugts! ...
Die Araber schauen zum Regisseur, der jetzt den Bademantel auszieht und fallen läßt.
REGISSEUR. ... Sie realisiert des gar nicht, die Gabriele, weil sie will nur ins Wasser – »da will ich hinein!«, denkt sie – und geht wie träumerisch hinein ... *Er steigt vollbekleidet wie er ist in das Schaumbad.* ... und schließt die Augen. Dann kommt der erste Tschusch, laßt sei Hosen runter und seift sie ein, dann kommt der zweite und die anderen alle – und so weiter – aber da is ja dann scho Schnitt, verstehst? Und so machst des jetzt! Genau so! *Er steigt triefend aus der Badewanne und kommt die Treppe herunter. Die Bauchtanzmusik bricht ab.*
FANNY. Nein, ich machs nicht, Tscheppi!
REGISSEUR. Ja, wieso denn nicht?
FANNY. Weils nicht im Drehbuch steht!
REGISSEUR. Schmarrndrehbuch! Wir machen doch sonst auch nicht, was im Drehbuch steht. Die Szene war doch vorher eh so fad. Sei doch froh, wenn mir mal was dazu einfällt – ganz spontan!
FANNY. Ja – aber ich zieh mich nicht aus.
REGISSEUR. Ja, warum denn nicht? Du hast dich doch früher auch immer ausgezogen, da hast dich ja aa ned geniert?

FANNY. Was? Wo hab ich mich ausgezogen?
REGISSEUR. Überall und dauernd.
FANNY. Nirgends! Und wenn, dann war das motiviert – künstlerisch! Und nicht so ein an den Haaren herbeigezogener Scheißdreck! *Sie rauscht hinaus, die Garderobiere hinterher. Baby und das ganze Team schauen ihr nach.*
REGISSEUR. Zigarettenpause!
Baby will sich gerade wieder hinausschleichen, um Fanny zu folgen, da kommt Tscheppi auf ihn zu, der von seinem Assistenten abfrottiert wird.
REGISSEUR. Baby! Servus! Bist schon lang da? Hab dich gar nicht gsehn. Machst was über uns? Also, ich hab gestern deine Gschichte über die Carolin von Monaco glesen – ich hab ja so gelacht. Was ich immer sag: Das Leben schreibt die besten Geschichten! In am Film, wennst des machst, glaubt dir des kein Mensch.
BABY. Sag amal – was isn mit der Fanny los? Warum magn die sich nicht ausziehen, hat die irgendwas?
REGISSEUR. Starallüren hats, sonst gar nix. Seit sie mit dem Kanter Schorschi zamm is und endlich a mal a Hauptrolle spielen darf, meint sie, sie is der Hollywoodstar persönlich!
BABY. Ja, ja, logisch ... so sans ...
REGISSEUR. Du – ich tu mich nur schnell umziehn. Bleibst noch ein bissel da, dann mach ma ein schöns Foto von der Fanny und von mir, und ich erzähl dir ein bissel was von mir.
BABY. Ja, machma, Tscheppi.
Der Regisseur eilt aus dem Studio, begegnet in der Tür dem ankommenden Herbie.
REGISSEUR. Servus, Herbie! Grüß dich! Bussi. Bin gleich wieder da, ich zieh mich nur schnell um.
HERBIE. Ja, ja ... äh ... Bussi. *Er geht zu Baby.* Was is los?
BABY. Erzähl ich dir gleich.
HERBIE. Also was is nu? Wo isse denn? Wissen wa schon was? Isse nu schwanger oder nich oder was?
BABY. Des wern ma jetzt dann glei sehn. *Er winkt den Regieassistenten heran, der im Studio geblieben ist.* Du, Sigi, komm amal her!
SIGI. Ja, Baby?

BABY *legt den Arm um Sigi und geht mit ihm in einen abgelegenen Teil des Studios.* Du, Sigi, ich hab da vorher zugschaut, wie du des so alles organisierst und im Griff hast – des is ja für mich gar koa Regieassistenz mehr, des is ja scho a richtige Backgroundregie – der Tscheppi, der wär ja völlig hilflos ohne dich!

ASSISTENT *bescheiden.* Na ja … man tut, was man kann.

BABY. Naa, ehrlich! Da brauchst gar ned so bescheiden sein! Ich find, jetzt wärs einmal an der Zeit, daß du selber einen Film machst, einen eigenen.

ASSISTENT. Des möcht ich schon lang, aber mich kennt ja keiner.

BABY. Du, des is des wenigste, Sigi – da kann ich dir jederzeit helfen. Wennst irgendein Projekt hast, dann sagst mirs – und dann schreib ich gleich a große Gschicht über dich.

ASSISTENT. Tätst du das ehrlich machen, Baby?

BABY. Ja, sofort. Des is doch mein Job.

ASSISTENT. Da wär ich dir sehr dankbar!

BABY. Komm amal her, Herbie, mach amal glei a Foto vom Sigi.

Herbie kommt und fotografiert. Sigi lächelt stolz in die Kamera.

BABY. Du könntst mir übrigens auch an kleinen Gefallen tun, Sigi, tätst du des?

ASSISTENT. Ja, klar, Baby, alles! Was brauchst denn?

BABY *zündet sich eine Zigarette an und schaut Sigi in die Augen.* Eine … Urinprobe von der Fanny.

Sigi schaut Baby mit großen Augen an. Auch Herbie schaut überrascht.

ASSISTENT. Urinprobe? … Von der Fanny? … Ja, Baby, sehr gern, ich kann sie ja mal fragen, aber …

BABY. Ja nix fragen, Depp! Fragen kann ich selber! Heimlich muß des sein! Da sperrst jetzt des Damenklo ab, machst a Schild hin, »Defekt«, und dann stellst ihr so a Potschamperl, so an Nachttopf in die Garderobe, verstehst?

SIGI. Aha … ja … okay. *Er geht eilig aus dem Studio.*

HERBIE *schaut Baby skeptisch an.* … heimliche Urinprobe?

Büro Georg Kanter/Studio.

Schorsch Kanter steht am Telefon. Sein Produktionschef sitzt vor

dem Schreibtisch und hört an einem zweiten Hörer mit.
KANTER ... a was will der? A Urinprobe? Ja spinnt denn der!
Sigi steht am Telefon.
ASSISTENT. Ja, er hat den Verdacht, daß sie schwanger ist...
KANTER. Die ist nicht schwanger, sagst ihm.
ASSISTENT. Ja, ich weiß, Herr Kanter, das hab ich ihm auch gesagt, aber er glaubts nicht. Er schüffelt hier überall rum und horcht die Leute aus.
KANTER. Dann schmeiß ihn raus ausm Studio!
PRODUKTIONSCHEF. Nein! Nicht!
KANTER *zum Produktionschef.* Was?
PRODUKTIONSCHEF. Nicht rausschmeißen! Dann wird doch die Geschichte für ihn *noch* interessanter. Der Sigi soll nur verhindern, daß der Baby mit der Fanny direkt redet, und die Urinprobe soll er ihm auf jeden Fall geben.
KANTER *zum Produktionschef.* Jawiewas?
PRODUKTIONSCHEF. Ja. Is doch kein Problem. Er soll halt einfach selber reinschiffen!
KANTER *strahlt.* Ah ja, genau! *Zu Sigi.* Hast des ghört, Sigi? Schiff selber nei!
ASSISTENT. Jawohl, Herr Kanter, mach ich!
Kanter legt auf, setzt sich in seinen Stuhl und überlegt.
KANTER *zum Produktionschef.* Woher weiß denn der das? Wie kommt der überhaupt da drauf – man sieht doch noch nix? Stell dir vor, der schreibt ein Wort von schwanger, dann schau ich aber sauber aus ... weil wenn des amal bekannt is, dann is mit Abtreiben nämlich aa nix mehr. Und die nächste Frage ist dann: Wer is der Vater? Und dann bin ich überhaupt im Arsch! Stell dir vor: Produzent schwängert seine eigene Hauptdarstellerin – Millionenserie geplatzt! Da kann ich mir dann gleich die Kugel geben. So eine Drecksau, dieser Schimmerlos, so eine dreckate!
PRODUKTIONSCHEF. Dann müssen wir ihm halt gleich drohen, ganz massiv: Anwalt, einstweilige Verfügung, Schadensersatzklage etc.
KANTER. A geh, des juckt doch den ned. Und scho glei gar ned, wenn er recht hat. Naanaa, der ghört amal richtig aufgmischt. Zammagschlagen ghört der amal. Aber glei aso, daß er sechs Wochen nimmer aufsteht! Des sag i dir: Der

Die Schauspielerin Fanny Kessler (Christine Schuberth) bei der Probe zu der Fernsehserie »Düsseldorf«.

wenn was schreibt ... eine Zeile! ... dann knöpf ich mir den vor und dann richt ich ihn so zu – und zwar eigenhändig – daß der sei Leben lang kein Bleistift mehr halten kann!

Studio. Baby steht in der Nähe der Studiotür. Sigi kommt zu ihm und drückt ihm ein Urinfläschchen in die Hand.
ASSISTENT. Da! Schnell! Stecks ein!
BABY. Wie hast jetzt das gmacht?
ASSISTENT. Ja, genauso, wie dus mir gesagt hast.
Er läuft zum Set, wo die Szene mit Fanny erneut gedreht wird.
REGISSEUR. Action!
Die Bauchtanzmusik beginnt, die Araber fangen an zu arbeiten, Fanny Kessler geht im Bademantel langsam auf den Rand des Beckens zu. Aller Augen sind auf sie gerichtet. Herbie fotografiert. Auch Baby schaut gespannt zu, ob sie den Mantel fallen läßt oder nicht. Tscheppi ist so aufgeregt, daß er jede von Fannys Bewegungen leise kommentiert.

REGISSEUR. Ja! Ja! Ja, genau so! Und jetzt an Mantel auf! Ja! Ja!
Fanny öffnet den Bademantel und läßt ihn fallen. Zur allgemeinen Überraschung ist sie jedoch nicht nackt, sondern trägt unter dem Bademantel ein hochgeschlossenes langes Nachthemd, mit dem sie ganz ungerührt ins Wasser steigt.
REGISSEUR *verzweifelt.* Naa! Naaa! Doch ned mitm Nachthemd! *Schreit.* Wer hat ihr denn des Hemmad anzogen? Nackert, hab i gsagt! Nackert! Nackert! Nackert! Ich brings um ... Jetzt bring ichs um! Jetzt derschlag ichs!
Er reißt einem der Araber einen Vorschlaghammer aus der Hand und will sich damit auf Fanny stürzen. Sigi und einige andere Umstehende fallen ihm in den Arm und halten ihn zurück. Herbie fotografiert den ganzen Vorgang.
BABY. Herbie! *Er winkt ihm und deutet auf die Uhr. Die beiden verlassen eilig das Studio. Im Hinausgehen zeigt Baby Herbie das Fläschchen.* Was sagst jetzt?

Büro Schimmerlos. Baby sitzt an seinem Schreibtisch. Vor ihm stehen das Urinfläschchen und die Utensilien eines Schwangerschaftstests. Edda hält die Gebrauchsanweisung in der Hand und liest Baby vor. Herbie sitzt neben Baby und schaut interessiert zu.
EDDA. Erstens: »Öffnen Sie den runden Klarsichtbehälter – in Klammern: Urinbox – und nehmen Sie den Ständer heraus.«
BABY/HERBIE. Was ...?
EDDA. Ja, Entschuldigung ... so heißts da.
HERBIE. Aha.
BABY. Ja weiter!
EDDA. Zweitens: »Entfernen Sie den Deckel und stellen Sie den Ständer an einen erschütterungsfreien und normal temperierten Platz.«
BABY. Ja, aufn Tisch halt ... oder?
HERBIE. Ja, ja. Darf halt nur nicht wackeln.
EDDA. Jetzt drittens: »Entnehmen Sie nun das Röhrchen und klopfen Sie eventuell am Stopfen haftende ... größere Teile der Substanz ...«
Das Telefon klingelt. Edda hebt ab.
BABY. Weiter, Kruzifix! Is ja glei sechse!
EDDA *ins Telefon.* Ja, Herr Hanfstengl ... *Zu Baby.* – »vorsich-

tig herunter«, – ja ... des wissen wir, daß gleich sechse is ... wir hams ja gleich, jetzt wartens noch an Moment.

Setzerei. Der Setzer steht wütend am Telefon. Hinter ihm an der Wand zeigt eine Uhr sechs.

HANFSTENGEL. ... Naa, jetzt wart i nimmer, nicht eine Minuten mehr, und in fünf Minuten, wenn der Text nicht da is und die Fotos, dann druck ich oben die Leisten nei mit seinem Kasperlkopf und drunter laß ich weiß – halbe Seite weiß!

Büro Schimmerlos.

EDDA. Er hats ja scho gschrieben, Herr Hanfstengl, ... er schreibts ja schon, jetzt sans halt nicht so stur, in fünf Minuten kriegen Sies, ich schwörs Ihnen ...

HERBIE *hat jetzt die Gebrauchsanweisung in der Hand und liest vor.* »... saugen Sie mit dem Tübchen etwas Urin aus dem, wenn nötig, etwas schräg gehaltenen Urinbecher. Üben Sie zunächst über dem Urinbecher das Abmessen von fünf Tropfen Urin durch vorsichtiges Zusammendrücken des Tübchens ...«

BABY *verzweifelt.* Fünf Tröpfchen Urin.

EDDA. ... nein, Herr Hanfstengl – was für a Überschrift? *Zu Baby.* Haben wir schon a Überschrift, Baby?

BABY. Nein, hamma noch keine, aber gleich hamma eine.

EDDA *ins Telefon.* Hamma gleich, Herr Hanfstengl, wenns noch einen Moment dranbleiben, dann sag ichs Ihnen gleich ...

HERBIE. »... Geben Sie dann genau fünf Tropfen Urin in das Röhrchen in dem Ständer, verschließen Sie es wieder mit dem Gummistopfen und schwenken es kräftig hin und her, bis die Testsubstanz vollständig aufgelöst ist«, so ... und dann stellste des Ding wieder zurück in den Ständer und dann ...

BABY. Und dann?

HERBIE. Scheiße ... und dann mußte zwei Stunden warten ...

BABY. Wieso?

HERBIE *liest.* »Nach zwei Stunden können Sie das Ergebnis ablesen.«

BABY. Vorher nicht?
HERBIE. Nee.
BABY. Scheißdreck!
EDDA. Äh, Herr Hanfstengl, jetzt glaub ich, jetzt dauerts vielleicht doch noch ein paar Minuten länger mit der Überschrift. Ich ruf Sie dann gleich zurück, wenn wirs haben. *Sie legt auf.*
Baby, Herbie und Edda schauen sich ratlos an.
HERBIE. Tja. »Fanny Kessler hat ein süßes Geheimnis«, kannste jetzt ja wohl nicht mehr drüberschreiben.
BABY *schaut nachdenklich auf das Teströhrchen.* Naa. Ned gut. Jedenfalls heut no ned.
EDDA. Ja, dann schreib halt einfach: »Hat Fanny Kessler ein süßes Geheimnis – Fragezeichen«.
BABY. Naa – Fragezeichen in der Überschrift is Scheiße!
HERBIE. Dann schreib doch ganz anders ... schreib: »Fanny Kessler ziert sich im Bade« oder so.
BABY. Schmarrn. Des süße Geheimnis muß nei, aber sagen dürfma nix, was ma selber noch ned genau wissen. – Was hamma denn gestern ghabt, Edda?
EDDA. »Caroline im Bett nicht wählerisch«.
BABY. Na also, dann hammas scho, schreib, Edda: »Fanny zieht sich für Tscheppi nicht mehr aus – Ausrufezeichen«.
Edda tippt.
HERBIE. Ja – und wo is da das süße Geheimnis?
BABY. Des kommt jetzt. Unterzeile: »Hat sie ein süßes Geheimnis – Fragezeichen«.
HERBIE. Aha!
EDDA *tippt.* Toll, Baby! Sehr gut!
BABY *schaut bedauernd den Schwangerschaftstest an.* Naa. Gut is nicht, besser wär gwesen: »Fanny schwanger – Kanter sauer – Millionenserie platzt!« – Des wär gut gwesn.
In diesem Moment läutet das Telefon. Edda hebt ab.
EDDA. Ja?
MÄNNERSTIMME. Is da des Büro Schimmerlos?
EDDA. Ja – wer spricht denn?
MÄNNERSTIMME. Des tut nix zur Sache. Is der Herr Schimmerlos da?
EDDA. Wer spricht denn, bitte?

MÄNNERSTIMME. Ob er da is, möcht ich wissen!
BABY *leise.* Wer is denn des?
Edda zuckt die Achseln und drückt auf einen Knopf, der den Telefonlautsprecher einschaltet. Baby und Herbie hören zu.
EDDA. Naa, der Herr Schimmerlos ist leider momentan nicht da – mit wem sprech ich denn?
MÄNNERSTIMME. Des tut nix zur Sache, aber richtens ihm folgendes aus, und zwar heut noch: Ein falsches Wort wenn er schreibt über die Frau Fanny Kessler, dann passiert ihm ein größeres Unglück...
EDDA. Wie bitte?
MÄNNERSTIMME. Ja. Und zwar ein solches, was er nicht überlebt, die Drecksau! Des sagens ihm.
Es klickt in der Leitung, der Mann hat aufgelegt. Edda legt auf und schaut Baby entsetzt an. Auch Herbie scheint beeindruckt.
HERBIE. He, he...!
BABY *überlegt einen Moment, dann bekommt er einen ganz begeisterten Blick.* Edda, schreib! Neue Überschrift! »Kessler schwanger – Kanter sauer – Millionenfilm geplatzt!«

Druckerei. Die Druckmaschinen arbeiten auf vollen Touren. Immer wieder wird die Seite mit Babys Kolumne ausgedruckt unter der Überschrift: »Kessler schwanger – Kanter sauer – Millionenfilm geplatzt«

Feldweg. Abenddämmerung. Frau Schimmerlos kommt von der S-Bahn-Station her über das Feld. Sie schleppt schwer an ihrem Koffer. Auf halbem Weg über das Feld stellt sie den Koffer ab und setzt sich darauf, um zu verschnaufen.
FRAU SCHIMMERLOS *zu sich.* So... jetzt bin ich froh! Ich bin allweil froh, wenns siebene vorbei is, weil um die Zeit hat er dann meistens das Schlimmste schon hinter sich, der Bubi. Sei Reportage hat er geschrieben, Zeitung werd druckt – jetzt kann er erstamal ein bissel verschnaufen. Um die Zeit geht er dann meistens noch auf einen Sprung hinauf zu seiner Chefin, zur Frau von Unruh, der wo die ganze Zeitung ghört, setzt sich gemütlich mit ihr hin, und da besprechens dann alles, was so war und was ist und was weiter so sein wird – die große Linie halt.

In diesem Moment donnert ein startendes Verkehrsflugzeug über die Felder hinweg. Frau Schimmerlos zuckt zusammen, greift zu ihrer Handtasche, holt das braune Fläschchen heraus und träufelt sich die letzten paar Tropfen, die noch drin sind, in den Mund. Sie steckt die leere Flasche in die Manteltasche. Als der Flugzeuglärm vorüber ist, spricht sie weiter.

FRAU SCHIMMERLOS. ... Da sitzen die beiden dann da oben in ihrem schönen Büro, vor dem Kaminfeuer, in der blauen Stunde, trinken ein Glasl guten Wein und tun sich entspannen ... die Sorgen des Alltags treten langsam in den Hintergrund, und dann, sagt mein Bubi, kanns oft sein, daß sich ein gepflegtes Gespräch entwickelt am Kamin, des dann schon mehr ums Allgemeine kreist und drüber hinaus: die große Politik, Philosophie, schöngeistige Probleme und die Umständ und das Unglück, was der Mensch hat in der Dings ... in dera Dings ... in dera spätkapitalistischen Industriegesellschaft ...

Büro Unruh/Penthouse New York.

Baby steht am Schreibtisch von Friederike von Unruh und brüllt ins Telefon. Die Unruh sitzt daneben und hört am Lautsprecher zu.

BABY. ... Danny, des is mir scheißegal, ob des dem Gary so paßt oder nicht! Wir ham des für morgen früh alles so organisiert mit der Hochzeitskutschen und die Weißwürscht und der ganzen Telefonaktion und dem Scheißdreck ... und so bleibt des! Und wenn dir des ned paßt, dann kannst mich am Arsch lecken!

Rosenschitz sitzt an seinem Schreibtisch. Gary liegt auf dem Teppich und macht Hantelgymnastik.

ROSENSCHITZ. Du mich auch, und wie! Stundenlang. Dann mach ich nämlich die Story nicht mit euch in München, sondern fahr morgen mit dem Gary nach Wien und mach die Story mit der Kronenzeitung. Die freuen sich. Die machen alles, was wir wollen.

BABY. Du paß auf, Danny: Du kannst das gern machen. Aber des wennst machst, dann schreib ich, daß er schwul is, der Gary, und drogensüchtig, und daß er Krampfadern hat, alles ...

UNRUH. Sehr gut, Baby!
ROSENSCHITZ. Baby, hör zu: Ein unfreundliches Wort, wenn du schreibst, ein einziges unfreundliches Wort, dann schick ich dir ein paar gute Freunde nach München, Spezialisten, verstehst du, puertoricanische Friseure, verstehst du – die haben schon ganz andere rasiert!
UNRUH. Also der hat vielleicht nen Ton am Leib!
BABY. Soll des a Drohung sein, Danny?
ROSENSCHITZ. Des is keine Drohung, Baby, des is a Warnung unter Freunden, a freundlicher Hinweis.
BABY. Ja, ja, Danny, is scho recht, leck mich am Arsch!
Er knallt den Hörer auf.
UNRUH. Ja, und jetzt?
BABY. Jetzt hau ich ihn in die Pfanne. Und dann werd er sich anschaun, wo er hinkommt mit seiner Einschaltquote, der Strichbua, der kokainistische!
UNRUH. Mein lieber Baby, es geht doch jetzt nicht darum: Wie schaden wir denen? – das können wir später immer noch, wenn wirs wollen –, sondern es geht jetzt darum: Wie nützen wir uns ... ich meine: Der Zeitung ... unseren Lesern.
BABY. Scheißleser! Die lesen doch lieber, daß oaner Krampfadern hat, statt daß er Weißwürscht frißt!
UNRUH. Und die Telefonaktion? Die haben wir seit Wochen groß angekündigt.
BABY. Ich hab immer gsagt, des soll man nicht ankündigen, die Telefonaktion, bevor man nicht weiß, ob er auch wirklich kommt, der Gary.
UNRUH. Moment, Baby, Sie haben gesagt, wir haben den Gary Stern exklusiv ...
BABY. Wenn er kommt, hab ich gsagt! Und jetzt kommt er halt nicht.
UNRUH. Nee, nee, Baby – so einfach können wir uns das nicht machen.
BABY. Wieso nicht? Sie rufen jetzt einfach den Krampfadernprofessor an da, den Androsch, und sagen, unser Ami kommt nicht. Und wenn die Kronenzeitung daherkommt und ihm den Gary unterjubeln will, dann soll er halt einfach kei Zeit haben.

UNRUH. Also mein lieber Baby, ich kann doch Herrn Professor Androsch nicht in Ihre schmutzigen Geschichten verwickeln.
BABY. Ja, Sie kennen den doch. Kann ma mit dem ned normal reden oder wie?
UNRUH. Ja, aber so doch nicht! Der Mann ist eine internationale Koryphäe! Der schwebt doch in ganz anderen Sphären!
BABY. So, so ...
UNRUH. Ja, ja. Bei Androsch stehen die Leute jahrelang Schlange – und nicht nur irgendwelche amerikanischen Serienhelden, sondern: der Scheich von Bahrein. Die Begum. Beckenbauer. Karajan. Genscher. Thurn und Taxis. Fischer-Dieskau. Schwester Theresa. Henry Kissinger. Und – der Papst... *Sie ist während der Aufzählung ganz feierlich geworden*... Androsch ist der Schüler des alten Wolgaroff, und der einzige auf der ganzen Welt, der nach der Wolgaroff-Methode operieren kann: Wollen Sie mal meine Beine sehen?
BABY. Was?
Die Unruh steigt auf den niederen Couchtisch, hebt den Rock hoch und zeigt ihre Beine.
UNRUH. Kommen Sie mal her! Jetzt zeig ich Ihnen mal was: Was Sie hier sehen, sind doch tadellose Beine, oder? *Sie dreht sich einmal vor Baby auf dem Tisch.*
BABY. Ja... sehr schön.
UNRUH. Ja, jetzt! Aber vor einem halben Jahr noch waren da überall fingerdicke Wülste, blau und rot, mit altem Blut gefüllt. Einmal is mir so ne Ader geplatzt, so ne außenstehende. Ausgesehen hab ich wie meine eigene Putzfrau. Und niemand konnte mir helfen. Niemand. Da hat mir Bucerius den Androsch empfohlen... Er hat ein Mittel reingespritzt, Ader verödet, kleinen Schnitt hier... *Sie deutet auf den Knöchel*... kleinen Schnitt da... *Sie deutet aufs Knie*... kleinen Schnitt im Schritt – das können Sie hier nicht gut sehen – altes Blut rausgequetscht – Adern rausgezogen – fertig!
BABY. Aha.
UNRUH. Ja – der Mann ist ein Genie! Und ich habe mich persönlich bei ihm mit meinem ganzen Prestige, meinem

gesellschaftlichen Background und meinem Charme dafür eingesetzt, daß er Ihren blöden Ami überhaupt empfängt! Und so will ich das morgen auch haben: Kutsche, Weißwürste, Telefonaktion. Und hier in München. In meiner Zeitung. Und exklusiv!

Wohnung Schimmerlos. In dem großen Wohnraum brennt kein Licht. Mona sitzt in Unterrock und mit aufgelösten Haaren am Schreibtisch und hält den Telefonhörer in der Hand. Neben dem Telefon steht eine angebrochene Cognacflasche und eine große Flasche Coca-Cola.

MONA. Belegt! – Mit wem telefoniert er denn so lange? Mit wem hat er denn so Wichtiges zu besprechen, Herbie? Hm?

Sie trinkt und wählt erneut.

HERBIE *steht am Kleiderschrank und sucht Babys Smoking, Hemd und Schuhe heraus.* Mit New York, Mona, ich sags dir doch. Darf ich vielleicht mal das Licht anmachen?

MONA. Nein.

HERBIE. Ja ... ich seh gar nichts – ist das sein Smokinghemd da?

MONA. Mit einer Frau telefoniert er, gibs doch zu!

HERBIE. Was für ne Frau denn immer, Mona? – Sind das seine Schuhe da, die Lackschuhe da?

MONA. Mit der Frau, die in der vergangenen Nacht hier in dieser Wohnung war.

HERBIE. Mona – er telefoniert nicht mit ner Frau, sondern mit nem schwulen New Yorker Agenten namens Danny Rosenschitz!

MONA. Und wer war dann die Frau?

HERBIE. Hier war keine Frau, Mona! Die einzige Frau, die hier war, war seine Mutter.

MONA. Ah ja. Und die hat lange blonde Haare, benutzt Tampax und riecht nach Opium von Dior?

HERBIE. Tja ... äh ... vielleicht ...

Mona hat erneut gewählt. Aus dem Hörer ertönt jetzt das Klingelzeichen. Sie trinkt einen Schluck Cognac mit Cola.

MONA. Ah! – Baby?

Wohnung Schimmerlos/Büro Schimmerlos.

MONA. Hier ist Mona. Wir wollten uns doch immer die Wahrheit sagen, oder?

BABY. Wie? Was is?

MONA. Ja: Wir haben doch einmal ausgemacht, wir sagen uns immer die Wahrheit, auch wenn sie noch so weh tut.

BABY. Was is los? Du Mona, mir pressierts wahnsinnig, i muß mit New York telefonieren, leg auf, geh aus der Leitung raus, i hab jetzt keine Zeit.

MONA. Doch, Baby. Die Zeit mußt du dir jetzt nehmen.

BABY. Wieso?

MONA. Du hast mich betrogen, Baby.

BABY. Also so ein Schmarrn!

MONA. Schau, Baby, du mußt mich jetzt doch nicht anlügen. Ich weiß, daß gestern nacht hier eine Frau war, mit der du geschlafen hast. Ich finde das auch gar nicht so schlimm, weißt du. Ich finde nur schlimm, wenn du mich belügst. Das wäre nämlich dann für mich das Ende unserer Beziehung!

BABY. Mona, jetzt reg dich nicht auf und steiger dich nicht in irgendwelche Mutmaßungen nei!

MONA. Baby, ich reg mich überhaupt nicht auf. Ich bin ganz ruhig. Für mich ist das alles nur eine Frage der Selbstachtung und des gegenseitigen Respekts. Ich will nur die Wahrheit hören, und zwar aus deinem Munde – dann ist alles in Ordnung.

HERBIE, *der mit Babys Kleidern vor dem Schreibtisch steht, verzieht schmerzhaft das Gesicht.* Ah...

BABY. Geh, Mona, jetzt hör halt auf – können wir da ned später drüber reden?

MONA. Nein. Ich will es jetzt wissen. Wer wars?

BABY. Ah, Mona...

MONA. Wer war es?

BABY. Die kennst du ned... irgend so a Mädel halt!

MONA. Und wie wars?

Herbie kann kaum noch zuhören. Er weiß, daß Baby einen verheerenden Fehler gemacht hat.

BABY. A geh, Mona...

MONA. Ja sags doch! Kannst doch sagen! Wars gut?

BABY. Ah nix, fad wars... wies halt so is mit so junge Madln.

MONA. Ach, eine junge wars. Wie alt war die denn?
BABY. Ich weiß ned ... neunzehn oder zwanzge oder was ... was weiß ich!
MONA. Ah ja.
Sie läßt den Hörer auf die Gabel sinken, dann schaut sie Herbie an.
So. Das ist jetzt das Ende, Herbie.
HERBIE. Ach Quatsch! Wegen so ner dummen Bettgeschichte da!
MONA. Doch. Das Bett, Herbie, war das einzige, was uns überhaupt noch zusammengehalten hat ...
HERBIE. Ah so?
MONA. ... und das hat er jetzt auch noch kaputtgemacht! Ganz eiskalt hat ers zugegeben, hast ja selber gehört. Er gibt sich ja schon nicht mal mehr die Mühe, zu lügen. Ich kann mir jetzt genau ausrechnen, was mir in Zukunft bevorsteht: die Neunzehnjährigen. *Sie steht auf. Leise.* Nein, nein. Das mach ich nicht mit. Das lasse ich mir mit Sicherheit nicht gefallen ... dieses Schwein, dieses gemeine.
HERBIE. Du, äh ... Mona, ich muß jetzt gehn, wir müssen zum Ministerpräsidenten ... willste nicht mitkommen?
MONA. Ja, ja, geh nur. Ich komm dann später nach.
HERBIE. Kommst du wirklich?
MONA. Ja, ja.
HERBIE *streichelt sie kurz am Arm.* Und reg dich nicht auf, Mona, hm?
MONA. Nein, nein.
Herbie geht mit den Kleidern zur Tür und verläßt die Wohnung. Kaum ist Herbie verschwunden, geht Mona zum Kleiderschrank, holt ein langes Abendkleid und eine Handtasche heraus, wirft das Kleid aufs Bett, geht mit der Handtasche in die Küche.

Küche Schimmerlos. Mona schaltet das Licht an, öffnet eine Schublade, nimmt ein großes Küchenmesser heraus und steckt es in die Handtasche.

Büro Georg Kanter. Schorsch Kanter steht im Smoking vor seinem Schreibtisch, auf dem die aufgeschlagene MATZ *mit Babys Kolumne liegt. Er zieht die Schreibtischschublade auf und holt einen Schlagring heraus. Er streift ihn über die rechte Hand, ballt die Hand zur Faust, schlägt damit ein paarmal in die Linke, streift den Ring wieder ab und steckt ihn in die Tasche seines Dinnerjakkets.*

In der Bürotür erscheint Fanny Kessler im Abendkleid.

FANNY. Jetzt komm halt, Schorschi!

KANTER. Komm scho. *Er macht die Schublade zu und verläßt mit Fanny das Büro.*

Theresienwiese. Bavaria. Die Bavaria ist festlich beleuchtet. Auf den Treppen stehen die geladenen Gäste in Smoking und Abendkleid, Getränke werden gereicht. Die Straße vor der Ruhmeshalle ist von Polizei gesperrt, zwei Übertragungswagen des Fernsehens und ein Lastwagen von Käfer sind am Bürgersteig geparkt. Neuankommende Gäste fahren vor und steigen aus.

Ein Team des Fernsehens mit einer Reporterin steht an der Freitreppe und nimmt die Landung eines Hubschraubers auf. Polizeiwagen haben den Landeplatz abgesperrt.

REPORTERIN. Und in diesem Moment landet auch unser Herr Ministerpräsident, um die Schirmherrschaft für diesen schönen Abend zu übernehmen ... Was? Man hört nichts? Meine Damen und Herren, ich höre gerade, man hört nichts! – Also dann wiederhol ich: In diesem Moment landet gerade unser verehrter Herr Ministerpräsident, um die Schirmherrschaft für diesen schönen Abend ... Was? Man hört nichts? Ja, ich selber höre auch nichts! Überhaupt nichts! Nein! – Meine Damen und Herren – jetzt hört überhaupt niemand mehr was, wie ich gerade höre ... ich gebe deswegen zurück ... äh ... bitte? Nein, man hört immer noch nichts – doch! Der Ton ist da! Gott sei Dank! Vielleicht können wir ein Wort des Herrn Ministerpräsidenten ... Herr Ministerpräsident!

Der Ministerpräsident steigt in Begleitung von Sicherheitsbeamten aus dem Hubschrauber und geht zur Bavaria hinauf.

BEGLEITER. Nein, tut mir leid – jetzt keine Interviews bitte!

REPORTERIN *giftig.* Jetzt gehen Sie mal weg da, Mensch, und lassen Sie mich ran! Herr Ministerpräsident! – Meine Damen und Herren, eben begrüßt unser Herr Ministerpräsident Frau von Unruh, die Verlegerin der Münchner Allgemeinen Tageszeitung sowie ... äh ... Münchens mächtigsten Medienzaren Dr. Gregory Wiener, der ... äh ... seinerseits Frau von Unruh begrüßt und die bezaubernde Gräfin Waldburg, verehelichte Baronin Perfall, die jetzt hinter unserem verehrten Herrn Ministerpräsidenten hinaufschreiten, über den roten Teppich hinauf ... äh ... emporschreiten, während unten schon die nächsten Gäste – ah! Da sehe ich schon den Rolls-Royce von Georg Schorschi Kanter, Münchens erfolgreichstem Filmproduzenten, und an seinem Arm Fanny Kessler – Fanny Kessler, der strahlende Star von Schorschi Kanters neuer Multi-Millionenserie »Düsseldorf« – ein schönes Paar, die beiden ... und ein äh ... schöner Abend hier draußen im Herzen unserer Millionenstadt zu Füßen der Bavaria. Die Damen ganz in weißen oder rosa Abendkleidern, die Herren in ihren weißen Dinnerjackets – es ist eine wunderbare Stimmung und eine Atmosphäre, wie wir sie ganz selten noch gehabt haben, es ist eine sternklare Nacht, die bayerische Schutzpatronin strahlt im Glanz der Lampen und Lichterketten ...

Baby und Herbie kommen bei der Absperrung an.

BABY. ... dann hab ich ihn erwischt, den Danny. In einem koscheren Delikatessen war er, im Taij Mahal, Ecke dreiundzwanzigste und Central Park West. Da hat er sich aber verleugnen lassen, die linke Sau, weil zuerst hams gsagt, er is da, dann hams mich gfragt, wer ich bin, und dann war er auf amal nimmer da.

HERBIE. Ja, und kommt er nu oder nich?

BABY. Ich hab gsagt, sie solln ihm ausrichten, er kann mich noch zwei Stund lang erreichen, und wenn ich nix mehr von ihm hör, dann schreib ich heut nacht noch die Gschicht über ihn und den Gary und schiebs in der Morgenausgabe nach. – Wars denn recht sauer, die Mona?

HERBIE. Erstaunlich ruhig war se, eher ein bißchen zu ruhig ...

Sie gehen hinauf zur Bavaria. Baby grüßt nach allen Seiten. Herbie beginnt zu fotografieren.

Wohnzimmer Frau Schimmerlos. Der Fernseher ist eingeschaltet. Man sieht die Direktübertragung des Festes. Der Papagei sitzt auf seiner Schaukel, neben dem Fernsehsessel.

Frau Schimmerlos kommt mit einem Tablett aus der Küche, auf dem sie ihr einfaches kaltes Abendessen hergerichtet hat. Da beginnt der Papagei aufgeregt zu schreien.
PAPAGEI. Bubi-Bubi, Baby-Baby, Bubi-Bubi, Baby-Baby!
FRAU SCHIMMERLOS. Sei staad, dummer Vogel, der is doch ned im Fernsehn, unser Bubi!
Unbeirrt schreit der Papagei weiter.
PAPAGEI. Bubi-Bubi, Baby-Baby...
Frau Schimmerlos will gerade ihr Tablett abstellen, da fällt ihr Blick auf den Fernsehapparat. Dort sieht man, wie Baby und Herbie gerade vor der Ruhmeshalle ankommen.
FRAU SCHIMMERLOS *aufgeregt*. Das is ja der Bubi! Mein Bubi! Mein Bubi is im Fernsehen!
Der Papagei wird immer hysterischer.
PAPAGEI. Bubi-Bubi-Baby-Baby...
Frau Schimmerlos stellt schnell das Tablett ab, rennt zu einem Schrank, öffnet ihn. Zwischen Bettwäsche und Handtüchern steht ein großes Weihnachtspaket. Sie nimmt das schwere Paket aus dem Schrank, stellt es auf einer Kommode ab, reißt hastig das Papier auf. Ein Videorecorder kommt zum Vorschein. Der Papagei schreit währenddessen unermüdlich weiter.
FRAU SCHIMMERLOS. Hörst jetzt auf, blöder Vogel, blöder!
Sie packt den Recorder, läuft mit ihm zum Fernseher, stellt ihn davor auf den Boden. Sie nimmt die Kabel, die aus dem Gerät heraushängen, hält in der einen Hand das Stromkabel, in der anderen das Antennenkabel, weiß nichts damit anzufangen.
FRAU SCHIMMERLOS. Ah so... die Kassetten! A Kassetten...
Sie springt wieder auf, rennt zurück zum Schrank, wühlt darin herum, findet ein kleineres Weihnachtspäckchen, reißt es auf. Fünf Videokassetten fallen auf den Boden. Sie bückt sich, hebt alle auf, rennt wieder zum Videorecorder. Der Papagei schreit. Mit Kassetten und Kabel in der Hand kniet sie vor dem Fernseher. Sie rutscht auf den Knien hinter den Fernseher, rückt mit großer Kraftanstrengung eine Kommode von der Wand weg, steckt das Stromkabel in die Steckdose, rutscht wieder zurück, keucht, schaut hilflos das Verbindungskabel an.
FRAU SCHIMMERLOS. Ja, und jetzat? Wo ghört jetzt des hin? Herrgottsakrament! *Sie schaut auf den Fernseher.* Ja, wo is er jetzt, der Bubi? Jetzt ist er weg...

Bavaria. Baby bahnt sich einen Weg durch die Menge der Gäste. Herbie macht Fotos von verschiedenen Prominenten. Baby geht an Fanny Kessler und Schorsch Kanter vorbei.

FANNY *zu Kanter.* Da ist er ja! *Ruft Baby zu.* He, Baby! Bleib mal da!

BABY *im Vorbeigehen.* Ich komm gleich. *Er geht weiter. Kanter und Fanny folgen ihm.*

Baby wendet sich an einen auf der obersten Treppenstufe stehenden uniformierten Saaldiener und drückt ihm einen Zwanzigmarkschein in die Hand. Ich erwart einen dringenden Anruf aus New York. Wenn er kommt, gebens mir sofort Bescheid!

SAALDIENER. Jawohl, Herr Schimmerlos. Danke, Herr Schimmerlos.

Baby will wieder zurück, da stellt sich ihm Kanter mit Fanny in den Weg.

KANTER. Sagamal, was schreibst denn du da für einen Scheißdreck?

BABY. Wieso? Paßt dir was nicht, Schorschi?

FANNY. Du bist a richtige dreckate Ratte bist du!

BABY. Halt doch du dei Goschen, du Produzentenschnallen.

Fanny stürzt sich auf Baby und schlägt mit der Handtasche auf ihn ein. Baby hält sie an den Armen fest und schiebt sie von sich.

BABY. Halt dein Flitscherl zruck, Schorschi, weil sonst kriegts bloß noch a Fehlgeburt! Und eins sag i dir, Schorschi. Wennst meinst, du kannst mir da drohen lassen, mit anonyme Anrufe und so, da hast dich aber sauber brennt, du Reservemafioso du! *Er will an Kanter vorbeigehen.*

KANTER. Dableibst!

BABY *dreht sich um.* Is was? Magst was?

KANTER *zieht den Schlagring aus der Tasche und streift ihn langsam über die rechte Hand. Jetzt mach ich dich fertig, Baby!*

BABY *steht ruhig da.* Des probierst, Schorschi!

FANNY. Jetzt machst ihn kalt, Schorschi!

Kanter geht langsam und drohend auf Baby zu. In diesem Moment kommt der Ministerpräsident vorbei.

MINISTERPRÄSIDENT. Ja, guten Abend, Herr Schimmerlos.

BABY. Guten Abend, Herr Ministerpräsident! *Er gibt ihm die Hand.* Darf ich Ihnen vorstellen, Herr Ministerpräsident: Frau Fanny Kessler – Herr Georg Kanter.

Ministerpräsident. Aha. Guten Abend, gnädige Frau! Hab grad glesen, Sie kriegen ein Kind. Gratuliere! *Er schüttelt Fanny die Hand.*
Fanny. Danke, Herr Ministerpräsident, ich freu mich auch schon sehr.
Ministerpräsiedent. Guten Abend, Herr Kanter!
Kanter *will dem Ministerpräsidenten die Hand geben, merkt, daß er noch den Schlagring trägt, zieht ihn rasch aus und ergreift dann die Hand des Ministerpräsidenten.* Guten Abend, Herr Ministerpräsident!
Ministerpräsident. Ja, jetzt sagens einmal, Herr Kanter – was macht man jetzt in einem solchen Moment als Filmproduzent, wenn einem die Hauptdarstellerin schwanger wird? Des stell ich mir nicht leicht vor.
Kanter. Ja ... pleite.
Ministerpräsident. Ja, gehns zu, Herr Kanter, da stehen doch a Menge Arbeitsplätze auf dem Spiel. Jetzt tuns einmal nicht die Flinte ins Korn werfen ... wir haben doch da ein sehr effizientes Förderungssystem für mittelständische Unternehmen in Bayern, und ... *Er nimmt Kanter am Arm und geht mit ihm plaudernd weg. Baby schaut beiden lächelnd nach.*
Fanny *dreht sich zu Baby um.* Gell, du meinst, du bist der Größte, Baby – aber irgendwann wirst auch amal büßen müssen für des, was du die Leut dauernd antust.
Baby. Ja, ja, freilich, Fanny. Schönen Abend noch. *Er geht weg und läßt sie stehen.*

Wohnzimmer Frau Schimmerlos. Schrill schreit der Papagei.
Papagei. Bubi-Bubi-Baby-Baby ...
Frau Schimmerlos steht der Schweiß auf der Stirn. Sie hebt den Videorecorder auf den Fernsehapparat, nimmt das Verbindungskabel, will es in den Fernseher einstecken und zieht zu diesem Zweck die Antenne aus dem Fernseher. Da verschwinden Bild und Ton, und man sieht nur noch wirres Schneetreiben auf dem Schirm und hört lautes Rauschen.
Frau Schimmerlos *verzweifelt.* Jetzt is alles hin! *Sie rennt zum Telefon und wählt hastig eine Nummer.* Frau Graf? – Ja, ich bins – is der Erwin da? Ich hab doch den Video vom Bubi gschenkt kriegt, und jetzt is er im Fernsehn, der Bubi, und

Frau Schimmerlos (Ernie Singerl) ist verzweifelt, da das Fernsehgerät nicht funktioniert.

jetzt kann ichs nicht ... kann er ned schnell rüberkommen, der Erwin, und mir des richten ... wie? Was muß ich machen?
Ein Flugzeug donnert über das Haus. Der Papagei schreit.
PAPAGEI. Bubi-Bubi-Baby-Baby ...

Bavaria. Mona steigt in ihrem schwarzen Abendkleid aus einem Taxi. Die Handtasche hat sie umgehängt. Sie geht schnell auf die Kontrolle am Eingang zu und will die Treppe hinaufgehen.
KONTROLLEUR. Moment bitte! Ihre Einladung ...
MONA. Einladung? Ich hab keine ... ich meine, die hab ich jetzt nicht dabei, die hat ... mein Mann.
KONTROLLEUR. Und wo ist Ihr Mann?
MONA. Der ist schon drin. Der Herr Schimmerlos.
KONTROLLEUR. Ach so ... An Moment, was habens denn da in der Taschn?

MONA. Ah ... ein Messer.
KONTROLLEUR *lacht.* Wollens jemand umbringen, hm?
MONA. Ja.
KONTROLLEUR *lacht wieder und läßt Mona passieren.* Bitte sehr!

Ruhmeshalle. Der Medienagent Gregory Wiener hat den Arm um Baby gelegt und spricht im Gehen vertraulich auf ihn ein.
WIENER. Schauen Sie: Zeitungen werden sterben, über kurz oder lang. Wer liest noch heutzutage? Unsere Kinder sind alle schon Analphabeten. Wenn Sie jetzt ins Kabel einsteigen, sind Sie der Mann der ersten Stunde ...
Man hört ein Telefon klingeln.
BABY. Ich werd mirs überlegen.
Er schaut zum Saaldiener hinauf, der den Hörer abgenommen hat. Der Saaldiener sieht Baby, schüttelt den Kopf und winkt ab.
WIENER. Erwarten Sie einen Anruf? – Und noch einen Vorschlag wollt ich Ihnen machen: Schreiben Sie mir a Buch. Über München. »Wer wer ist, who is who in München« ... das will ein jeder lesen, auf jeden Fall die, die drinstehn. Schreiben Sie die obersten Zehntausend rein, haben Sie schon zehntausend verkauft, machens das, glaubens mir.
Wieder hört man das Telefon klingeln, Baby schaut auf.
WIENER. So was wird ein Hit!
Baby schaut zum Saaldiener hinauf. Der Saaldiener sieht Baby, schüttelt den Kopf und winkt ab.
WIENER. Erwarten Sie einen Anruf?
BABY. Ja.

Wohnzimmer Frau Schimmerlos. Völlig aufgelöst und verzweifelt, schwitzend und schwer atmend kniet Frau Schimmerlos auf dem Boden. Sowohl der Fernsehapparat als auch der Videoapparat stehen jetzt auf dem Boden und sind miteinander verbunden. Allerdings ist immer noch kein richtiges Bild zu sehen. Das enervierende Rauschen dauert an. Der Papagei schreit.
FRAU SCHIMMERLOS *hält den Telefonhörer in der Hand.* ... Wo muß ich drücken? Wo? Ich hab jetzt überall drückt, wos nur geht ... Power hab ich druckt, Kassetten is drin, »on« hab ich druckt »record« hab ich druckt, und laufen tut er auch, der Video, aber der Fernseh geht nicht ... was für a Kanal? Am

Fernseher? ... Da is kein Kanal ... a Knopf is aa nirgends, ich hab doch a ... *Sie greift sich ans Herz und beginnt zu keuchen.* ... hab doch a Fern ... a Fernbe ... dienung ... ah ... ah ... ah ...

Mit dem Hörer in der Hand bricht Frau Schimmerlos über dem Videorecorder zusammen. Der Fernseher rauscht weiter. Der Papagei schreit.

PAPAGEI. Bubi-Bubi-Baby-Baby ...

Auf den Treppen der Bavaria. Mona geht suchend durch die Menge der Gäste, die Handtasche hat sie fest unter den Arm geklemmt. Gregory Wiener kommt auf sie zu.

WIENER. Gnädige Frau! So schön und so allein? Küß die Hand! Sie haben ja gar nichts zu trinken – bitte!

Mona (Senta Berger) auf dem Fest des Ministerpräsidenten.

Er winkt einen Kellner herbei. Mona nimmt sich ein Glas vom Tablett, schaut dabei weiter suchend um sich.

MONA. Haben Sie den Baby gesehn?

WIENER. Grad hab ich noch mit ihm geredet. Er muß da oben irgendwo sein, beim Ministerpräsidenten. A bissel nervös is er mir vorgekommen, a bissel unkonzentriert. Is was? Hat er was? Gehts ihm nicht gut?

MONA. Ein schöner Abend ist das heute, Gregory. Finden Sie nicht? Was ist eigentlich der Anlaß?

WIENER. Der Anlaß? Hier? Ehrlich gesagt, ich weiß auch nicht genau. Ich glaub, es ist einfach nur, weils so a schöner Abend is. Man sieht sich, man spricht sich, alle sind da.

MONA. Ja, ja, natürlich. Danke, der Baby is da oben, sagten Sie, nicht wahr? *Sie drückt Wiener das Glas in die Hand und geht weiter.*

Wohnzimmer Frau Schimmerlos. Vor dem Fernsehapparat liegt die tote Frau Schimmerlos. Aus dem Fernsehapparat hört man die Stimme der Reporterin.

REPORTERIN. ... weltstädtische Eleganz, Schönheit, Wissen und Witz, gesellschaftliches Prestige, politische Macht und finanzielle ... äh ... Power vereinigen sich in klassizistischem Dekor geradezu zu einem gigantischen Pantheon des Savoir-vivre und Laissez-faire in kultivierter Konversation und einzigartiger Atmosphäre, in der sich die Düfte der Damen berauschend entfalten und der unwiderliche ... äh, unwiderstehliche Charme gepflegter Männlichkeit Trumpf ist, und zu dieser Stunde nun dem Höhepunkt des Abends zustrebt und entgegenfiebert: der Ansprache unseres verehrten Herrn Ministerpräsidenten, die bestimmt nicht mehr lange auf sich warten lassen wird, meine Damen und Herren. Bleiben Sie dran, bleiben Sie noch auf mit uns, feiern Sie mit, zu Hause an den Bildschirmen!

Ruhmeshalle. Herbie fotografiert. Baby steht neben ihm. Der Ministerpräsident steht mit Friederike von Unruh und einigen anderen Mitgliedern der Münchner Gesellschaft zusammen. Die Unruh hat einen Zipfel ihres Abendkleides hochgerafft und zeigt Bein.

Unruh. ... ein kleiner Schnitt hier – ein kleiner Schnitt da – und ein kleiner Schnitt im Schritt ... den kann ich jetzt natürlich nicht so genau zeigen ... altes Blut rausgequetscht – Adern rausgezogen – fertig!
Ministerpräsident. Ja, ich hab auch schon davon gehört, die Wolgaroff-Methode is des – aber des wissens schon, gnä Frau, nach zwei Jahr kommts wieder, dann kosts noch amal fünfundzwanzigtausend Mark, sehens, und des ist bei den Naturvölkern anders! Da hab ich letztens in Südafrika einen Medizinmann kennengelernt, einen Wilden, wenn man so will, einen richtigen alten Neger – und wissens, wie der des macht?
Unruh. Wie?
In diesem Moment tritt die Reporterin zu der Gruppe.
Reporterin. Verzeihung, Herr Ministerpräsident ...
Ministerpräsident *zur Gruppe.* Sie entschuldigen mich einen Moment ... *Er geht mit der Reporterin zwei Schritte beiseite.*
Reporterin. Die Herrschaften warten alle auf Ihr Grußwort, Herr Ministerpräsident – wenn Sies jetzt bitte machen könnten, dann könnten wir dann das Buffet eröffnen, es wird schon eingeleuchtet.
Ministerpräsident. Ja, gern, selbstverständlich ... was war gleich wieder der Anlaß heut abend?
Reporterin. Äh ... ja ... so allgemein, schönen Abend und so ...
Ministerpräsident. Ach so, ja. Wo sag ichs?
Reporterin. Da unten auf der Treppe. Herr Ministerpräsident!
Das Telefon klingelt. Der Saaldiener hebt ab.
Saaldiener. Einen Moment bitte! *Ruft.* Herr Schimmerlos, Telefon! *Baby löst sich von der Gruppe, bei der er steht und eilt zur Treppe. In diesem Moment sieht ihn Mona. Sie geht ihm nach. Baby eilt zum Telefon.*
Baby. Ja, Danny? ... Was, wer ist dran? Frau Graf? ... Ja, Grüß Gott, Frau Graf ... naa, macht nix – was is denn los? ... Was is mei Mutter ... tot? ... Naa – des gibts doch ned, Frau Graf ... des gibts doch ned ... des gibts doch ned ...
Er ist ganz blaß geworden. Langsam geht er die Treppe hinunter.

Mona kommt die Treppe herauf. Langsam geht sie auf ihn zu, und öffnet ihre Handtasche. Als sie vor ihm steht, schaut Baby auf. Mona holt das Messer aus der Tasche.

BABY. D'Mutter...

MONA. Was ist mit der Mutter?

BABY. D'Mutter is... tot...

Er kann nicht mehr weiterreden, setzt sich auf eine Stufe und beginnt zu schluchzen. Der Ministerpräsident hört das Geräusch hinter sich und dreht sich kurz um.

REPORTERIN. Pscht!

Baby umarmt Monas Hüften und drückt sein Gesicht in ihren Schoß. In diesem Moment beginnt der Ministerpräsident mit seinem Grußwort. Herbie fotografiert.

MINISTERPRÄSIDENT. Liebe Festgäste! Meine Damen und Herren! Liebe Münchnerinnen und Münchner! In unserer schönen bayerischen Landeshauptstadt wohnen außer rund eineinhalb Millionen Personen noch mindestens fünfzehnhundert Persönlichkeiten, von denen ein großer Teil sich heute abend aus gegebenem Anlaß hier eingefunden und gut gelaunt versammelt hat. Wir haben alle Anlaß und dürfen guten Gewissens guter Laune sein, denn wir haben an diesem Tag, der jetzt seinen festlichen Ausklang findet, alle miteinander etwas geleistet...! *Die Gäste klatschen Beifall.* ...Ein jedes Jahr hat dreihundertfünfundsechzig Tage, aber dreihundertfünfundsechzig Tage jeds Jahr können wir natürlich nicht feiern, nicht einmal wir in Bayern... *Gelächter und Beifall.* ...Aber jeder einzelne Tag ist dennoch ein Tag in unserem Leben, an dem wir leben und leben lassen – jedenfalls bei uns in Bayern. So, und jetzt faß ich mich kurz, weil man hat mir gsagt, bevor ich nicht das Reden aufhör, kann das Buffet nicht eröffnet werden. *Er lacht selber.* ...und sage, sage mit Goethe: »Tages Arbeit – abends Gäste, saure Wochen – frohe Feste!«

Beifall. Der Ministerpräsident dreht sich zu der Reporterin um.

MINISTERPRÄSIDENT. So, ...äh, wo is denn jetzt das Buffet? *Sein Blick fällt auf Baby...* Was is denn mit dem Herrn Schimmerlos? Gehts ihm nicht gut? Er soll auch was essen! Essens was, trinkens was, tun Sie sich amüsieren, jeder Tag kann der letzte sein!

3

Das Volk sieht nichts

Starnberger See. Ein herrlicher Sommertag. Die Sonne scheint aus einem makellosen, tiefblauen Himmel über See und Voralpenland. Segelboote gleiten, von sanfter Brise getrieben, lautlos über das Wasser. Der Friede wird jedoch sehr bald gestört von einem unangenehmen Geräusch, das sich zunächst anhört, als wolle ein Schwarm Stechmücken oder Schmeißfliegen in die idyllische Landschaft eindringen. Immer lauter und frecher wird der Lärm eines zweimotorigen Sportflugzeuges, das, hinter Hügeln auftauchend, geradewegs den See ansteuert. Dann zieht die Maschine nach unten und donnert im Tiefflug über den See, eigenhändig gesteuert von ihrem Besitzer, Konsul Hubert von Dürkheimer, Mitte Vierzig, sportlich, braungebrannt und bester Laune. Hubert streckt den Arm aus, an dessen Gelenk eine dicke, goldene Rolex mit Brillanten prangt. Vorbei an der Nase seines Beisitzers Baby Schimmerlos, dem die dynamische Fliegerei weniger zu gefallen scheint, deutet der Konsul auf ein langgestrecktes Waldstück am westlichen Ufer.

HUBERT *brüllt.* Da – da schau, Baby – das ganze Ufer da drüben!
BABY. Tu mir einen Gefallen, Hubert, laß die Hand am Steuer!
HUBERT *brüllt.* Drei Kilometer lang und zweieinhalb breit – ist das eine Wucht?
BABY. Und wo ist die Villa?
HUBERT *brüllt.* Ein Wahnsinn! Da – da! Da ist die Villa, Baby!
BABY. Wo? Wo ist die Villa?
HUBERT *brüllt.* Schon vorbei – halt dich fest! Ich zieh das Ding hoch und dann rausch ich noch mal drüber!
BABY. Hubert – rausch nicht, lande – weil ... jetzt wirds mir gleich schlecht ...

Auf dem See. Ein Sportboot nähert sich mit hoher Geschwindigkeit. Aufrecht stehend manövriert Hubert von Dürkheimer seine Wasserrakete zwischen Segelbooten hindurch, die von den aufgepflügten Wellen hin und her geschaukelt werden. Links und rechts kentern die Windsurfer. Baby steht neben dem Konsul und hält sich mit beiden Händen an der Frontscheibe fest. Gischt sprüht den beiden ins Gesicht, als das Schnellboot nach kurzen Sprüngen immer wieder hart aufs Wasser aufschlägt.

BABY. Langsam, Hubert, langsam!
HUBERT *schreit*. Halbe Power ist das, Baby – halbe Power! Aber die lassen einen ja nicht, wie man will – da glaubt ja jeder, ihm gehört der See allein ... *Er drosselt die Geschwindigkeit und wischt sich über das Gesicht.* Und da ist sie!
BABY. Wer?
HUBERT. Die Villa.
BABY. Wo?
Baby sieht nichts als einen hohen Hügel, der bis zur Spitze hinauf dicht bewaldet ist.
HUBERT. Ja – da oben, ganz oben!
BABY. Entschuldige, Hubert – es tut mir leid, aber ich seh beim besten Willen nichts.
HUBERT *cholerisch.* Das weiß ich – jetzt siehst du, daß man weder von der Luft noch vom Wasser aus was sieht. Jeder Idiot sieht, daß man von hier nichts sieht ... wo ist die gelbe Boje?
BABY. Da ist eine gelbe Boje.
HUBERT *fährt langsam an die Boje heran.* Von der Boje aus siehst dus, stell dir vor, von einer einzigen Stelle aus, Idioten, provinzielle!
Er drückt Baby ein Fernglas in die Hand. Baby sucht die Bäume ab – bis er endlich die Schneise gefunden hat, die den Blick auf ein pompöses, schloßartiges Bauwerk im Stil der Jahrhundertwende freigibt: die Villa Schildkraut.
BABY *schwer beeindruckt.* Aaah ... toll!
HUBERT. Kannst du haben, wenn du willst ...

Villa Schildkraut. In der Auffahrt der Villa steht der Rolls-Royce des Konsuls. Sein Chauffeur und Butler Michel holt aus dem

Baby Schimmerlos (Franz Xaver Kroetz, li.) und Konsul Huber von Dürkheimer (Boy Gobert) bei einer Bootsfahrt.

Kofferraum einen Klapptisch und zwei Klappsessel. Hubert spaziert mit Baby um das Anwesen herum.

BABY. ... ich hab doch kein Geld, Hubert.

HUBERT. Wer hat schon Geld? Niemand hat Geld – und schon gar nicht die Gemeinde, darum wollen sies ja loswerden. Dies Ding ist mühelos zehn Millionen wert – aber unter eineiigen Zwillingsbrüdern, das sag ich dir ... *Der Konsul legt seinen Arm um Babys Schultern* ... Baby – sei kein Idiot, für dreieinhalb ist das geschenkt, mit dem ganzen Land drum herum, dreieinhalb Millionen ist kein Geld für so was.

BABY. Wenn mans hat, vielleicht, aber wenn mans nicht hat ...

HUBERT. Dann leiht man sichs!

BABY. Wo? Im Leihhaus?

HUBERT. Paß auf, Baby, ich geb dir fünfhundert.

BABY. ... -tausend?

HUBERT. Das ist dein Eigenkapital, verstehst du – fünf an, drei gemerkt –, und die drei, die kriegst du von der Bank.

BABY. Von meiner bestimmt nicht, da hab ich nämlich schon dreißigtausend Miese.

HUBERT. Aber von meiner auf jeden Fall, weil – dort hab ich nämlich dreißig Millionen Miese. Und die wissen genau, daß die ihr Geld nie wieder kriegen, wenn ich dieses Ding hier nicht hinkriege, und ich kriegs nur hin, wenn ich oder du oder wir beide – wie auch immer – das Land hier in der Mitte haben ... mit dem alten Kasten da oder ohne ...

BABY *trocken.* Mit!

HUBERT. Von mir aus mit – links und rechts davon habe ich schon alles, jedenfalls so gut wie sicher, verstehst du, Baby: die Fassung ist da, nur der Brillant fehlt noch – und wenn wir den haben, dann, Baby, dann tuts einen Riesenrumms – baff – und dann steht hier auf fünf Quadratkilometern ein Countryclub am See, und zwar einer, den die Welt noch nicht gesehen hat! Eine Viertelmilliarde pump ich hier rein, ein Goldregen prasselt hier nieder ... aus diesem Land mach ich ein Paradies!

Auf der großen Terrasse, die zur Seeseite liegt, hat Michel den Klapptisch und die zwei Sessel aufgestellt. Aus einem riesigen Picknickkoffer holt er eine weiße Damasttischdecke, breitet sie über den Tisch und beginnt ihn zu decken. Alles hat er dabei: Geschirr, Besteck, Flaschen, Gläser und sogar einen Blumenstrauß. Hubert und Baby setzen sich in die Klappsessel.

BABY. Jetzt erklär mir nur noch eine Kleinigkeit, Hubert: Warum ...

HUBERT. Wir müssen wieder große Träume träumen, Baby, große, wunderbare, unmögliche Träume wahrmachen. Hast du nie davon geträumt, einmal so eine Villa zu besitzen?

BABY. Doch – häufig – eigentlich dauernd, aber erklär mir eines, Hubert, warum kaufst du sie nicht selbst, wenn das alles dreimal so viel wert ist, wie es kostet?

HUBERT. Sie geben sie mir nicht – sie geben sie jedem, nur mir nicht! *Der Butler Michel präsentiert dem Konsul eine Flasche.* Dom Perignon 69 – wirds auch bald nicht mehr geben ... Kir Royal, Baby?

BABY. Gern, aber sag mir, warum ...?
HUBERT. Dreiviertel Schampus, ein Viertel Cassis, oder wie?
BABY. Genau so, aber ...
HUBERT. Für mich ohne, Michel!
BABY. Hubert!
HUBERT *schaut zum Wald.* Sekunde – ich seh keinen See. *Er steht auf und wandert suchend auf der Terrasse herum, den Blick auf den Boden geheftet, als suche er etwas Bestimmtes. Während der Suche redet er wie nebensächlich vor sich hin:* Der Bürgermeister von St. Peter am See ist ein Kommunist, ein als ultrarechter getarnter Linksradikaler, und der ganze Gemeinderat ist eine korrupte Bande von Kleinspekulanten und Krämerseelen, unterwandert von ein paar grünen Zellen, die die graue Eminenz, der Pfarrer Pfeiffer, hineinmanipuliert hat, um sein eigenes trübes Süppchen zu kochen, wie es ihm gerade paßt. – Ich hab doch hier am Boden diese gelben Markierungen gemacht, Michel, wo sind denn die?
MICHEL. Gelbe Markierungen, Herr Konsul?
HUBERT. Ah, da sind sie! *Auf den unebenen Steinplatten des Terrassenbodens sieht man ein paar verblichene gelbe Punkte – von der Größe eines Fünfmarkstücks.* Holen Sie die Stühle und den Tisch, Michel! Und stellen Sie sie hierher, aber genau auf die Markierungen, ich will den See sehen. Komm her, Baby, und schau dir den See an! Michel, die Gläser! *Baby steht auf und geht hinüber zu Hubert, der am äußersten Ende der steinernen Balustrade steht. Michel bringt auf einem silbernen Tablett die Getränke.* Auf unsere Träume und unsere alte, treue Freundschaft. Prost, Baby!
BABY. Prost, Hubert! *Beide trinken – den Blick auf den See gerichtet. Im Hintergrund schleppt der Butler die Sessel heran.* Schade, Hubert – ich wollte wirklich einen großen, positiven Artikel über dich bringen.
HUBERT *überrascht.* Ja – natürlich ... positiv – wieso nicht?
BABY. Auf gar keinen Fall positiv, du bist doch eine richtige Drecksau, Hubert!
HUBERT *versteht nicht gleich.* Eine was – was bin ich?
BABY. Ein ganz übler Großspekulant und ein völlig verantwortungsloser Utopist und Abenteurer.
Hubert setzt sich langsam, etwas nachdenklich. Baby spaziert mit

seinem Glas in der Hand auf der Terrasse herum und betrachtet kritisch das alte Gemäuer.
HUBERT *tief getroffen.* Das willst du schreiben, Baby?
BABY. Ja, natürlich – was denn sonst, Hubert?
Der Butler hat größte Mühe, den gedeckten Tisch heranzuschleppen und ihn genau auf die Marken am Boden einzurichten.
HUBERT *beginnt langsam und leise vor sich hinzukichern, dann wird das Lachen immer lauter. Er schüttelt sich geradezu vor Lachen.* Natürlich – eine richtige Drecksau bin ich – was denn sonst, völlig klar, haben Sie das gehört, Michel, – ein riesiges Spekulantenschwein bin ich – wie finden Sie das, Michel?
MICHEL. Pardon – ich habe nichts gehört, Herr Konsul.
HUBERT *springt auf und umarmt Baby stürmisch.* Baby – du bist ein Genie, ich knie vor dir ... *Er kniet vor Baby nieder und küßt ihm die Hände.* Du bist ein Genie! Ich muß ehrlich sagen – ich habe dich unterschätzt!

Büro Schimmerlos. Baby diktiert seiner Sekretärin.
BABY. Überschrift: ›Konsul will König werden – Hubert von Dürkheimer, Immobilienspekulant im Höhenrausch, zeigt endlich sein wahres Gesicht und enthüllt seine ...‹ Warum schreibst du nicht, Edda?
EDDA *sitzt vor der Schreibmaschine und öffnet einen weiteren Knopf ihrer ohnehin schon tief dekolletierten Bluse.* Gleich – mir ist nur so heiß.
BABY. Edda, ich kann mich nicht konzentrieren, wenn du mir dauernd deine Titten zeigst.
EDDA. Du kannst mir ja auch was zeigen, Baby!
BABY. Mach die Bluse zu und schreib! ›... utopischen Plänen, Doppelpunkt: ...‹

Kleiner Sportflugplatz.
HERBIE. Steigen Sie doch bitte mal in Ihr Flugzeug, Herr Konsul!
Hubert steigt gehorsam ins Flugzeug. Herbie läuft um die Maschine herum, bis er den Blick von vorne über die Propeller hat. Hubert setzt sich ans Steuer.
HERBIE. Nicht setzen, hinstellen, Herr Konsul, aufrecht!

HUBERT. Kein normaler Mensch steht aufrecht in einer Sportmaschine, Herr Fried.
HERBIE. Eben drum! Aufrecht stehend, Herr Konsul, bitte. *Hubert steht auf.* Wunderbar – und noch mal, Siegerpose! *Hubert reißt den rechten Arm zackig hoch.* Nicht Heil Hitler, Herr Konsul – vielleicht in zehn Jahren wieder, aber heute noch nicht. Mehr so was wie Churchill – ein V – Victory! *Hubert macht das Victory-Zeichen.* Und jetzt rufen Sie laut: Victory!
HUBERT *schreit.* Victory!!!
HERBIE. Bravo, wunderbar, Herr Konsul – und jetzt das gleiche mit Miezen. Los, Mädels, in die Maschine! Und noch einmal genauso, Herr Konsul! Genauso ... und jetzt ...

Büro Schimmerlos.
BABY. ... schreiben wir statt ›wertvoller Bausubstanz‹ – ›alte Bausubstanz wie die wunderbare Villa des ... ah ... bedeutendsten Malers der Voralpenländischen Schule, Wilfried Schildkraut‹ ...
Edda zieht ihren Rock ein wenig hoch.
BABY. Zieh sofort den Rock wieder runter, Edda!
EDDA. Wenn mir doch so heiß ist ... ›Wilfried Schildkraut ...‹ weiter!
BABY. »... will der skrupellose Großinvestor mit Hunderten von Millionen, überwiegend Gelder ausländischer Anleger, rücksichtslos hinwegfegen« ...

Büro Unruh. Frau von Unruh steht vor einem Streifen Rasenteppich und übt mit ihrem Golfschläger das Einputten des Golfballs. Baby sitzt ihr gegenüber in einem Sessel.
UNRUH. Bei Ihnen tickts wohl nicht mehr richtig, mein lieber Baby.
BABY *unschuldig lächelnd.* Wieso?
UNRUH. Das können Sie in irgend ner alternativen Öko-Revue schreiben oder im ›Vorwärts‹, aber nicht in ner Gesellschaftskolumne führn Boulevardblatt.
BABY. Ich find, die Wahrheit kann man überall schreiben.
UNRUH. Ja, aber nicht bei mir, ich meine – nicht Sie, will sagen ... ah ... also ... so wird das jedenfalls nicht gedruckt.

Die Verlegerin Friederike von Unruh (Ruth Maria Kubitschek).

BABY. Is scho gedruckt, Frau von Unruh.
Frau von Unruh geht schnell zum Schreibtisch, hebt das Telefon ab und drückt auf einen Knopf.
UNRUH *ins Telefon.* Die Druckerei, bitte!
Baby drückt auf die Unterbrechertaste des Telefons. Erstaunt schaut ihn Frau von Unruh an.
BABY. Mir liegt sehr viel daran, Frau von Unruh, daß diese Geschichte genauso erscheint, wie ich sie gschriebn hab.
UNRUH. Ja, aber...
BABY. Nix aber... Sie waren immer reich, oder?
UNRUH. Ja und?
BABY. Sie sind doch schon reich geboren, oder?
UNRUH. Ja ja, wieso?
BABY. Aber ich nicht. Bei uns wars Klo im Treppenhaus, und die Fenster sind hinten naus gegangen aufn Hof, und aufmachen hat mans auch nicht können – höchstens am Sonntag, weil in dem Hof war eine Essiggurkenfabrik, Frau von Unruh.
UNRUH. Essiggurken?
BABY. Und Senf und Sauerkraut.
UNRUH. Senf und Sauerkraut? Ja, das tut mir wirklich leid, aber trotzdem versteh ich nicht ganz, was das mit dem Dürkheimer und der Schildkrautvilla...?
BABY *unterbricht.* Des brauchens auch nicht zu verstehn, Frau von Unruh. Hauptsache, ich verstehs, verstehns?

Druckerei. Vor dem Druckereigebäude hält der Rolls-Royce des Konsul Dürkheimer. Michel steigt aus, geht zum Portier und kauft zwei Exemplare der MATZ *des nächsten Tages. Im Hof der Druckerei herrscht zu dieser Zeit reger Betrieb – Zeitungen werden zur Auslieferung verladen.*
Michel geht zurück zum Wagen. Eines der hinteren Fenster öffnet sich und Hubert von Dürkheimer streckt seinen Arm hinaus, um die Zeitungen in Empfang zu nehmen. Neben dem Konsul sieht man einen zweiten Herrn sitzen, dem Hubert ein Exemplar überreicht. Michel steigt ein und fährt ab.

Im Rolls-Royce. Eine Weile lang sieht man von den beiden Herren auf dem Rücksitz nur die aufgeschlagene Zeitungen und die

Hände, die sie halten. Der Abgeordnete Josef Geisshofer, ein Herr mittleren Alters, läßt die Zeitung als erster sinken.
GEISSHOFER. Herr Konsul ... ich bin sprachlos.
Jetzt läßt Dürkheimer die Zeitung ebenfalls sinken. Man erkennt auf den Knien der beiden Herren Babys Kolumne mit dem großen Bild des Konsuls im Flugzeug.
HUBERT. Ich bin nicht nur sprachlos, Herr Abgeordneter – ich bin vor allem menschlich zutiefst enttäuscht. Und dieser Mann ... dieser Mann war mein langjähriger, guter Freund – glaubte ich.
GEISSHOFER. Ja – diese Sache werde ich natürlich nicht auf sich beruhen lassen. Diese Sache werde ich natürlich höheren Ortes unverzüglich zum Vortrag bringen.
HUBERT. Ich hoffe nur, daß dieser, wie soll ich sagen, Artikel meine ausländischen Investoren nicht verstört.
GEISSHOFER. Ja – die werdns ja wohl nicht lesen. Die sind ja weit weg.
HUBERT. Ja – *die* schon, aber die Bank ... die Bank ist nah. Und wenn mein Kreditrahmen nicht schnellstens erweitert wird, dann ... *Er zieht ein dickes Briefkuvert aus der Tasche und gibt es Geisshofer, der es wortlos einsteckt.* Vielleicht können Sie mir noch ein letztes Mal helfen, Herr Abgeordneter?
GEISSHOFER. Nur wenn ich weiß, daß demnächst die dreihundert Millionen kommen.
HUBERT. Sie kommen.
GEISSHOFER. Wann?
HUBERT. Das wird jetzt alles ganz schnell gehen. Ruck-zuck.
GEISSHOFER. Ruck-zuck?
HUBERT. Ruck-zuck.

Vor Haus Schimmerlos. Nachts. Babys weißer Porsche kommt in hohem Tempo an, fährt über die Bordsteinkante auf den Gehsteig und hält. Ein schwer angetrunkener Baby steigt aus und bewegt sich unsicheren Ganges auf das Haus zu.

Wohnung Schimmerlos. Leise versucht Baby die Wohnungstür aufzusperren und sich in das Zimmer zu schleichen. Als er im Dunkeln gegen einen Tisch stößt, geht plötzlich das Licht der Nachttischlampe an. Aufrecht sitzt Mona im Bett.

Mona (Senta Berger), die Freundin von Baby Schimmerlos.

Edda Pfaff (Billie Zöckler), die Sekretärin von Baby Schimmerlos.

Die Verlegerin Friedericke von Unruh (Ruth-Maria Kubitschek).

Baby steht vor dem gedeckten Eßtisch – schaut Mona an – schaut auf den Tisch – dann schaut er auf seine Armbanduhr und dann wieder zu Mona.

BABY. ... Tschuldige, aber ...

MONA. Wo warst du?

Baby nimmt sich ein Stück trockenes Brot vom Tisch, steckt es in den Mund, schenkt sich ein Glas ein und nähert sich dann langsam, bemüht um aufrechte Haltung und einen geraden Gang, dem Bett.

BABY. Bei einem guten *Freund* ... mit dem ich ein gutes *Geschäft* gemacht hab – sehr gutes Geschäft – Riesengeschäft.

MONA. Riesengeschäft! Bis in der Früh um fünf!

BABY. Magst ... eine Villa?

MONA. Was?

BABY. Villa! – Riesige Villa, gigantisch ... am See, Yachthafen, Golfplatz ... oder magst keine Villa? *Er setzt sich auf den Bettrand.*

MONA. Du bist ja völlig besoffen.

BABY. Mona – ich bin nicht besoffen, ich bin sternhagelvoll – aber gleich – so – bitte sehr ... *Er greift in die Tasche, holt einen Packen Fotos von der Villa Schildkraut heraus und wirft sie aufs Bett* ... laß ich alles renovieren – tipptopp – total verstehst – Geld spielt keine Rolle. *Mona sieht die Fotos an.* ... dreihundert Millionen – gigantisch – zahlt alles Konsul Dürkheimer! Was sagst jetzt?

MONA *wirft die Fotos wieder aufs Bett.* Daß du spinnst.

BABY. Daß ich spinn? Mona, ich war noch nie so klar in meinem Kopf, wie ... gegenwärtig. Bin völlig da ... dein Baby ist total auf der Höhe, Monamausi ... *Er zieht die Zeitung mit seiner Kolumne aus der Tasche und hält sie ihr hin.*

MONA *sieht das Foto mit Dürkheimer und den Mädchen.* Wer sind die Weiber da? Waren die auch dabei bei dem Riesengeschäft?

BABY. Schmarrn Weiber! Lesen sollst!

MONA *beginnt zu lesen, ihre Augen werden immer größer, murmelt.* ... Immobilienspekulant im Höhenrausch ...

BABY. Stark, gell?

MONA. ... enthüllt seine utopischen Pläne ...

BABY. Gnadenlos, oder?

MONA. ... skrupelloser Großinvestor ...
BABY. Vernichtend, oder?
MONA *schaut Baby an, als ob er den Verstand verloren hätte.* Und nach dem Artikel kauft er dir eine Villa? Sag amal, ich glaub du ...
BABY. Ich kauf die Villa – *ich*, aber mit *seinem* Geld, verstehst?
MONA. Nein.
BABY. Weil – er kriegts ja nicht, weil – ihn mögens nicht, verstehst, weil der Bürgermeister von der Gemeinde ein Kommunist is und der andere is die graue Eminenz, der Pfeiffer, der Pfarrer, der Pfarrer Pfeifer und die Grünen und so weida ...
MONA. Baby ...
BABY. Moment – weil jetzt, jetzt komm ich daher: der öffentlich dokumentierte Feind des Großspekulanten Dürkheimer und ... Retter der ›wertvollen Bausubstanz‹ und des Waldes und der Wiese und ... alles. Und dann leg ich denen drei Millionen aufn Tisch und kauf den oidn Kasten. Hast mich?
MONA. Als Strohmann von Dürkheimer – mein Gott, Baby ...
BABY. Schmarrn, Strohmann! Meint *er*. Wenn ich die Villa hab, Monamausi, dann tanzt er nach meiner Pfeife, der Herr Konsul – dann ghört die Villa uns und nix wird abgrissn – sondern da wohnen mir – du und ich – mir zwei – im Schloß, mit Blick auf den schönsten bayerischen See, du und dein Baby. Jetzt freu dich halt – ich hab gmeint, du freust dich, freust dich ned?
Mona schaut Baby lange an.

St. Peter am See. Die Portale der Kirche werden von innen geöffnet und heraus tritt, prächtig gewandet, Hochwürden Pfeiffer, der Pfarrer des Dorfes. Hinter ihm formiert sich die Gemeinde zur Fronleichnamsprozession. Langsam voran schreitet Pfarrer Pfeiffer, begleitet von seinen Meßdienern, gefolgt von den Kreuz- und Fahnenträgern. Zwischen Bürgermeister und Notar gehen Baby und Mona. Sie tragen andächtige Mienen zur Schau.
Bootswerft. Aus dem Rolls-Royce des Konsuls steigen Dürkheimer und der Landtagsabgeordnete Geisshofer. Sie gehen zum Anlegeplatz der Boote.

HUBERT. Ich zeige Ihnen das Ganze erst einmal von der Seeseite, Herr Abgeordneter.
GEISSHOFER *gut gelaunt.* Eine Seefahrt, die ist lustig, eine Seefahrt, die ist schön – und bitte, Herr Konsul, tuns mir den Gefallen, sagens einfach Herr Geisshofer zu mir!
HUBERT. Wenn Sie den Konsul weglassen, tu ich Ihnen jeden Gefallen, Herr Geisshofer – Vorsicht!
Hubert springt ins Boot und reicht Geisshofer die Hand. Dann läßt er den Motor an und manövriert das Boot hinaus auf den See.
GEISSHOFER. Wann kommen denn jetzt eigentlich die dreihundert Millionen, Herr Dürkheimer?
HUBERT. Das geht jetzt ruck-zuck, Herr Geisshofer. *Er drückt aufs Gas, das Schnellboot rast davon.*

St. Peter am See. Kirche. Die Kirche ist menschenleer. Pfarrer Pfeiffer geht mit Baby auf einen Beichtstuhl zu.
BABY. Ich habe gesündigt, Hochwürden.
PFEIFFER. Wir sind alle Sünder, mein Sohn – bitte sehr! *Er öffnet die Türen der Beichtkabine.*
BABY. Bitte nach Ihnen, Hochwürden!
Baby hält dem Pfarrer die rechte Tür auf, Pfeiffer geht rechts hinein, Baby geht links hinein. Die beiden Türen werden von innen geschlossen.

Vor der Kirche. Mona steht mit dem Bürgermeister vor der Kirche.
MONA. Ja, wollten Sie nicht auch beichten, Herr Bürgermeister?
BÜRGERMEISTER. Ach so ja, beichten, natürlich.

In der Kirche. Ein Flügel des Hauptportals öffnet sich einen Spalt, und der Bürgermeister schlüpft in die leere Kirche. Weit entfernt vom Beichtstuhl kniet er auf einer der Bänke nieder, faltet die Hände und versinkt im Gebet. Undeutliches Gemurmel dringt vom Beichtstuhl in das Gotteshaus.

Im Beichtstuhl. Baby schiebt unter dem Holzgitter ein Briefkuvert hindurch. Pfeiffer nimmt es nicht sofort.
PFEIFFER *leise.* Ist das ein Scheck, mein Sohn?

BABY *leise.* Bargeld, Hochwürden – für die Bedürftigen.
PFEIFFER *leise.* Brauchst du eine Quittung, mein Sohn?
BABY. Nein, Hochwürden.
PFEIFFER *nimmt das Kuvert und steckt es in seinen Rock. Leise.* Mein Sohn, du hast ein gutes Werk getan, für unser Land und für die Heilige Kirche. Deine Sünden sind dir vergeben. Ego te absolvo in nomine patris et filii et spiritus sancti – Amen ... Möchtest du jetzt den Leib des Herrn empfangen oder erst den Bürgermeister, mein Sohn?
BABY. Vielleicht lieber erst den Bürgermeister, Hochwürden.
Pfarrer Pfeiffer öffnet seine Tür einen Spalt. Auf der Bank kniet der Bürgermeister.

In der Kirche. Pfeiffer tritt aus dem Beichtstuhl und läßt die Tür offen. Während er selbst zum Kirchenausgang geht, steht der Bürgermeister schnell auf und geht rasch zum Beichtstuhl, verschwindet darin und schließt die Tür von innen ...

Auf dem See. Die gelbe Boje schwimmt im Wasser. Das Schnellboot des Konsuls nähert sich langsam, Zentimeter um Zentimeter. Geisshofer steht im Boot und schaut durch das Fernglas des Konsuls.
GEISSHOFER. Ein Skandal ist das – ein Skandal!
HUBERT. Sehen Sie sie jetzt?
GEISSHOFER. Nichts seh ich!
HUBERT *ist an der gelben Boje angelangt.* Jetzt?
GEISSHOFER. Ja – jetzt seh ichs, undeutlich.
HUBERT *fährt einen halben Meter weiter.* Und jetzt?
GEISSHOFER. Jetzt seh ich wieder nichts mehr. *Er setzt das Fernglas ab.* Ja – dann ist die Sache ganz eindeutig, da kann man sagen: »Zugunsten weniger Privilegierter ist der Blick versperrt für die breite Öffentlichkeit.« So gehts nicht, Herr Dürkheimer.
HUBERT. Ganz simpel gesagt, Herr Geisshofer: Das Volk sieht nichts!
GAISSHOFER. Genau – das Volk sieht nichts. So is es – und das werd ich jetzt höheren Orts vortragen, ja wo sind wir denn?

Seeufer. Die Sonne geht unter und taucht den See in ein rotgoldenes Licht. Baby und Mona schwimmen im See. Ein Segelboot gleitet in der Abendbrise vorbei.

Villa Schildkraut. In der riesigen, leeren Halle der Villa steht nichts als ein zerschlissenes Sofa vor einem mannshohen Kamin. Baby kommt mit vier brennenden Kerzen in einem Leuchter in die Halle. Er stellt den Leuchter auf den Kaminsims. Hinter ihm kommt Mona herein mit Eimer, Schrubber und Putzlappen. Baby setzt sich auf das Sofa. Mona beginnt mit Eifer, den Boden zu schrubben.
MONA. Also, wer zahlt jetzt die Zinsen?
BABY. Das ... wird irgendwie geteilt.
MONA. Ja – irgendwie – so wie die Weiber auch, bei dir und deinem feinen Freund, wer waren denn eigentlich die zwei Blondinen da im Bikini auf dem Foto, da im Flugzeug? Habt ihr die auch geteilt, irgendwie?
Baby steht auf und geht wortlos hinaus auf die Terrasse. Dort setzt er sich auf die Steinstufen und betrachtet den Vollmond, der über der Villa steht. Mona steigert sich immer mehr in ihre Putzerei hinein.
BABY. Vorsicht, Mona, Vollmond! Du hast schon wieder alle Anzeichen der prämenstrualen Verwirrung. *Mona hält kurz inne.* Putz ruhig weiter – wahrscheinlich kriegst du morgen deine Periode.
MONA *schrubbt weiter.* Ja hoffentlich, weil abtreiben tu ich nicht noch mal.
BABY. ... Sei ganz lieb und putz in aller Ruhe weiter, aber sag nichts mehr!
MONA. Mit dem Dürkheimer hättest du dich nie einlassen sollen, Baby – da bist du ein paar Schuhnummern zu klein! Der legt dich aufs Kreuz.
Baby schaut hinauf zum Vollmond, vor den sich langsam eine große, düstere Wolke schiebt.

Vor Staatskanzlei. Es regnet in Strömen. Vor dem Gebäude stehen Polizisten. Ein dunkelgrauer Mercedes biegt von der Prinzregentenstraße in die Einfahrt der Staatskanzlei ein. Am Steuer sitzt ein Chauffeur – auf dem Rücksitz der Abgeordnete Josef Geisshofer.

Büro des Ministerpräsidenten. Auf dem Schreibtisch des Ministerpräsidenten liegen mehrere Unterschriftenmappen. Sorgfältig und ruhig unterschreibt er eine Seite nach der anderen, ohne seinen Gesprächspartner Geisshofer anzusehen.

GEISSHOFER. Ja, also für mich wird die Sache immer eindeutiger. Der Mann ist ein Hochstapler – um nicht zu sagen ein Betrüger, Herr Ministerpräsident.

MINISTERPRÄSIDENT *ohne aufzublicken.* Kann man des so einfach sagen von einem Unternehmer, der dreihundert Millionen ausländisches Kapital in unser Land investieren will?

GEISSHOFER. Er hats ja nicht – die dreihundert Millionen!

MINISTERPRÄSIDENT. Kann sein, daß ers noch kriegt!

GEISSHOFER. Sein kann alles.

MINISTERPRÄSIDENT. Des is wahr.

GEISSHOFER. Aber ich glaubs nicht!

MINISTERPRÄSIDENT. Glaubts die Bank?

GEISSHOFER. Die glaubst auch nicht mehr.

MINISTERPRÄSIDENT. Gibts überhaupt noch jemand, ders glaubt?

GEISSHOFER. Ich kenn keinen.

MINISTERPRÄSIDENT. Und er selber?

GEISSHOFER. Der Dürkheimer? Ja – ich glaub, daß er glaubt, daß wenn er das Geld nicht ausm Ausland kriegt – daß mir ihm dann schon irgendwie helfen, des glaub ich, daß er glaubt.

MINISTERPRÄSIDENT. Des glaub ich nicht.

GEISSHOFER. Des ... glauben Sie nicht?

MINISTERPRÄSIDENT. Nein.

GEISSHOFER. Aha. Ja, wenn des so is ... dann erlaube ich mir, folgenden Vorschlag zu machen ...

MINISTERPRÄSIDENT. Vorschlag ...?

Büro Schimmerlos. Baby legt den Telefonhörer auf – nachdenklich schaut er hinaus in den Regen.

BABY. Was heißt das, Edda – der Ministerpräsident lädt mich zur privaten Feier im kleinen Kreis?

EDDA. Das heißt auf jeden Fall, daß wir alle anderen Termine für diesen Abend streichen – oder nicht?

BABY *fährt sie unbeherrscht an.* Ja, natürlich – was denn sonst?!

EDDA. Schrei mich doch nicht an – was ist denn los mit dir, Baby?

Wohnung Schimmerlos. Der Regen trommelt an die großen Fenster. Mona steht vor dem Kleiderschrank. Aus dem Bad hört man das Summen eines elektrischen Rasierapparats. Nach einigem Zögern holt Mona zwei Abendkleider aus dem Schrank und geht damit zum Badezimmer. Vor dem Spiegel steht Baby in Smokinghose und Hemd. Als er Mona im Spiegel sieht, blickt er überrascht auf, dreht sich dann langsam zu ihr um, ohne dabei den Rasierapparat auszuschalten. Er öffnet den Mund, will etwas sagen, aber Mona kommt ihm zuvor. Mit zuckersüßem Lächeln schaut sie ihm in die Augen und hält ihm die beiden Abendkleider wie zur Auswahl hin.

MONA. Welches ist dir lieber, Baby? Das Rote oder das Schwarze?

BABY *trocken.* Keines, Mona! Ich hab dir gesagt...

MONA *unterbricht ihn sofort.* Zu dem kurzen Schwarzen könnte ich die hohen schwarzen Schuhe anziehen – oder vielleicht meine silbernen, wenn ich statt dem schwarzen Gürtel den silbernen mit den...

BABY. Du gehst nicht mit, Mona.

MONA *läßt sich nicht so ohne weiteres abschütteln, auch ihr freundliches Lächeln bleibt eisern bestehen.* Wenn ich das lange Rote anzieh, dann hab ich nur die ganz hohen goldenen Pumps, und in denen kann ich kaum gehen, weil...

BABY. Dann sinds genau die richitgen, weil du gehst nicht – jedenfalls nicht mit mir und nicht heute abend. Ende.

MONA. Aha – verstehe. Für die Fronleichnamsprozession war ich dir gut genug, zum Putzen deiner Bude auch, aber...

BABY *unterbricht.* Du verstehst gar nichts!

MONA. Weil ich nicht deine Frau bin, sondern nur dein Flitscherl, drum darf ich nicht mit.

BABY. Dieses Thema diskutieren wir jetzt nicht, Mona, ich bin sowieso schon zu spät dran. *Er greift nach seiner Fliege und beginnt sie sich um den Smokingkragen zu binden, als er plötzlich fühlt, wie Mona mit einem Arm seine Beine umschlingt.*

Baby schaut zu ihr herunter.
MONA. Wenn du mich vielleicht angelogen hast und nicht ...
BABY. Mona, du ...
MONA. ... und nicht zum Ministerpräsidenten gehst, sondern wieder zu irgendeiner von deinen Weibern, die dir alle nachlaufen, damit sie in der Zeitung stehen ...
BABY. Jetzt ist Schluß, aus! *Er versucht sich zu befreien, aber Mona ist schneller.* Au! Hörst du auf!
MONA. Schwöre, daß du zum Ministerpräsidenten gehst!
BABY. Ich schwöre ...
MONA. Und nicht zu einem Weib – schwöre!
BABY *wütend.* Laß mich los!
MONA. Nein!
Baby versucht sich mit Gewalt zu befreien, dabei fällt Mona zu Boden und schlägt mit dem Kopf gegen die Kante der Badewanne.
MONA *schreit auf.* Aaah ...
Dann krümmt sie sich zusammen und beginnt zu wimmern. Als Baby versucht, sie vom Boden aufzuheben, tritt sie ihm mit dem Absatz ihres Stöckelschuhs ins Gesicht. Baby reißt die Hände vors Gesicht, kann aber nicht vermeiden, daß ihn der Absatz an der Stirn trifft. Die Platzwunde beginnt sofort zu bluten.

Maximilianstraße. Es schüttet. Baby rast mit seinem weißen Porsche die Maximilianstraße hinauf in Richtung Maximilianeum. Dabei überholt er wie ein wildgewordener Rallyefahrer mehrere Autos, die wütend hinter ihm herhupen. Er rast über die Isarbrücke hinein in die Kurve, die am Maximilianeum vorbei hinauf auf die Anhöhe führt. Auf dem regennassen Pflaster beginnt der Wagen in der Kurve zu schleudern, driftet ab zur rechten Seite und schleudert über den Randstein seitlich gegen die engstehenden Bäume.

Stuckvilla. Immer noch herrscht starker Regen. Vor der Tür des Stadtpalais steht Herbie. Er schaut ungeduldig auf seine Uhr, dann nach links und nach rechts – keine Spur von Baby. Statt dessen kommen vier Mercedes-Limousinen vor der Villa an. Herbie läuft hinaus in den Regen an den Straßenrand. Zuerst steigen mehrere Sicherheitsbeamte aus, dann der Ministerpräsident mit seinen Gästen. Die Sicherheitsbeamten bemühen sich,

Schirme über die Gäste zu halten. Herbie blitzt ein Foto nach dem anderen. Der Ministerpräsident bleibt kurz stehen, zieht seinen Gast Josef Geisshofer zu sich heran, beide Herren lächeln in die Kamera, dann geht der Ministerpräsident zielstrebig in die Stuckvilla. Herbie läuft immer noch vor ihm her und knipst.

MINISTERPRÄSIDENT. Da heraußen brauchens uns nicht dauernd fotografieren, Herr Fried, drinnen mit meinen Gästen war ausgemacht. Sind Sie allein da? Wo isn der Schimmerlos? Kommt der nicht, oder was?

HERBIE. Doch, doch, selbstverständlich, Herr Ministerpräsident, der – der, der – der muß jeden Moment dasein, der – der hat nur noch – ah ... *Der Ministerpräsident ist schon vorbei. Herbie ihm nach, aber mehr zu sich selbst:* ... einen wichtigen Termin ... oder irgendwas, kruzifix noch mal, immer bin ich das Arschloch, die blöde Sau, die blöde!

Ein Sicherheitsbeamter, der als letzter hineingeht, hat im Vorbeigehen noch kurz was von Herbies Beschimpfungen mitgekriegt und dreht sich schnell zu ihm um.

SICHERHEITSBEAMTER. Was haben Sie da gerade gesagt?

HERBIE. Ich? Ah – gar nichts. Wieso?

SICHERHEITSBEAMTER. Wer ist ein Arschloch? Wer ist eine blöde Sau?

HERBIE. Wer is? Ach so – ein Freund von mir. Ein Bekannter, den kennen Sie nicht.

SICHERHEITSBEAMTER. Sie haben nicht den Herrn Ministerpräsidenten gemeint, oder einen von den Herren?

HERBIE. Ich? Äh, ja nein, niemals!

SICHERHEITSBEAMTER. Können Sie das beweisen?

HERBEI. Was? Wissen Sie was? Lecken Sie mich am Arsch! Ich hab andre Probleme! *Er läßt den Sicherheitsbeamten einfach stehen und geht zum Telefon.*

Wohnung Schimmerlos/Stuckvilla. Mona liegt im Bademantel auf dem Bett. Mit der rechten Hand hält sie den Telefonhörer, in der linken einen Eisbeutel, den sie an ihren Hinterkopf preßt.

MONA. Ich habs doch gewußt. Dieses verlogene Schwein, dieses verlogene.

HERBIE. Mona, darum gehts jetzt nicht. Jetzt gehts ums Geschäft. Ich muß ihn erreichen.

MONA. Dann ruf doch seine Weiber an.
HERBIE. Hör doch auf, Mona!
MONA. Du kennst doch die ganzen Huren.
HERBIE. Ich kenn keine ... äh ... Huren.
MONA. Du kennst alle. Und du bist die gleiche verlogene Sau wie er.
HERBIE. Ich hab die Autonummer angerufen und die ist gestört oder was. Jedenfalls ...
MONA *unterbricht.* Gestört? Nichts ist gestört. Das Telefon hat er abgeschaltet, weil er wahrscheinlich wieder mal im Auto bumst.
HERBIE. So – a-aha, und – äh – wo könnt das sein, Mona?
Vom Telefon aus sieht Herbie, wie die Tür der Villa aufgeht und Baby, völlig durchnäßt und blutend, hereinhinkt. Herbie läßt den Telefonhörer einfach baumeln und geht ein paar Stufen die Treppe hinunter, seinem Kolumnisten entgegen. Völlig entgeistert schaut er Baby an.
BABY. Geh mit mir aufs Klo und gib mir deinen Smoking!

Toilette. Baby hat schon den trockenen Smoking von seinem Fotografen an, während dieser noch etwas hilflos in Unterhose und Unterhemd mit Babys nassen Klamotten dasteht. Baby reißt sich mit einem Ruck das durchweichte und blutige Pflaster von der Stirn und drückt sofort ein Papierhandtuch auf die Wunde.
BABY. Und jetzt gehst du zum Geschäftsführer und läßt dir einen Fön und ein paar doppelte Heftpflaster geben!
HERBIE *mit den nassen Sachen in der Hand.* Ich – ja, wie?
BABY. Eilts oder nicht?
HERBEI. Ja, freilich eilts! ...
BABY *unterbricht.* Fön und Pflaster, Kamm und Haarbürste. Los!
Herbie schlüpft mit sichtbarem Widerwillen in das nasse, blutverschmierte Hemd. Er wringt die Hose aus. Baby setzt sich auf den Boden, betastet seinen verletzten Fuß, öffnet vorsichtig den Schuh.
BABY. Au, verdammt.
HERBIE. Der is ja ganz dick, der Fuß. Was – was machst du mit dem Fuß? Da kannst ja gar nicht gehen.
BABY. Ich kann alles, wenn ich will. Hau ab!

Der Ministerpräsident (Georg Marischka, re.) gratuliert dem Abgeordneten Josef Geisshofer (Hans Zischler) zum 40. Geburtstag.

Stuckvilla. Salon. Die Politiker stehen im Halbkreis um den Ministerpräsidenten und Geisshofer. Alle haben ihre Gläser erhoben und singen.

POLITIKER *im Chor.* Happy birthday to you, happy birthday to you, happy birthday dear Josef, happy birthday tooo youuu ...

Sie stoßen miteinander an, trinken. Die Kellner öffnen weiter Flaschen. Herbie fotografiert. Der Minsterpräsident legt demonstrativ seinen Arm um die Schulter des Josef Geisshofer. An eine Wand gelehnt steht Baby, den linken Fuß etwas hochgezogen und gegen einen Stuhl gestützt. Über dem rechten Auge hat er ein Pflaster.

MINISTERPRÄSIDENT. Herr Schimmerlos, kommens doch amal an Moment her. *Baby preßt die Zähne zusammen und geht, einigermaßen aufrecht, ohne zu hinken, hinüber zu der Gruppe um den Ministerpräsidenten. Der Ministerpräsident streckt ihm jovial die Hand entgegen.* Grüß Sie Gott, Herr Schimmerlos.

Baby. Grüß Gott, Herr Ministerpräsident.

Ministerpräsident. Wie gehts denn immer so? Immer auf der Jagd nach Neuigkeiten, gell? Auch kein leichtes Leben – ich möcht, daß Sie meinen guten Freund, den Herrn Landtagsabgeordneten Geisshofer, kennenlernen. Herr Schimmerlos, Herr Geisshofer.

Geisshofer *reicht Schimmerlos die Hand.* Angenehm.

Baby. Herr Abgeordneter.

Geisshofer. Les immer alles, was Sie schreiben. Politik is ja nicht direkt Ihr Geschäft, und so schön wie Ihre – äh – Damen und Herren vom Jetset bin ich leider auch nicht, aber der Herr Ministerpräsident hat mich überzeugt, daß Sie der richtige Mann für uns sind.

Baby. Aha ...

Ministerpräsident. Sehen Sie irgendeinen anderen Journalisten da herinnen? Schauens doch mal, Herr Schimmerlos.

Baby *dreht sich kurz um.* Äh – nein, bis jetzt noch nicht.

Ministerpräsident. Sehns, da sehns, was ich mein. Kommt auch keiner sonst. *Zu Geisshofer.* Josef, ich muß mich ein bissel um meine Gäste kümmern. Der Herr Schimmerlos möcht dir bestimmt jetzt ein paar Fragen stellen, und du kannst ihn ja auch was fragen, falls du irgendwas von dem Herrn Schimmerlos wissen willst – mit dem kannst reden wie mit einem Menschen, Josef – Herr Schimmerlos, ich freu mich, daß Sie da sind. Mir sehn uns.

Baby. Herr Ministerpräsident ... *Der Ministerpräsident wendet sich einer anderen Gruppe von Politikern zu und läßt Baby allein mit Geisshofer zurück. Baby lächelt Geisshofer freundlich an, Beisshofer lächelt freundlich zurück.* Ja ... Herr Abgeordneter, herzlichen Glückwunsch zum Geburtstag, der wievielte wars gleich wieder?

Geisshofer. Dank Ihnen, Herr Schimmerlos, der vierzigste, danke – ja, wie gsagt, ich freu mich, daß Sie da sind.

Ein buckliger junger Mann nähert sich Geisshofer von der Seite.

Buckliger. Entschuldigen Sie, Herr Abgeordneter, aber der Herr Generalsekretär möcht noch mit Ihnen reden, bevor er geht.

GEISSHOFER *unwirsch.* Ich kann jetzt nicht – wann geht er denn?
BUCKLICHER. Sobald er mit Ihnen geredet hat, Herr Geisshofer.
GEISSHOFER. Entschuldigens, Herr Schimmerlos, aber der Herr Generalsekretär muß gleich weg, Sie sind mir nicht bös, Sie sind ja noch da... essens was, trinkens was, wir reden dann später ganz in Ruhe miteinander, was habens denn da über dem Aug? Haben Sie sich verletzt? *Ohne eine Antwort abzuwarten, geht Geisshofer schnell mit dem Buckligen weg.*
Baby schaut sich nach einem Stuhl um und setzt sich an einen Tisch. Sein Bein macht ihm zu schaffen. Vorsichtig versucht er, es mit beiden Händen in eine gestreckte Lage zu bringen.
OBER. Wie immer, Herr Schimmerlos, Kir Royal? Ein Viertel Cassis, drei Viertel Champagner?
Baby nickt nur, dann legt er sein ausgestrecktes Bein auf einen zweiten Stuhl, sein Notizbuch vor sich auf den Tisch und beobachtet die Herren, die von einer Gruppe zur andern wandern.
Nach einer Weile kommt Geisshofer wieder zurück.
GEISSHOFER. Tut mir leid, daß es so lang gedauert hat, Herr Schimmerlos, aber Sie kennen ja unseren Herrn Generalsekretär...
BABY. Wahrscheinlich hat er Ihnen jetzt zum dritten Mal erklärt, *was* Sie mir sagen sollen und wie ich es dann schreiben soll. Vielleicht darf ichs ihm auch noch vorlesen, bevors in den Druck geht.
GEISSHOFER *lacht.* Sie sind ein Mensch, der einen Humor hat, Herr Schimmerlos, sehens, so was gfällt mir. Sie sind mir richtig persönlich sympathisch, und darum – darum hab ich mir gedacht, wir müssen Ihnen unbedingt helfen, Ihre... ah... Probleme zu lösen.
BABY *schaut Geisshofer überrascht an.* Meine Probleme... was für Probleme?

Stuckvilla. Kleiner Salon. Geisshofer hilft Baby, sein Bein auf einer Recamière auszustrecken.
GEISSHOFER. Habens was mit Ihrem Fuß, Herr Schimmerlos?
BABY. Danke – geht schon...

GEISSHOFER. Wollens nicht die Schuh ausziehen? Tuts recht weh? *Er zieht sich einen Stuhl heran und beugt sich über den auf der Recamière liegenden Kolumnisten wie ein Arzt über einen Patienten.*
BABY. Also was...?
GEISSHOFER. Also folgendes... Sie brauchen Freunde, Herr Schimmerlos, gute Freunde, auf die Sie sich verlassen können.
BABY. Freunde?
GEISSHOFER *zieht ein Blatt Papier aus der Tasche seines Jacketts.* Sie haben für dreieinhalb Millionen die alte Schildkraut-Villa am Starnberger See gekauft beziehungsweise Sie wollen sie kaufen, mein Gott, wenn ich denk, was das für ein herrlicher großer Grund ist, das schöne alte Gebäude. Wissens schon, daß die schönsten Bilder, die wir heut von Schildkraut in der Pinakothek haben, die hat er da draußen gemalt...
BABY. Ich... ich *habe* sie gekauft, jedenfalls so gut wie.
GEISSHOFER. Sie haben eine halbe Million angezahlt, und die hat Ihnen der Herr Konsul Dürkheimer geliehen, der nach wie vor Ihr guter Freund ist, obwohl Sie alles getan haben, was Sie nur konnten, um den gegenteiligen Anschein zu erwecken – und die Idioten in St. Peter sind darauf hereingefallen.
BABY. Das ist meine Sache... und außerdem...
GEISSHOFER. Natürlich.
BABY. ...und außerdem hab ich einen Kredit von...
GEISSHOFER. Sie haben keinen Kredit, sondern bestenfalls eine mündliche Kreditzusage von einer Privatbank, bei der Ihr Konsul inzwischen... *Er studiert kurz das Papier*... mit 34 Millionen sechshundertzweiundsiebzig Mark und neunundvierzig Pfennig in der Kreide steht – damit Sies genau wissen... So eine schöne Villa... so ein Gebäude müßt im Grund unter Denkmalschutz stehen.
BABY. Sie steht nicht unter Denkmalschutz.
GEISSHOFER. Ja mei... was nicht ist – das kann noch werden, verstehens mich?... Und das ist Ihr Problem.
BABY *nippt kurz an seinem Kir Royal.* Versteh schon... und was ist Ihr Problem?

GEISSHOFER. Ich werde Beauftragter für – und Vorsitzender der Kommission für Öffentlichkeitsarbeit.

BABY. Öffentlichkeitsarbeit ... aha. Und was kann ich für Sie tun?

GEISSHOFER. Schauen Sie, Herr Schimmerlos, ich möcht ganz ehrlich sein zu Ihnen. Ich kenn keinen Menschen, und kein Mensch kennt mich – in der Öffentlichkeit.

BABY. Ja – hätte man dann für den Job keinen anderen finden können?

GEISSHOFER. Das hab ich unseren großen Vorsitzenden auch gefragt.

BABY. Und was hat er gesagt?

GEISSHOFER. Er hat gesagt: Josef, hat er gesagt, du bist der Mann meines Vertrauens, du bist ein Mann, der lernen kann, weil er lernen will. Lerne, Josef! Das hat er gesagt.

BABY. Und dann hat er wahrscheinlich noch gesagt: Lern schnell, Josef, weil – die Wahlen stehen vor der Tür.

GEISSHOFER. Richtig – und schauens, Herr Schimmerlos, da gibts jetzt natürlich viele Leut aus dem sogenannten Schaugeschäft, populäre Leut, die gut ankommen beim Wähler. Und da gibts welche, die sind für uns, die haben wir schon – und dann gibts welche, die sind gegen uns, die kriegen wir sowieso nicht, und dann gibts aber noch viele, die halten sich am liebsten raus, wenns um Politik geht – und genau um die, um die geht es mir ...

BABY. Mit anderen Worten: Ich soll zuerst *Sie* bekannt machen, damit die Leute *Sie* kennen, dann soll ich Sie bekannt machen mit denen, die Sie kennenlernen wollen, und dann vielleicht ...

GEISSHOFER. ... vielleicht selber ein bissel reden mit ein paar Leuten, ich hab da eine Liste ... wo hab ich sie denn? Ah – da hab ichs. *Er zieht noch ein Papier aus der Tasche.* Übrigens hab ich so beiläufig gehört, daß Sie da schon größere Umbauten in der Schildkraut-Villa veranlassen wollen; sind's nicht zu voreilig, das sag ich Ihnen jetzt als guter Freund. – Da, das darf ich Ihnen geben, das wären so ein paar Namen ...

Baby macht keine Anstalten, die Liste zu nehmen. Geisshofer steckt sie ihm einfach in die Tasche seiner Smokingjacke.

Platz vor Krankenhaus. Ein sonniger Morgen. Mona schiebt Baby in einem Rollstuhl aus dem Krankenhaus hinaus auf den Platz. Babys linkes Bein steckt vom Fuß bis über das Knie in einem dicken Gips. Quer über seinem Schoß liegen zwei Krücken. Mona bleibt am Trottoir stehen.
MONA *ruft.* Taxi!

Jagdschloß Dürkheimer. Das Taxi hält vor dem Jagdschloß.

Jagdschloß. Trophäenzimmer. Baby sitzt in seinem Rollstuhl neben einem Tisch. Auf dem Tisch steht Champagner im Kübel, eine Flasche Cassis daneben, sowie drei Gläser auf einem silbernen Tablett. Mona steht aufrecht hinter Baby, die Hände an den Griffen des Rollstuhls. Michel schiebt ein fahrbares Garderobengestell herein, an dem ein kompletter Reitdreß hängt. Die Stiefel stellt er daneben. Hubert steht ungeniert in der Unterhose hinter seinem großen Schreibtisch.
HUBERT. Ehrlich gesagt, Baby, ich versteh die ganze Aufregung nicht – was ist denn los? Wollen Sie sich nicht setzen, Mona? *Er beginnt sich anzukleiden.*
MONA. Nein, danke, ich steh sehr gut.
BABY. Jetzt setz dich endlich hin und trink was! Das macht mich dermaßen nervös, wenn dauernd jemand hinter mir steht.
Baby mischt sich einen Kir, Mona bleibt stehen.
HUBERT. Der Geisshofer ist ein reizender Mann, von außerordentlicher Hilfsbereitschaft...
MONA. Von dem er sich erpressen lassen muß...
BABY. Mona, noch ein Wort und...
HUBERT. Ich bitte Sie, Mona, kein Mensch muß sich erpressen lassen. Ich bitte Sie, sachlich zu bleiben – ich kann nur sachlich über Geschäfte reden oder gar nicht. Ich bitte Sie, das zu respektieren.
BABY. Setz dich!
Mona bleibt eisern stehen. Hubert schenkt sich ein Glas ein, trinkt einen Schluck, zieht dann weiter seinen Reitdreß an.
HUBERT. Die Sache ist doch ganz einfach, Baby – ich helfe dir, du hilfst mir, er hilft uns – wir helfen ihm. Bei Geschäften dieser Größenordnung müssen alle zusammenhalten.

Baby Schimmerlos (Franz Xaver Kroetz) und seine Freundin Mona (Senta Berger).

BABY. Wahlhilfe ist nicht mein Geschäft, Hubert.
HUBERT. Ach was, wer redet denn von Wahlhilfe. Unfug! Der Mann will sich profilieren – er will bekannt werden – er will sein Bild in der Zeitung sehen und was Positives über sich lesen – das kann ja wohl nicht so schwer sein.
BABY. Und die Drohung mit dem Denkmalschutz und dem Kredit ...
MONA. Ja – was ist denn jetzt mit den drei Millionen?
HUBERT. Wollen Sie nicht vielleicht ein bißchen rausgehen in den Park und schwimmen, Mona?
BABY. Ja, Mona – schwimm!
MONA. Ich schwimme nicht!
HUBERT. Alles Quatsch – Denkmalschutz! Hab ich längst Gutachten machen lassen – mit der Bude kannst du alles machen, was du willst: Abreißen, aufstocken, anbauen, ausbauen, was du willst ... wenn du sie hast – aber zuerst

müssen wir sie haben, beziehungsweise du – und dafür brauchst du jetzt die drei Millionen Kredit, und die krieg ich nicht mehr, keine müde Mark krieg ich mehr, wenn mir der Geisshofer nicht hilft. Kapiert?
BABY. Aber du kriegst doch die dreihundert Millionen.
HUBERT. Wenn ich die drei hab – krieg ich auch die dreihundert – kapiert? Mach ein schönes Foto und schreib, daß er der Größte ist – oder wird – und dann wird er eine große Freude haben – und wir auch! *Er zieht sich die Reitstiefel an.*

Schloßpark. Michel führt ein gesatteltes Pferd heran. Mona schiebt Baby im Rollstuhl neben Hubert her.
HUBERT. Entschuldigt mich, aber ich muß ihn ausreiten, sonst wird er fett und träge. – Michel, bitte fahren Sie Herrn Schimmerlos und seine Dame in die Stadt! *Er besteigt das Pferd.*
MICHEL. Das wird nicht möglich sein, Herr Konsul.
HUBERT. Wieso nicht?
MICHEL. Wir haben kein Benzin mehr, Herr Konsul.
HUBERT. Bis zur nächsten Tankstelle wirds ja wohl noch reichen, Michel!
MICHEL. Da werden wir nichts mehr kriegen, Herr Konsul.
HUBERT. So, so ... ja, dann lassen Sie sich irgendwas einfallen, Michel.
MICHEL. Sehr wohl, Herr Konsul.
Hubert reitet davon. Mona schaut dem Konsul entgeistert nach.
MONA. Was hat er nicht mehr, was kriegt er nicht mehr?
BABY. Kein Benzin – hast du doch gehört.
MONA. Aha ... dann ruf ich jetzt ein Taxi an, das kostet nämlich nur dreißig Mark – aber wenn er den Rolls-Royce volltankt, dann kostet es uns mindestens dreihundert ...

Büro Schimmerlos. Baby sitzt in seinem Rollstuhl vor dem Schreibtisch und wühlt in den Bergen von Fotos, die Herbie vom Geburtstag Geisshofers gemacht hat. Herbie greift nach einem Foto, das den Abgeordneten mit dem Ministerpräsidenten zeigt.
HERBIE. Das da ist doch sehr gut ...
BABY. Das ist gar nicht gut – da kommt der Mann ja überhaupt nicht zur Geltung.

HERBIE. Wenn man ihn rausvergrößert – ihn mit dem Ministerpräsidenten?
BABY. Kann man nicht noch schnell irgendwas machen – irgendwas mit ihm allein, daß er richtig groß rauskommt – so was wie vor dem Siegestor oder auf dem Königsplatz?
HERBIE. Königsplatz?
BABY. Warum denn nicht? Schreib, Edda – Überschrift: »Er kam, sah und siegte...«
EDDA. Dann nimm doch gleich die Feldherrnhalle!
BABY. Sehr gute Idee, Edda! Kannst du das machen, Herbie – Feldherrnhalle?
HERBIE. Ja, ich schon – aber macht *der* das?
BABY. Der macht alles – weiter, Edda... »Josef Geisshofer – der neue Fixstern am Polithimmel«.
HERBIE. Bitte sehr – Siegestor, Königsplatz, Feldherrnhalle, bitte sehr... *Er eilt aus dem Zimmer.*
EDDA *begeistert.* Ach – endlich wieder mal was Positives! Dauernd haut jeder jeden in die Pfanne, kritisiert und mäkelt und macht nieder, aber aufbauen tut keiner einen, das braucht der Mensch, Baby, was Aufbauendes, was einem mal ein bißchen weiterhilft...
BABY. Beruhig dich, Edda – das machen wir ja gerade – erhitz dich nicht!
EDDA. Er kam, sah und siegte... da geht mir richtig das Herz auf.
BABY. Ja, Edda... aber laß die Bluse zu.
EDDA. Fixstern am Polithimmel... weiter!

Feldherrnhalle.
HERBIE. Noch weiter, Herr Abgeordneter! *Er schaut durch die Kamera.*
GEISSHOFER *steht auf den Stufen der Feldherrnhalle.* Wohin – nach rechts?
HERBIE. Natürlich nach rechts!
GEISSHOFER. Rechts von mir ist kein Platz mehr! *Neben Geisshofer stehen Touristen, die fotografieren.*
HERBIE. Dann sollen halt die Herrschaften da oben weitergehen – gehense weiter! ... Hello! Please – go! *Die Touristen gehen zur Seite, ein paar bleiben noch stehen und schauen*

neugierig auf Geisshofer. Go! Go! So, jetzt ists gut – genau zwischen den zwei Löwen!
GEISSHOFER. Ich weiß nicht, ob das so gut ist mit der Feldherrnhalle, Herr Fried?
HERBIE. Feldherrnhalle ist immer gut, Herr Abgeordneter ... und jetzt die Arme ausbreiten. Ja nicht so wie Christus am Kreuz – mehr so: Seid umschlungen, Millionen!
Geisshofer breitet die Arme aus. Herbie fotografiert.

Druckerei. Abends. Vor dem Druckereigebäude hält ein dunkelgrauer Mercedes. Ein Fahrer steigt aus und geht zum Portier. Im Hof der Druckerei stehen die Ausfahrer an und warten auf ihre Zeitungsbündel. Der Fahrer kauft beim Portier zwei Zeitungen und geht zurück zum Mercedes. Das hintere Fenster öffnet sich und Geisshofer streckt seinen Arm hinaus, um die Zeitungen in Empfang zu nehmen. Neben ihm sitzt Hubert von Dürkheimer.

Im Mercedes. Geisshofer und Dürkheimer haben die Zeitung aufgeschlagen. Babys Kolumne zeigt unter der Überschrift ›Er kam, sah und siegte ...‹ zwei große Bilder: eines mit Geisshofer vor der Feldherrnhalle, ein anderes mit dem Ministerpräsidenten.
HUBERT *begeistert.* Josef – das ist eine Wucht – ist das ein Wahnsinn ... also positiver gehts doch wirklich nicht ... schau dir die großen Fotos an, das ist ein Fotograf, der Fried, was? ... Ein Wahnsinn!
GEISSHOFER. Kooperativ is er, der Schimmerlos, das muß man ihm lassen! *Er wendet sich an den Chauffeur.* Schauns doch bitte mal in das Handschuhfach, da müßte ein Metermaß drin sein ... Gebens mir des mal!
Der Fahrer öffnet das Handschuhfach, holt ein Metermaß heraus, gibt es Geisshofer. Geisshofer legt die Zeitung auf seine Knie.
GEISSHOFER. Geh, machens mal des Licht an!
Der Chauffeur schaltet die Innenbeleuchtung an. Mit großen Augen schaut Hubert zu, wie Geisshofer die beiden Fotos und die Personen darauf mit dem Metermaß peinlich genau vermißt.
GEISSHOFER. Aha ... 11,4 mal 6,2 ...
HUBERT. Was machst du denn da, Josef?
GEISSHOFER. 11,2 mal 6,3 und ... Gott sei Dank!
HUBERT. Was?

GEISSHOFER *erleichtert.* Das Foto, auf dem ich allein drauf bin, ist zwar insgesamt zwei Millimeter höher und einen Millimeter breiter als das mit dem Chef, aber dafür ist der Kopf vom Chef drei Millimeter breiter und sogar zwei Millimeter höher als meine ganze Figur auf dem Foto, wo ich allein drauf bin. Gott sei Dank!
HUBERT. Sag ich dir doch – der ist doch nicht blöd, der Schimmerlos!
GEISSHOFER. Weißt was, Hubert – vielleicht is es besser, du gehst gar nicht mit auf die Bank – ich glaub, ich geh lieber selber hin mit dem Schimmerlos.
HUBERT. Wieso denn?
GEISSHOFER. Dich fragens doch bloß wieder nach die dreihundert Millionen – was sagst denn dann? Naa, naa, Hubert – ich mach des scho, verlaß dich nur auf mich!
HUBERT *schaute eine Weile nachdenklich zum Fenster hinaus, dann wendet er sich an Geisshofer.* Du bist mein Freund, Josef, du wirst mir schon helfen, ich verlaß mich auf dich.
GEISSHOFER. Einen Freund hab ich noch nie im Stich lassen – und schon gar nicht, wenn er dreihundert Millionen in unser Land bringt...

Bankhaus. Ein Taxi hält vor dem Bankhaus. Mit seinem Gipsbein und den zwei Krücken humpelt Baby in die Bank.

Vorzimmer Kreditabteilung. Eine Sekretärin öffnet gepolsterte Doppeltüren.
SEKRETÄRIN. Die Herren warten schon auf Sie, Herr Schimmerlos.
Baby humpelt in einen großen, holzgetäfelten Raum.

Kreditabteilung. Zwei Herren stehen an einem großen Schreibtisch – der Direktor der Kreditabteilung, Herr von Martius, und der Abgeordnete Josef Geisshofer.
GEISSHOFER *empfängt Baby mit größter Herzlichkeit.* Herr Schimmerlos, ich freu mich ja so, Sie wiederzusehen! Grüß Gott! Darf ich Sie bekannt machen – Herr von Martius, Leiter der Abteilung Kredite und Hypotheken – Herr Schimmerlos...

MARTIUS. Freue mich, Sie persönlich kennenzulernen, Herr Schimmerlos.
BABY. Wo ist der Dürkheimer?
GEISSHOFER. Der Herr Konsul ist leider verhindert, bitte nehmen Sie doch Platz.
MARTIUS *schiebt Baby einen Sessel hin.* Es ist alles vorbereitet.
Geisshofer nimmt Baby die Krücken ab, Martius stützt ihn von hinten – Baby gleitet in den Sessel.
GEISSHOFER. Wars doch ein Bruch, gell – ich hab mirs damals schon gedacht. Wissens noch, wie ich gsagt hab: Ziehns die Schuh aus!
BABY. Wieso ist er verhindert?
GEISSHOFER. Des braucht uns jetzt nicht interessieren, Herr Schimmerlos. Sie wollen Ihre drei Millionen, und die kriegen Sie jetzt.
MARTIUS *gibt Baby ein Schriftstück von mehreren Seiten.* Wenn Sie nur auf der letzten Seite da unterschreiben wollen, bitte!
BABY. Moment ... *Er beginnt das Papier zu studieren.*
GEISSHOFER. 3,5 Millionen zu 9¾ Prozent auf fünfundzwanzig Jahr – das is geschenkt – da brauchens nicht lang lesen – unterschreibens – weil jetzt kommt nämlich gleich der Notar und der Bürgermeister, und dann ist alles perfekt!
BABY. Was – wer kommt? Wieso 3,5 – drei brauch ich!
MARTIUS. Es sind in der Tat nur drei, Herr Schimmerlos, da wir die fünfhunderttausend, die Ihnen der Herr Konsul geliehen hat, natürlich abziehen müssen!
BABY. Wieso abziehen?
MARTIUS. Der Herr Konsul hat sie ja von *uns* geliehen!
GEISSHOFER. ... und dann hat ers Ihnen geliehen, verstehens? Wir können ja die Bank nicht auf die fünfhunderttausend Mark sitzen lassen – oder wollens die Villa Schildkraut jetzt nicht mehr?
Die Doppeltür wird einen Spalt geöffnet, die Sekretärin steckt den Kopf herein.
SEKRETÄRIN. Die Herren wären jetzt da!
MARTIUS. Ich lasse bitten!
Die Sekretärin öffnet die Türe weit – es treten ein der Bürgermeister sowie der Notar Professor Kalb.
GEISSHOFER *zischt Baby an.* Unterschreibens! *Er drückt ihm*

einen Kugelschreiber in die Hand. Baby unterschreibt den Kreditvertrag. Geisshofer drückt Baby die Hand. Herr Schimmerlos – ich gratuliere dem zukünftigen Besitzer der Villa Schildkraut!

BÜRGERMEISTER *drückt ihm die Hand.* Meine herzlichsten Glückwünsche, Herr Schimmerlos!

KALB *drückt ihm die Hand.* Ein guter Kauf, Herr Schimmerlos, alle Achtung!

MARTIUS *drückt ihm die Hand.* Mögen Sie sich Ihres Eigentums lange erfreuen, Herr Schimmerlos!

Villa Schildkraut. Mona und Baby, Baby gestützt auf seine Krücken, stehen am Waldrand unterhalb der Terrasse und können sich nicht sattsehen am Anblick des pompösen Gebäudes.

MONA. Ich kanns nicht glauben, Baby, ich kanns einfach nicht glauben...

Mona umarmt Baby und küßt ihn. Dann stellt sie ihm einen Klappstuhl auf und hilft ihm, sich hinzusetzen. Die Krücken legt sie ihm auf seinen Schoß.

Hotel Hilton, Dachrestaurant. Das Lokal ist voll von Männern, die in ihren unauffälligen dunkelgrauen und dunkelblauen Anzügen ihre geschäftlichen Mittagessen abhalten. Dürkheimer und Geisshofer sitzen an einem der Tische und stoßen an.

HUBERT. Prost, Josef!

GEISSHOFER. Prost, Hubert.

HUBERT. Ohne deine Hilfe, Josef, hätten wirs nicht geschafft. Ich danke dir.

GEISSHOFER. Nichts zu danken, Hubert – ich hab dir doch gesagt – einen Freund, den laß ich nicht im Stich – apropos nicht im Stich lassen: nur damit dus weißt – die Bank kündigt dir morgen deine Kredite!

HUBERT *wie vom Donner gerührt.* Wie – was?

GEISSHOFER. Das wär nicht so schlimm, wenn ich nicht wüßte, daß auch die Staatsanwaltschaft seit einiger Zeit gegen dich ermittelt wegen Betrugs und allem möglichen, weißt du wahrscheinlich besser als ich – hast du deinen Paß dabei?

HUBERT. Meinen Paß – wieso?

GEISSHOFER. Ja, deinen Konsularpaß, hast ihn hoffentlich dabei?
HUBERT. Ja, natürlich – wieso?
GEISSHOFER. Dann gib ihn mir jetzt, weil mit dem kommst du über keine Grenze mehr – aber ich hab alles dabei, was du brauchst! *Er faßt in seine Jackettasche und holt ein dickes, braunes Kuvert im DIN-A-5-Format heraus.* Da ist eine venezolanischer Paß drin, ein Flugbillet nach Caracas und zweitausend Mark, und da ... *Er faßt noch mal in die Tasche und holt einen kleinen Schlüsselbund heraus.* ... da hast du einen Autoschlüssel, draußen um die Eckn vom Restaurant herum, da steht ein moosgrüner VW-Käfer, mit dem fahrst du in die Schweiz.
HUBERT. In die Schweiz?
GEISSHOFER. Ja – nicht?
HUBERT. Ich hab da keinen Pfennig mehr.
GEISSHOFER. Das glaub ich dir nicht, Hubert – also jedenfalls gehst dort schnell auf deine Bank, aber nimm nicht alles, das schaut schlecht aus – so viel halt, daßd die nächsten zehn, fünfzehn Jahr in Ruh irgendwo leben kannst – wo dich keiner findt, möglichst!
HUBERT. Ich sage dir, Josef, ich habe nichts mehr in der Schweiz – ich hab überhaupt nichts mehr, alles, was ich hatte, hab ich in dieses Landgeschäft gesteckt.
GEISSHOFER. Ja mei, Hubert, des war etwas voreilig ... genauer gesagt: ziemlich dumm von dir – ah so, ja, und wennst mir bitte auch die Schlüssel von deinem Jagdschloß dalaßt – sind irgendwo noch Papiere, die irgend jemanden nix angehn?
HUBERT. Nein.
GEISSHOFER. Also, dann ... Servus, Hubert! *Er schiebt ihm Kuvert und Schlüssel hin. Hubert zögert, überlegt.* Hubert, sei nicht blöd, geh! Wennst dableibst, bist spätestens übermorgen in U-Haft! Dann fragens mich am Schluß auch noch alles mögliche – wer mag denn des – die ganze Fragerei? Aber bitte – ich will dir nichts einreden ... ich mach dir nur einen Vorschlag. Du mußt selber wissen, was du lieber willst!
Ein Kellner tritt an den Tisch.
KELLNER. Haben die Herren schon gewählt?

Der Abgeordnete Josef Geisshofer (Hans Zischler, li.) und Konsul Hubert von Dürkheimer (Boy Gobert) treffen sich zum Mittagessen.

GEISSHOFER. Ich möchte eine Grießnockerlsuppe, und dann den Tafelspitz in der Dillsauce – und du, Hubert, weißt jetzt, wasd willst...?

HUBERT *zum Kellner.* Einen Moment noch – ich sags Ihnen dann gleich.

KELLNER. Bitte sehr. Herr Konsul! *Er zieht sich zurück.*

HUBERT *zu Geisshofer.* Du Drecksau, du dreckige, du weißt ganz genau, daß ich jetzt eine gute Chance hätte, die dreihundert Millionen zusammenzukratzen. Warum gibst du mir nicht noch zwei, drei Wochen? Warum nicht?

GEISSHOFER. Das hab ich nicht zu entscheiden, das ist höheren Orts bereits entschieden. Außerdem hast lang genug Zeit gehabt!

HUBERT. Aber die Villa und das Grundstück nicht!

GEISSHOFER. Die hast ja jetzt auch nicht.

HUBERT. Aber der Schimmerlos hat sie...

GEISSHOFER. Auch nicht mehr lang.
HUBERT. Wieso?
GEISSHOFER. Weil er die Zinsen nicht zahlen kann.
HUBERT. Ja, die zahl ich!
GEISSHOFER. Von was? Du bist doch bankrott! Und außerdem bist du ein Hochstapler und Betrüger!
HUBERT. Und du bist das größte...
GEISSHOFER. Bitte keine Beleidigungen, Herr Konsul!
HUBERT. Dich laß ich hochgehen, du kleiner Scheißer, du Arschkriecher, du windiger, du glaubst wohl, du bist ein ganz ein Schlauer...
GEISSHOFER. Herr Konsul, ich darf Sie bitten, im Interesse der Öffentlichkeit und zum Wohl unseres Landes von meinem freundschaftlichen Angebot Gebrauch zu machen. Das ist mein letztes Wort – das nächste hat dann der Staatsanwalt. Alles klar?
Hubert faßt langsam in die Brusttasche seines Jacketts und holt ein Lederfutteral heraus, öffnet es und entnimmt ihm eine kleine, silberne Damenpistole. Geisshofer schaut Hubert ganz ruhig zu.
GEISSHOFER. Möchst mich erschrecken, Hubert?
HUBERT *sehr ruhig, mit einem Lächeln.* Keine Sorge – ich bin also ruiniert, Josef?
GEISSHOFER. Schaut ganz so aus, Hubert!
HUBERT *schiebt die Pistole unter die weiße Damastserviette.* Dann erschieß ich mich jetzt, Josef.
GEISSHOFER. Möchst mich erpressen, Hubert? Mich erpreßt man nicht, des sag ich dir gleich.
HUBERT *greift nach der Pistole unter der Serviette.* Willst du zuschauen?
GEISSHOFER *nimmt schnell das braune Kuvert und den Wagenschlüssel wieder an sich und steht auf.* Lieber nicht, Hubert – also wenns schon da drin sein muß, dann bitte ohne mich. Du entschuldigst mich...
HUBERT. Wohin gehst du, Josef?
GEISSHOFER. Aufs Klo, Servus!
HUBERT. Scheißer!
Geisshofer geht ruhig durch das Lokal. Als er den Gang erreicht, der zu den Toiletten führt, hört man einen lauten Knall und das Fallen eines Stuhls – Aufregung entsteht im Restaurant. Geissho-

fer geht, ohne sich umzusehen, auf die Herrentoilette zu, öffnet die Tür und verschwindet darin.

St. Peter am See. Strahlender Sonnenschein. Vom Kirchturm her klingt das dünne Gebimmel der Totenglocke.

Friedhof. Auf dem kleinen Friedhof zwängt sich eine Menge schwarz gekleideter Trauergäste zwischen den schmalen Grabwegen hindurch. An der Spitze des Trauerzugs geht Pfarrer Pfeiffer, dahinter in der ersten Gruppe Geisshofer, Michel, Dürrkheimers Chauffeur und Baby, Mona, der Bürgermeister Wimmer, der Notar Professor Kalb sowie der Repräsentant der Bank, Herr von Martius.

Am Grab. Neben dem Sarg steht Josef Geisshofer und hält eine Rede.
GEISSHOFER. ... und so müssen wir dennoch sagen, daß mit Hubert von Dürkheimer, Generalkonsul der unabhängigen Republik der vereinigten Inseln von Contadora, ein Mann von uns gegangen ist, der große Träume geträumt hat, vielleicht zu große ... ein kühner, wagemutiger Unternehmer voll Energie und Tatkraft, leider jedoch ohne das Quentchen Glück, das ihm, dem Tüchtigen, gebührt hätte ... Daß ein Mann dieses Formats, erfolgreicher Großwildjäger in den Dschungeln Indiens und den Steppen Afrikas, erfahren im Umgang mit großkalibrigen Waffen, ausgerechnet beim knabenhaft-launigen Spiel mit einer Damenpistole einen Unfall mit tödlichem Ausgang erleiden mußte, das ist eine Ironie des Schicksals, die wir wohl alle nie begreifen werden – vielleicht aber auch eine Gottesfügung. Du hast viele Feinde gehabt, Hubert von Dürkheimer, aber auch gute Freunde, sie werden deiner gedenken. Ruhe in Frieden!
Der Sarg wird in die Grube gelassen. Geisshofer schüttet als erster ein Häufchen Erde mit dem Schäufelchen in das Grab. Die Blaskapelle des Ortes intoniert ›Ich hatt einen Kameraden ...‹ Herbie Fried macht Fotos, als nun einer nach dem anderen ans Grab tritt und sein Schäufelchen Erde hinunterwirft: der Bürgermeister, der Notar, der Bankrepräsentant, Michel, Mona und schließlich Baby.

BABY *leise*. Servus, Hubert!
Währenddessen ist Geisshofer in die Gruppe der Trauergäste zurückgetreten. Er steht neben Michel, der feuchte Augen hat.
GEISSHOFER. Sagns amal, Sie sind doch jetzt arbeitslos... wollns nicht bei uns arbeiten – wir könnten jemand brauchen mit gute Manieren!
Michel dreht sich zu Geisshofer, schaut ihn kurz und ausdruckslos an, dann spuckt er ihm ins Gesicht.
GEISSHOFER *wischt sich mit dem Ärmel ab*. Entschuldigung...

Villa Schildkraut. Um einen Architektentisch in der Mitte der großen Halle sitzen Geisshofer, der Notar Professor Kalb und Baby. Kalb öffnet seinen Aktenkoffer und legt ein Bündel Papiere auf den Tisch.
KALB. Ich hab das alles soweit vorbereitet. Sie brauchen nur noch zu unterschreiben, Herr Schimmerlos...
GEISSHOFER. ... und dann haben Sie keinen Pfennig Schulden mehr – ist das nicht ein angenehmes Gefühl?
BABY. Wer ist der Käufer?
GEISSHOFER. Der Käufer ist die gemeinnützige Gesellschaft ›Volkswohl und öffentliches Interesse im Rahmen der Stiftung Wilfried Schildkraut e. V.‹
BABY. Und Sie sind der Vorsitzende, nehm ich an, Herr Geisshofer?
GEISSHOFER. Ja – irgendeiner muß es ja sein!
Der Notar Professor Kalb drückt Baby einen dicken Füllfederhalter in die Hand...

Starnberger See. Eine milde Herbstsonne scheint. Das Wasser ist tiefblau, die Laubbäume goldgelb. Ein Ausflugsdampfer nähert sich gemächlich der Bucht vor der Villa Schildkraut. Die kleine gelbe Boje kommt in Sicht.

Ausflugsdampfer. Das Motorschiff ist vollbesetzt. Über einen Lautsprecher hört man die Stimme des Kapitäns.
KAPITÄN. Zu Ihrer Linken, meine Damen und Herren, können Sie nun oben auf dem Hügel die berühmte Villa des bedeutendsten Meisters der voralpenländischen Schule, Wilfried Schildkraut, sehen. Die Villa wurde neuerdings

komplett renoviert und im Originalzustand wiederhergestellt. Das prächtige Gebäude im Stil der Jahrhundertwende beherbergt jetzt nicht nur die gemeinnützige Gesellschaft Volkswohl und öffentliches Interesse, sondern auch die wichtigsten Werke des Meisters, die früher in der Münchner Pinakothek nur gegen Eintrittsgeld besichtigt werden konnten. Die schönsten Gemälde Wilfried Schildkrauts wurden in die Villa des Malers zurückgeführt und können jetzt einmal im Jahr zum Tag der offenen Tür gratis und von jedermann in Augenschein genommen werden.

Baby steht mit Mona an der Reling. Er hat den Arm um sie gelegt. Eine Reihe von Menschen läuft an die Reling und schaut hinüber ans Ufer, wo nach wie vor nichts anderes zu sehen ist als dichter Wald.

Mona. Im Winter müßte man was sehen, wenn die Bäume ihr Laub verlieren.

Baby. Im Winter ist kein Schiffahrtsverkehr!

Mona. Ach so – schade...

Der Ausflugsdampfer entfernt sich – man hört nur noch vereinzelte Stimmen, die sich darüber beschweren, daß man nichts sehen konnte. Im Kielwasser des Schiffes tanzt die gelbe Boje auf und ab.

4

Adieu Claire

Boutique Darling. Der Laden sieht aus wie eine Kleiderkammer der amerikanischen Armee. Kampfanzüge, olivgrün oder tarnfarben, hängen in den offenen Regalen. Dazwischen stehen Reihen von schwarzen Schnürstiefeln, wie sie von Fallschirmjägern und Marineinfanterie getragen werden. Drillichmützen, Barette und Berge von Lederkoppeln vervollständigen das Sortiment. Zu den Klängen von Marschmusik, die aus einer Stereoanlage dröhnt, zieht sich etwa ein Dutzend überwiegend weiblicher Kunden ungeniert an und aus, probieren Hosen, Hemden, Jacken, Stiefel, Mützen. Die beiden Besitzer der Boutique, Butzi und sein Freund Holger, haben größte Mühe, in dem Trubel die Übersicht zu behalten. Durch einen geöffneten Vorhang sieht man in eine Umkleidekabine hinein: Mona versucht mit aller Kraft, den Reißverschluß der engen Drillichhose hochzuziehen.

MONA *ruft.* Butzi!

BUTZI *schnürt gerade einer Kundin die Stiefel.* Moment!

MONA *ruft.* Die Hosen sind zu eng, Butzi!

BUTZI *steht auf, läuft hinüber zur Umkleidekabine, reißt den Vorhang auf und kniet sich vor Mona auf den Boden. Mit beiden Händen packt er den Hosenbund.* Zieh!

MONA. Die sind zu eng.

BUTZI. Die sind genau richtig, zieh den Bauch ein!

MONA. Ich krieg ja schon keine Luft mehr.

BUTZI. Man kann nicht alles haben, zieh!

Mona zieht den Bauch ein und den Reißverschluß hoch.

BUTZI. Paßt wunderbar – wo ist die Mütze? *Er greift nach einer olivgrünen Mütze. Mit der anderen Hand packt er Monas lange Locken und will sie unter die Mütze schieben.*

MONA. Vorsicht, die Haare, Butzi! Ich war gerade drei Stunden bei der Lesly.

BUTZI. Man sieht's – überdeutlich.

Mona (Senta Berger) läßt sich von Butzi (Charles Regnier, re.) und Holger (Udo Kier) einen Marines-Outfit verpassen.

MONA: Jetzt ruinier mir nicht die ganze Frisur!
BUTZI: Frisur nennst du das, Monalein? Das ist keine Frisur, das ist ›Haarmode‹ späte vierziger Jahre, Stil Ingeborg Blitzblank. Fehlt nur noch der Nerz und das Krokotäschchen – pfui!
MONA. Der Baby mag das so.
BUTZI. Was Frauen betrifft, hat unser lieber Baby sowieso den schlechtesten Geschmack weit und breit.
MONA. Wie meinst du das? *Butzi tritt einen Schritt zurück, schaut Mona an, die in der Uniform vor dem hohen Spiegel posiert.* Wie findest du mich, Holger?
Holger stellt sich neben Butzi – beide betrachten Mona.
HOLGER. Der Outfit ist toll, aber nicht mit der Frisur. Ziehs aus, das ist ja peinlich. Dauerwelle schulterlang – igitt!
MONA. Also entschuldigt bitte – aber Lesly sagt, genauso hätte man's jetzt wieder: fraulich-feminin.

Butzi. Dann soll sie auch gleich mit dir ins Kaufhaus gehen und dir das passende Cocktailkleidchen dazu aussuchen, vielleicht in Goldlamée. Du weißt, ich liebe dich, Monalein – aber meine Kreation verkaufe ich dir mit diesem Kopf nicht, sei mir nicht böse – zieh es aus, bevor mir übel wird. *Er öffnet Mona den Vorhang zur Umkleidekabine.*
Mona *unsicher.* Was soll ich denn jetzt machen mit den Haaren – ist es wirklich so schlimm?
Butzi. Es ist nicht schlimm – es ist unmöglich!
Holger *bringt ein Exemplar einer Modezeitschrift und zeigt Mona ein Foto.* Hier bitte, nur damit dus weißt.
Auf dem Foto ist ein spindeldürres Wesen in einer militärischen Kleidung zu sehen. Die Haare sind abrasiert. Es ist nicht einmal mit Sicherheit zu sagen, ob es sich um einen Mann oder eine Frau handelt.
Mona. Die hat ja überhaupt keine Haare mehr auf dem Kopf – das sind ja nur noch ein paar Stummel!
Holger. Das sind keine Stummel – das ist der Marines-Look!
Mona. Marines-Look, aha . . .
Butzi. Ruf mal bei Roy an, Holger, und frag, ob er sie noch schnell reinschieben kann, aber nur, wenn Roy es selbst macht, die andren sind alle Pfuscher.
Holger läuft zum Telefon. Mona geht in die Umkleidekabine zurück. Zwei weitere Kundinnen kommen in den Laden, beide mit kurzgeschorenen Köpfen. Butzi umarmt und küßt sie beide.
Butzi. Tschau, Babsi, tschau, Vanessa, euch hat man ja ewig nicht gesehen.
Babsi. Du – wir waren in New York, ach sieh mal da, Vanessa, genau das gleiche, was ich bei »Weapons and Wars« im Village gesehen habe. Hast du das von denen, Butzi?
Butzi. Die haben es von uns, meine Liebe!
Mona schaut hinter dem Vorhang der Ankleidekabine heraus und sieht, wie Vanessa verzückt nach ein paar Uniformstücken greift.
Vanessa *hält sich Hosen und Jacken vor den Körper und betrachtet sich fasziniert im Spiegel!* Heiß – richtig heiß!
Butzi. Wollt ihr 'ne Tasse Kaffee oder Juice oder was?

Holger. Also Mona, Roy schiebt dich rein – aber du mußt sofort kommen.
Vanessa. Ach, du bist es, Mona, ich hab dich gar nicht gleich erkannt, wie geht's?
Mona. Ich dich auch nicht. Wie geht's?
Vanessa. Blendend und selbst, wie geht's Baby? Seid ihr noch zusammen?
Mona. Warum sollen wir nicht mehr zusammensein? Tschau, Vanessa, tschau Babsi!
Vanessa. Ich ruf dich an, wir telefonieren, tschau! *Mona verläßt den Laden. Vanessa schaut ihr nach.* Sag mal, Butzi, was ist denn los mit der, wie sieht denn die aus, so abgefuckt madamig irgendwie...
Butzi. Du – dagegen ist meine Putzfrau ein flotter Feger, aber das ist *er*, der Baby, der Spießer!
Holger. Dabei könnte die Mona toll aussehen, alle Weiber könnten toll aussehen, sag ich immer. Der Jammer ist nur, daß sie immer ihren Kerlen gefallen wollen, wollt ihr jetzt 'nen Kaffee oder Juice oder was?

Wohnung Schimmerlos. Die Vorhänge sind geschlossen. Baby liegt im Bett und schläft. Das Telefon läutet. Er reagiert nicht. Nach dem dritten Läuten schaltet sich sein automatischer Anrufbeantworter ein. Als seine eigene Ansage vorbei ist, hört man die Stimme seiner Sekretärin Edda. Sie scheint ziemlich aufgeregt zu sein.
Edda. Baby!? Bist du da? Ich bin's, Edda – hallo Baby – bist du da? Bitte geh ans Telefon, wenn du da bist. Es ist ganz dringend.
Babys Arm streckt sich langsam unter der Bettdecke hervor und greift nach dem Hörer.
Baby. E ... Edda, ich bin erst um fünf ins Bett gekommen – laß mich in Ruh!
Edda *geht in einen ganz sanften, lieben Tonfall über.* Babylein, du hast von der Platzvergabe heute hundertfünfzig Zeilen gekriegt...
Baby *richtet sich mit einem Ruck im Bett auf.* Wieviel? – Das ist ja eine dreiviertel Seite! Sind die wahnsinnig? Was soll ich denn da schreiben – es ist doch überhaupt nichts los in

dieser Scheißstadt momentan. Frag doch Herbie, was er für Fotos hat. Wir waren bei drei Vernissagen, vier Dinnerpartys, in fünf Bars und in zwölf bis vierzehn Diskotheken – und überall war's so tot – dagegen ist der Ostfriedhof das Oktoberfest. Ich habe keine Story – aber nichts, gar nichts!

Büro Schimmerlos. Edda sitzt am Telefon, mit kurzgeschorenen Haaren im Marines-Look.

EDDA. Das sagst du jeden Tag.

BABY *brüllt ins Telefon.* Ich hab' nichts – weil nichts los ist! Dumme Kuh!

EDDA. Dann laß dir was einfallen, Hysteriker! *Sie legt einfach auf.*

Innenstadt. Babys Haare sind noch naß und strähnig vom Duschen. Er knöpft sein Hemd zu und schlüpft im Gehen in sein Jackett. Dann läuft er über die Straße zu einer Ecke, an der die ›Stummen Verkäufer‹ aller Tageszeitungen der Stadt stehen. Aus jedem der Kästen reißt er eine Zeitung heraus, drei davon klemmt er sich unter den Arm, eine öffnet er gleich, blättert sie hastig durch, wendet sich wieder zum Straßenrand und winkt einem vorbeifahrenden Taxi. Das Taxi hält – Baby will einsteigen, da packt ihn eine Hand an der Schulter. Baby dreht sich um – vor ihm steht ein jüngerer Mann in Zivil, der einen Ausweis aus der Tasche holt.

KRIMINALER. Kriminalpolizei.

BABY *irritiert.* Ja ... bitte ... was kann ich für Sie tun?

KRIMINALER. Ihren Ausweis, bitte!

BABY *versteht nichts.* Was ist mit meinem Ausweis?

KRIMINALER. Sie haben gerade vier Zeitungen aus den Behältern gestohlen.

BABY. Bitte – was hab' ich?

TAXIFAHRER. Was ist denn? Wollen Sie fahren oder nicht?

BABY. Ja natürlich. *Er will erneut einsteigen, der Kriminaler hält ihn zurück.*

KRIMINALER *zum Taxifahrer.* Sie können. *Zu Baby.* Sie nicht. *Der Taxifahrer schlägt die Tür zu und fährt ab.*

BABY *ruft ihm nach.* Halt.

KRIMINALER. Dieser Herr da ist Zeuge, daß Sie die entnommenen Zeitungen nicht bezahlt haben.

Ein älterer, einfach gekleideter Mann, offenbar ein Rentner, nähert sich.
BABY. Entschuldigen Sie bitte, aber mir pressiert's, vielleicht hab ichs vergessen, ich zahls sofort. *Er sucht in seiner Jackentasche nach Kleingeld, findet aber nur Scheine.*
RENTNER. Gestohlen hat ers und bezahlt er nix. Das hab' ich gesehn und das kann ich bezeugen, Herr Inspektor.
BABY. Jetzt sind Sie mal still, Sie Denunziant, Sie. Herr Inspektor – wissen Sie eigentlich, wer ich bin?
KRIMINALER. Ein Dieb – und jetzt geben Sie mir Ihren Ausweis, bitte! *Passanten bleiben stehen, umringen neugierig die drei Männer. Baby sucht seinen Ausweis und gibt ihm dem Beamten. Dann schlägt er die* MATZ *auf, sucht die Seite mit seiner Kolumne und hält sie dem Kriminaler vor die Augen.*
BABY. Sehen Sie das Bild da? – Wissen Sie jetzt, wer ich bin. Ich bin ja selbst Journalist.
KRIMINALER. Warum stehlen Sie dann Zeitungen?
Baby schaut den Beamten an, die Wut packt ihn. Zunächst versucht er sich noch zu beherrschen, freundlich zu sein, dann steigert er sich immer mehr in einen Ausbruch hinein.
BABY. Weil ich wissen will, was drin steht, Herr Kommissar, weil es jetzt vierzehn Uhr fünfundzwanzig ist und weil ich um sechzehn Uhr dreißig einhundertfünfzig Zeilen geschrieben haben muß und weil ich wissen muß, was die anderen schreiben, weil ich nämlich nicht weiß, was ich selbst schreiben soll, weil nichts los ist, Herr Kommissar, und weil nichts passiert und schon gar nichts Neues. Taxi! Oder wissen Sie was Neues? Wissen Sie was? Sagen's mir doch: gibt's was Neues – was ganz was Sensationelles, noch nie Dagewesenes, was Unerhörtes, Aufregendes, ganz was Neues – und das noch exklusiv? Wissen Sie so was, Herr Kommissar?
KRIMINALER *trocken.* Ja: ›Starjournalist stiehlt Zeitungen?‹

Verlagsgebäude. Telexraum. Die Fernschreibermaschinen tikkern. Auf einer der Maschinen erscheint eine Meldung: ›... weltberühmter komponist friedrich danziger liegt im sterben ...‹ Eine Sekretärin reißt die Telexe ab und geht damit in den nächsten Raum, wo ein Redakteur sitzt.

SEKRETÄRIN. Danziger schwerkrank, liegt im Sterben ... Wer kriegt das? Feuilleton oder Lokales?
REDAKTEUR *ohne aufzublicken*. Klatsch, Schimmerlos.

Büro Schimmerlos. Edda schaut auf die Uhr: es ist drei Uhr nachmittags. Baby reißt die Tür auf und stürzt herein.
EDDA *mit deutlichem Vorwurf*. Es ist drei, Baby!
BABY. Den Polizeipräsidenten – persönlich, sofort und dringend! *Er läßt sich in seinen Schreibtischsessel fallen und beginnt, die Mappe mit seiner Post durchzublättern.*
EDDA. Hier Sekretariat Schimmerlos, Pfaff. Herr Schimmerlos hätte gerne Herrn Dr. Adolf gesprochen ... Ja, es ist *sehr* dringend. *Sie deckt mit einer Hand den Hörer ab. Zu Baby:* Wieso? Is was passiert?
BABY *ungeduldig*. Gib ihn her! *Ohne von der Mappe aufzusehen, streckt er den Arm aus. Edda drückt ihm den Hörer in die Hand. Dabei blättert er mit der anderen Hand weiter.* Ah ... ja, Doktor Adolf ... Kurze Frage, Herr Polizeipräsident, haben Sie schon was vor heute abend? ... Wir wollten doch immer mal schön zum Essen gehen. Heut wär eine sehr günstige Gelegenheit. Ah, Sie haben die Anzeige schon vorliegen. Hab' ich's mir doch gedacht, diese Drecksau, diese subalterne ... Dann würde ich vielleicht sagen, um neun im Aubergine, wenns Ihnen recht wär, Herr Doktor Adolf. Ich freu mich, Herr Doktor. *Er will Edda den Hörer zurückgeben, erstarrt mitten in der Bewegung und starrt sie fassungslos an.* Sag mal, Edda ... wie schaust denn du aus? Was hast du denn mit deinen schönen Haaren gemacht? Und dieser Fetzen da ... Was ist denn los, Edda?
EDDA *streicht sich kokett über ihren Bürstenhaarschnitt*. Wieso, Baby? *Mit beiden Händen strafft sie das uniformartige Kleidungsstück über ihren Busen.* Das ist der Marines-Look, Baby.
BABY. Der bitte, der was?
EDDA. Das ist todschick, Baby.
BABY. So?
EDDA. Ja, das ist der letzte Schrei. Das ist ganz heiß, Baby, und ich schwörs dir, in ein paar Wochen haben das alle.
BABY. Grauenvoll. *Er blättert wieder mißmutig die Mappe mit der Post durch. Sein Blick bleibt auf dem dpa-Telex hängen.*

›Friedrich Danziger liegt im Sterben ...‹ Ja ... Er zuckt mit den Achseln. Ja, und? Wen interessiert das?
EDDA. Weißt du nicht, wer Friedrich Danziger ist?
BABY. Doch, aber ...
EDDA *beginnt zu schwärmen.* Er war die einzige große Liebe im Leben von Claire Maetzig. Hast du nie ihre Memoiren gelesen? Die schönsten Lieder hat er für sie geschrieben, weil er sie so geliebt hat. Und dann wollte sie ihn heiraten, und dann wollte er nicht. Aber sie hat ihn nie vergessen, nie. Und sie liebt ihn heute noch, da bin ich ganz sicher.
BABY. Bitte Edda, red nicht so romatisch daher! Wo ist die Geschichte? Ich brauch eine Story.
EDDA. Und das letzte Mal haben sie sich gesehen kurz nach dem Krieg ... *Sie bekommt ganz große, feuchte Augen.*

Praxis Dr. Krakauer. Professor Krakauer, ein grauhaariger, älterer Herr von imposanter Statur, betrachtet eine Weile lang schweigend Röntgenbilder, die an einer Leuchttafel hängen. In einem Lehnstuhl vor dem Schreibtisch des Professors sitzt zusammengekrümmt ein kleiner, altmodisch gekleideter Herr mit schlohweißen Haaren: der berühmte Textdichter und Komponist Friedrich Danziger. Er läßt keinen Blick von Krakauer. Der nimmt die Röntgenbilder ab, kehrt an den Schreibtisch zurück, setzt sich und schaut Danziger mit ausdruckslosem Gesicht an.
DANZIGER. Sagen Sie mir die Wahrheit, Krakauer!
KRAKAUER. Es gibt keine Wahrheit, Danziger. Es gibt nur Hoffnung.
DANZIGER. Was schätzen Sie, wie lange noch?
KRAKAUER. Sie sind ja nicht der einzige, lieber Danziger, der das hat. Ich kenne welche, die haben noch Jahre damit gelebt.
DANZIGER. Gräßliche Vorstellung.
KRAKAUER. Das ist nur eine Frage des Lebenswillens. Auf jeden Fall müssen Sie in die Klinik und behandelt werden.
DANZIGER. Ich geh in keine Klinik, und ›behandeln‹ lasse ich mich schon gleich gar nicht.
KRAKAUER. Du bist ein sturer, dummer Dickschädel, Danziger.
DANZIGER. Und du bist ein kleinkarierter, verkalkter Kno-

chenschinder, Krakauer, ohne jede Ahnung von Psychologie. Insofern unterscheidest du dich nicht von deinen Kollegen. Welche Klinik schlägst du vor?

Hofgarten. Ein warmer Sommertag. Danziger schleppt sich müden Schrittes bis zu einer Bank und setzt sich. Hinter ihm steht die Ruine des Armeemuseums. Er wird von einem plötzlichen Hustenanfall gepackt, der seinen kleinen, mageren Körper durchschüttelt. Er ringt nach Luft, allmählich beruhigen sich seine pfeifenden Bronchien. Dann greift er in die Tasche und zieht ein verdrücktes Päckchen Zigaretten heraus. Er öffnet es mit zitternden Fingern. In dem Päckchen befindet sich nur noch eine Zigarette. Er steckt sie in den Mund, wartet einen Moment, dann zündet er sie an und raucht gierig.

Wohnung Danziger. Ein alter, abgeschabter Koffer mit den verblichenen Initialen FD wird von Danzigers Haushälterin geöffnet. Sorgfältig packt sie Pyjamas, Unterwäsche, Toilettenartikel und Bücher ein. Danziger schlurft hinter ihrem Rücken vorbei und geht in ein anderes Zimmer, in dem ein großer Flügel steht. Auf dem Flügel steht ein gerahmtes Foto von einer sehr schönen, jungen Frau. Das Foto stammt aus den späten vierziger Jahren. Die Frau hat schulterlange, blonde Haare im Stil der damaligen Zeit, sehr lockig auffrisiert. Danziger setzt sich neben den Flügel in einen Polstersessel, greift nach dem Telefon und beginnt, eine Nummer zu wählen.

DANZIGER. Bonjour, Marie. C'est Frédéric. Est-ce que Claire est là?

Paris. Avenue Montaigne. Ein herrschaftliches Wohnhaus gleich neben dem Luxushotel Plaza Athénée.

Wohnung Claire. Ein großer, luxuriöser Salon, ausschließlich mit Antiquitäten eingerichtet. Die Vorhänge sind aus schwerem, dunkelblauem Samt und halb geschlossen, so daß nur gelegentlich Strahlen von Sonnenlicht auf die kostbaren Teppiche fallen. Ein deutscher Schäferhund geht träge durch den Raum und setzt sich neben einen Sessel, in dem Claire Maetzig sitzt und telefoniert.

CLAIRE *mit barschem Ton und starkem berlinerischem Einschlag.*

Der Textdichter und Komponist Friedrich Danziger (Curt Bois).

Was ist denn das für ein Quatsch, Friedrich? Ja ... sterben, jaja. Dussliges Zeug. Ich hab dir das vor fünfzig Jahren in Hollywood schon gesagt, daß du noch daran verrecken wirst, und du, du hast nicht aufgehört, und 45 hab ichs dir in Paris gesagt, und jetzt bin ichs leid, mich ständig zu wiederholen. Ich hab dir gesagt, komm hierher, und ich bring dich in eine Spezialklinik in der Schweiz, wo sie nicht so doof sind wie in Deutschland. Aber du weißt ja immer alles besser, du mit deinem Dickkopp ...

Wohnung Danziger. Danziger am Telefon.
Danziger. Adieu, Claire ...
Er legt auf. Dann setzt er sich an den Flügel, klappt den Deckel hoch und beginnt zu spielen: eines jener Lieder, die ihn und Claire Maetzig weltberühmt gemacht haben: ›Es blasen die blauen Husaren‹. Er kommt jedoch nicht weit, da es kurz danach an der Haustür klingelt und ein wenig später die Haushälterin an seiner

Tür klopft. Danziger steht auf, nimmt das Foto von Claire unter den Arm und öffnet die Tür des Klavierzimmers. Vor ihm stehen zwei Sanitäter mit einer Bahre, daneben die Haushälterin.
HAUSHÄLTERIN. Herr Danziger, die Herren wären jetzt da.
DANZIGER. Ich sehs, danke. Bemühen Sie sich nicht, meine Herren, ich geh zu Fuß.
HAUSHÄLTERIN *hilflos.* Er geht zu Fuß.

Vor Haus Danziger. Aus dem einfachen Apartmenthaus, erbaut im Stil der fünfziger Jahre, kommen die Sanitäter mit der Bahre, dahinter Danziger und die Haushälterin mit dem Koffer. Die Sanitäter verstauen die Bahre und den Koffer im Krankenwagen. Danziger steigt ein.

Büro Schimmerlos.
EDDA. ... und er ist anschließend nach Deutschland zurück, und sie hat einen heiligen Schwur getan, nie wieder einen Fuß auf deutschen Boden zu setzen. Und jetzt liegt er im Krankenhaus und wird sterben und hat sie vierzig Jahre nicht mehr gesehen. Das ist doch eine ganze tolle Story, Baby? *Sie kann die Tränen der Rührung nicht mehr zurückhalten.*
BABY. Edda, bitte, hör auf zu heulen. Was für eine tolle Story soll das sein, wenn ein alter Jud im Krankenhaus liegt.
HERBIE *kommt herein.* So, was is jetzt? Es ist zwanzig nach drei. Haben wir ne Story? Edda ... *Er schaut fassungslos Eddas Kleidung und Haarschnitt an.*
BABY *bemerkt Herbies Entsetzen.* Edda, wer sind die Verstümmler, sags!
EDDA. Die Frisur ist von Roy und der Anzug ist von Butzi.
BABY. Dann haben wir jetzt eine Story. Edda, gib mir den Butzi! *Edda beginnt zu wählen.* Und du, Herbie, du läßt dir jetzt vom Roy sagen, wen er da alles so behandelt hat, und mit den Mädels gehst zum Butzi und machst viele, viele schöne Fotos, damit ich nicht soviel Text schreiben muß.
HERBIE. Schöne Fotos ... *Er schaut dabei Edda an. Der Widerwille ist ihm deutlich anzusehen.*
BABY. Geh schon, es pressiert, geh weg – geh hin! *Edda reicht Baby den Telefonhörer hinüber.* Wer ist das?

EDDA. Ja, der Butzi.
BABY. Ah, ja. *Er setzt sein freundlichstes Gesicht auf und heuchelt Begeisterung ins Telefon.* Butzi, grüß dich! Hier ist Baby. Wie gehts dir? Ich hör grad, *du* machst diese wunderbaren neuen ... Dings ... äh ... Kreationen da ...
EDDA *flüstert ihm schnell zu.* Marines-Look!
BABY. Ich find das so genial, was du da machst, Butzi. Da mach ich eine Riesengeschichte drüber ...

Vor Restaurant Aubergine. Abends. Baby steigt aus einem Taxi, er hat mehrere Zeitungen unter dem Arm. Vor dem Eingang des Restaurants, in der Mitte des Gehsteigs, steht sein weißer Porsche. Baby bleibt kurz stehen.
BABY *murmelt.* Auf dem Gehsteig natürlich, wo sonst! *Er greift nach der Tür des Porsches, sie ist nicht versperrt.* Und nicht zugesperrt natürlich, was sonst!
Er greift in die Tasche, holt seinen eigenen Schlüssel heraus, sperrt die Autotür ab. Dann geht er statt zum Vordereingang des Lokals um die Ecke zum Hintereingang.

Hintereingang. Die Fenster der ebenerdigen Küche haben Milchglasscheiben, so daß man von außen nicht in die Küche schauen kann. Baby will die Tür zur Küche öffnen, sie ist versperrt. Er klopft. Die Tür wird von innen mit einem Schlüssel geöffnet, sie ist zweimal versperrt. Der Chef des Hauses, Eckart Witzigmann, öffnet höchstpersönlich.
BABY. Vielleicht läßt du dir noch eine Alarmanlage einbauen oder legst deine Rezepte in den Safe, damits dir keiner stiehlt, Geheimniskrämer.
WITZIGMANN. Kannst dir nicht endlich angewöhnen, vorn reinzugehen, Spion. *Er läßt ihn eintreten.*
BABY. Ich sehs einfach so gern. Was gibts denn heut?

Küche. Witzigmann schiebt Baby schnell durch die Küche, in der weißgekleidete Köche arbeiten. Baby will mal hier und mal da stehenbleiben, Witzigmann schiebt ihn weiter.
BABY. Mmhh. Hechtschaumpastete.
WITZIGMANN. Das ist keine Hechtschaumpastete, Ignorant, das ist eine mousse d'écrevisses à la bordelaise. Und jetzt

geh raus! Die Mona ist schon da, schaut ja süß aus in dem Marines-Look.
BABY. In dem bitte – was?
WITZIGMANN. Ich hab sie gar nicht gleich erkannt...

Restaurant Aubergine. Das Drei-Sterne-Restaurant ist um diese Zeit schon voll besetzt. Das Publikum besteht aus einer bunten Mischung von ›beautiful people‹; auffallend viele Frauen, schön und elegant, darunter jedoch schon einige, die offenbar von Butzi und Roy behandelt wurden ...
Baby schaut eine an – er schaut noch eine an – dann fällt sein Blick auf den Tisch, an dem Mona sitzt. Sie ist kurzgeschoren und trägt den Marines-Look. Baby erstarrt. Vor Schreck fallen ihm die Zeitungen zu Boden, ein Kellner kommt ihm mit mehreren Tellern entgegen, Baby bückt sich, der Kellner will gerade noch die Teller über ihn hinwegheben – da steht Baby wieder auf, stößt mit dem Kopf gegen die Teller, die nach allen Seiten davonfliegen.
BABY. Oh, Entschuldigung...
Der Kellner bückt sich, um die Teller und Platten aufzuheben, Baby will an ihm vorbei, stolpert über ihn und fällt in einen Dessertwagen, der gerade vorbeigeschoben wird.

Am Tisch. Baby sitzt neben Mona, sein Gesicht ist wie versteinert. Hinter ihm stehen zwei Kellner, die seinen Anzug mit Servietten und heißem Wasser zu reinigen versuchen.
MONA. Bitte, Baby...
BABY. Sprich mich nicht an!
MONA. Ist es dir lieber, wenn ich nach Haus geh?
Baby öffnet den Mund, als wollte er etwas sagen, dann schließt er ihn wieder. Ein weiterer Kellner tritt an den Tisch.
KELLNER. Wie immer, Herr Schimmerlos? Kir Royal?
BABY. Nein, nicht wie immer. Einen Schnaps.
KELLNER. Pardon – Schnaps?
BABY. Ja – Wodka – irgendwas.
KELLNER. Wodka? Russischen? Polnischen?
BABY. Doppelten.
Während die Kellner an seiner Hose herumputzen, blickt Baby starr geradeaus. Ich hoffe, du bist dir darüber im klaren, Mona, daß du unsere Beziehung entscheidend belastet,

Mona (Senta Berger) und Baby Schimmerlos (Franz Xaver Kroetz) im Restaurant Aubergine.

wenn nicht gar zerstört hast – durch diese eigenmächtige Selbstverstümmelung.

MONA. Gut, dann geh ich. *Sie steht auf.* Ich laß dir den Wagen da und nehm ein Taxi.

BABY. Aber vorher parkst du ihn dort, wo es erlaubt ist.

MONA. Wenn es dir recht ist, pack ich noch heut meine Koffer und zieh aus.

BABY. Ich bitte dich darum.

MONA. Adieu, Baby. Du wirst mich nie wiedersehen. *Sie beugt sich über ihn und küßt ihn auf die Stirn.*

BABY. Adieu ... du mich auch nicht. Setz dich hin! Er kommt.

Am Eingang. Zwei Herren betreten das Restaurant: der Polizeipräsident Dr. Adolf in Begleitung von Professor Dr. Krakauer. Sie verabschieden sich in der Nähe des Eingangs.

Adolf *gibt Krakauer die Hand.* Ja, lieber Herr Professor, es ist ein Jammer.
Krakauer. Es ist tragisch.
Adolf. Ich glaube, er *will* einfach sterben.
Krakauer. Man wird ihm seinen Willen lassen müssen. Er stirbt nicht an dieser Krankheit, er stirbt an dieser Zeit.
Adolf. Ja, man könnte es fast einen ›Psychotumor‹ nennen.
Krakauer. Ja, so könnte man sagen. Wünsche Ihnen noch einen angenehmen Abend, Herr Polizeipräsident.
Adolf. Ebenfalls. Wünsche angenehm zu speisen, Herr Professor. *Während Krakauer zu einem Zweiertisch geht, an dem ein junges, sehr hübsches Mädchen im Marines-Look mit kahlgeschorenem Kopf sitzt, tritt Adolf an den Tisch von Mona und Baby.*

Am Tisch.
Adolf. Bitte um Verzeihung, daß ich mich verspätet habe, aber ich mußte noch ins Krankenhaus zu einem alten Freund. Der arme Friedrich!
Mona. Hoffentlich nichts Schlimmes.
Adolf. Er stirbt. – Sie sehen bezaubernd aus, gnädige Frau.
Mona. Danke.
Baby *bemüht sich um ein Lächeln und streicht Mona über das kurze Haar.* Tempora mutantur, et nos mutamur in illis.
Adolf. Ich werde mich wohl kaum noch ändern können. Ich geh nächstes Jahr Gott sei Dank in Pension. Aber vorher säubere ich diese Stadt noch so gründlich, daß kein Stein mehr auf dem anderen bleibt. Apropos ... ich kann diese Anzeige gegen Sie nicht einfach unterschlagen.
Baby. Ah, nicht?
Der Kellner reicht die große Speisekarte.
Mona. Wenn Sies nicht können, dann kanns vielleicht ein anderer.
Adolf. Ein anderer? Wer, gnädige Frau?
Mona. Sie haben doch Ihren persönlichen Referenten, den sehr netten Kriminalrat Schmerz. Vielleicht kanns der machen.
Adolf. Ja, der Schmerz. Gute Idee, der solls unterschlagen.
Baby *zu Mona.* Weißt du schon, was du ißt, mein Liebling?

Zum Polizeipräsidenten. Einen Aperitif vorher, Herr Dr. Adolf?

Etwas später. Ein Kellner serviert Fisch.
ADOLF. ... ich war ein junger Mann damals, Anfang Zwanzig, Danziger war vielleicht Mitte Dreißig, weltberühmt, auch schon in Amerika gewesen mit Claire, beide weltberühmt. Oft zu Gast bei meinem Vater, ein guter Freund der Familie. Neununddreißig, groteske Situation: verfolgt, aber immer noch im Land – und wo?
BABY. Wo?
MONA. Ja, wo denn?
ADOLF. Wunderbarer Fisch – wa? In der Höhle des Löwen, sozusagen im Reichssicherheitshauptamt in Berlin, ein Stockwerk unter Himmler.
MONA. Um Gottes willen, entsetzlich.
BABY. Ja was hat er denn da gemacht?
ADOLF. Da saß er mit sechs anderen Komponisten, übrigens alles Juden, und wissen Sie, was die da gemacht haben?
BABY. Was?
MONA. Was haben die da gemacht?
ADOLF. Sie werdens nicht glauben, aber es die reine Wahrheit: die haben die ganze amerikanische Negermusik, die ja verboten war damals, auf arisch-germanisch umgeschrieben. *Er ißt mit gutem Appetit.* Na ja, und dann gelang ihm die Flucht, ich hab ihm geholfen. Schwamm drüber. Aber ist das nicht eine herrliche Geschichte?
BABY. Man möchts nicht glauben.
MONA. Und die Sache zwischen ihm und Claire Maetzig, war das wirklich die große Liebe?
ADOLF. Ja, das war die große Liebe.
MONA. Ja, aber warum hat er sie dann nicht geheiratet?
BABY. Mona, Moment... Sagen Sie, Herr Dr. Adolf, in welchem Krankenhaus liegt er denn, der Danziger?
ADOLF. In seiner Privatklinik. *Er macht eine Kopfbewegung zu dem Tisch, an dem Krakauer mit dem jungen Mädchen sitzt und Händchen hält.*
BABY. Was, beim Krakauer? Ich denk, der ist Gynäkologe?
ADOLF. Auch, auch.

Wohnung Schimmerlos. Mona und Baby liegen im Bett. Das Zimmer ist nur durch eine schwache Nachttischlampe erhellt. Man hört Stöhnen, Schnaufen und Ächzen von Baby, als machte er anstrengende gymnastische Übungen. Schließlich wälzt er sich von Mona herunter.

BABY *erschöpft.* Es geht nicht, tut mir leid, aber es geht nicht.

MONA. Vielleicht ist es meine Schuld, Baby.

BABY. Vielleicht machst das Licht aus, vielleicht gehts dann eher.

MONA. Ich will dich aber sehen.

BABY. Aber ich dich nicht.

MONA. Soll ich eine Kerze anzünden?

BABY. Ich glaub nicht, daß das was bringt, aber bitte, wenn du meinst...

Mona zündet eine Kerze an, die auf dem Nachttisch steht und knipst die Nachttischlampe aus.

BABY *schaut Mona von der Seite an, starrt auf die kurzen Haare, resigniert.* Es nützt nichts, Mona.

MONA. Also gut, dann mach ich die Kerze auch aus. *Sie bläst die Kerze aus. Es ist nun ganz dunkel im Zimmer. Man hört nur, daß Baby wieder Anstalten macht, aber sie scheinen abermals zu mißlingen. Mona macht die die Nachttischlampe wieder an.* Also, dann lassen wirs.

BABY. Ich möchts aber nicht lassen, Mona.

MONA. Ja, dann ... ich könnt höchsten eine Perücke aufsetzen. Meinst du, dann gehts?

BABY. Perücke? ... Vielleicht ... ja, probiers!

Mona steht auf, geht an den Kleiderschrank, öffnet ihn, holt eine Perücke mit langen Haaren heraus und setzt sie auf. Dann geht sie zur Stereoanlage und sucht eine Platte heraus. Anschließend zündet sie die Kerze wieder an, knipst die Nachttischlampe aus und legt sich zu Baby ins Bett. Claire Maetzig singt das Lied: »Es blasen die blauen Husaren«.

MONA *umarmt Baby.* Schau mich an! Wie ist es jetzt?

BABY *schaut Mona lange an.* Mona – es hat keinen Sinn.

MONA. Du, die war aber sehr teuer, die Perücke.

BABY. Ja, ich glaubs, aber ich seh immer nur deine kurzen Haare. Und das hat nichts mit Äußerlichkeiten zu tun, das sitzt *in* mir, das Bild, ganz tief drin.

MONA. Blödsinn, jetzt konzentrier dich und hör die schöne Musik an! Das hat er für sie geschrieben, als sie ganz verliebt ineinander waren. Ist das nicht ein wunderbares Lied? Stell dir vor, vierzig Jahre haben sich die beiden nicht mehr gesehen – und sie lieben sich immer noch. *Die beiden liegen nebeneinander im Bett und hören eine Weile dem Lied zu. Plötzlich spring Baby ganz unvermittelt auf und eilt zum Telefon.*
BABY. Herbie...? Ich bins. Zieh dich an, nimm deinen Fotoapparat und fahr zur Privatklinik von Krakauer und wart dort auf mich... Nein, das ist kein Schmarren, das ist eine ganz tolle Story! In einer Viertelstunde bin ich da. *Er legt auf, läuft ins Bad.*
MONA *sitzt aufgerichtet im Bett, ihre Perücke ist etwas verrutscht.* Baby?!

Privatklinik Dr. Krakauer. Die Privatklinik liegt in einem großen Garten am Ende einer stillen Straße des Herzogparks. Baby und sein Fotograf haben ihre Autos in der Einfahrt geparkt und gehen eilig auf die herrschaftliche Villa zu. Das Gebäude liegt im Dunkeln, nur im Parterre brennt Licht in der Pförtnerloge. Durch das Fenster sieht man einen alten Mann in einem Stuhl sitzen. Totenstill ist der Park, das einzige, was man vom Haus her hört, ist das vereinzelte Plärren von Neugeborenen. Baby bleibt kurz stehen und schaut durch das Fenster auf den schlafenden Pförtner.
HERBIE. Wo liegt denn der Alte?
BABY. Keine Ahnung.
Er greift nach der Klinke des breiten Glasporals. Das Portal ist verschlossen. Er drückt auf die Klingel. Nichts rührt sich. Immer wieder läßt er läuten. Niemand kommt.
HERBIE *geht zum Fenster, hinter dem der schlafende Portier sitzt.* Der pennt.
BABY. Dann klopf ans Fenster!
Herbie klopft zaghaft an das Fenster. Baby rennt ungeduldig hin und schlägt mit der Faust gegen die Fensterscheiben. Der alte Pförtner schreckt hoch und schlurft aus dem Raum.
BABY *zu Herbie.* Ich bin sein Neffe, und du bist mein Onkel.
HERBIE. Da wär ich ja sein Bruder.
BABY. Dann bist du auch ein Neffe. Mütterlicherseits. *Der*

Pförtner öffnet die Tür. Zum Pförtner. Guten Abend. Ich bin Siegfried Danziger, und das ist mein Vetter Wieland. Wo ist unser Onkel?
PFÖRTNER *verschlafen.* Wann ist er denn geboren? Ist er noch mit der Mutter da?
BABY. Ich red nicht von einem Säugling, ich red von unserem todkranken alten Onkel.
PFÖRTNER. Ah der ... der liegt in der Teeküche.

Gang. Baby und Herbie gehen an Glasscheiben vorbei, hinter denen Säuglinge in kleinen Betten oder Brutkästen liegen. Einige von ihnen schreien. Eine Krankenschwester sitzt in einer Ecke, sie läßt sich durch das Geschrei überhaupt nicht stören und liest Zeitung. Schnell gehen sie weiter, bis sie zu einer Tür kommen, auf der ein Schild angebracht ist mit der Aufschrift: »Teeküche – Eintritt nur für Personal.«

Teeküche. Baby öffnet leise die Tür. Im Raum brennt kein Licht. Er tastet nach dem Lichtschalter, knipst ihn an. Nach einem Moment flackert Neonlicht auf. In der kleinen Einbauküche vor dem Fenster, in die Enge des Raumes gequetscht, steht das Bett, in dem der alte Komponist liegt. Seine Augen sind geschlossen, sein Mund halb geöffnet. Er hängt am Tropf und hat Kanülen in den Nasenlöchern. Vorsichtig treten die beiden an sein Bett.
BABY. Der ist ja fast schon tot.
HERBIE *versucht, mit seiner Kamera einen geeignete Platz zu finden, was ihm in der Enge des Raumes nicht recht gelingen will.* Ich komm nicht ran.
BABY. Dann nimm ein anderes Objektiv!
HERBIE. Ich hab kein anderes dabei. Wer denkt denn, daß der so ungünstig liegt. *Er versucht, sich zwischen Bett und Wand zu quetschen, kommt aber nicht hin.*
BABY. Steig aufs Bett und machs von oben, schnell!
Herbie steigt auf das Fußende des Bettes und schießt eine Reihe von Fotos mit Blitz von oben. Baby steht an der Tür und schaut vorsichtig in den Gang hinaus.
HERBIE. Von oben ist es sehr gut. Jetzt versuch ichs noch mal vom Fensterbrett, damit ich den Tropf in den Anschnitt krieg.

Mona (Senta Berger) und Baby Schimmerlos (Franz Xaver Kroetz). Im Hintergrund der Fabrikant Heinrich Haffenloher (Mario Adorf).

Baby Schimmerlos (Franz Xaver Kroetz, Mitte) mit Konsul Hubert von Dürkheimer (Boy Gobert, li.) und Butler Michel (Kurt Raab).

Baby Schimmerlos (Franz Xaver Kroetz, re.) mit seinem Freund Herbie Fried (Dieter Hildebrandt). Im Hintergrund Mona (Senta Berger).

BABY. Beeil dich, da kommt wer! *Er macht schnell die Tür der Teeküche zu und stellt sich mit dem Rücken dagegen.*
Herbie verrenkt sich waghalsig, mit einem Fuß auf dem Fensterbrett stehend und das andere zum Ausgleich seitlich in die Luft gestreckt.
BABY. Mach noch eine von der Seite, von schräg unten, über Mund und Kanülen!
HERBIE. Moment, gleich. *Er muß seinen zweiten Fuß auf dem Rahmen des eisernen Fußteils abstützen.*
Da drückt jemand die Klinke. Baby muß zögernd nachgeben. Verblüfft steht die Krankenschwester in der Tür und schaut auf den Fotografen, der da über dem Bett seine Akrobatik betreibt.
KRANKENSCHWESTER. Was machen Sie denn da herin?
BABY. Fotos ... von unserem Onkel ...
HERBIE. Zur Erinnerung.
KRANKENSCHWESTER. Ja ... wer sind Sie denn?
BABY. Ja ... die Neffen. Gestatten, daß ich mich vorstelle, ich bin Wieland Danziger und das ist mein Vetter Siegfried.
KRANKENSCHWESTER *irritiert.* Ja ... trotzdem ...
BABY. Lassen Sie sich nicht stören. Ich nehme an, Sie wollten sich einen Kaffee machen.
Herbie springt vom Bett, kniet sich auf den Boden und blitzt von schräg unten.
BABY *versucht, die Schwester noch für einen Moment abzulenken.*
Was glauben Sie, Schwester, wie lange macht ers noch ... unser Onkel?
KRANKENSCHWESTER. Bitte verlassen Sie sofort diesen Raum. Wenn Sie etwas wissen wollen, können Sie sich morgen an Professor Krakauer wenden. Ich habe strikte Order, hier niemanden hereinzulassen.
BABY. Moment, Schwester. Wir sind ja schließlich ...
KRANKENSCHWESTER *unterbricht.* Das ist mir ganz egal, wer Sie sind. Gehen Sie!

Säuglingsstation. Die Krankenschwester steht am Fenster und schaut in den Park hinunter, wo Baby und Herbie gerade in ihre Autos einsteigen und wegfahren. Sie geht zurück zu ihrem kleinen Tisch, auf dem eine Tasse Kaffee steht, und blättert die

nächste Seite der Zeitung um. Ihr Blick fällt auf Babys Kolumne mit den Fotos der kahlgeschorenen Mädchen im Marines-Look mit der Überschrift: »Hurra – die Marines sind da!« Interessiert lehnt sie sich mit der Zeitung in ihren Stuhl zurück, trinkt ein Schlückchen Kaffee. Da fällt ihr Blick auf das Porträt von Baby, das rechts oben in die Kolumne eingeklinkt ist. Sie schaut noch einmal genauer hin, da legt sie schnell die Zeitung weg, steht auf, geht zum Telefon und wählt eine Nummer.
KRANKENSCHWESTER. Ja, hier ist Schwester Agnes. Entschuldigen Sie die späte Störung, aber ich muß unbedingt den Herrn Professor sprechen...

Büro Unruh. Nächster Morgen. Friederike von Unruh sitzt hinter ihrem antiken Schreibtisch. Vor ihr liegen die Fotos, die Herbie von dem todkranken Danziger gemacht hat.

UNRUH. Mein Gott, das ist ja entsetzlich, der arme Friedrich!
BABY *sitzt bequem auf der Couch gegenüber.* Ein Skandal ist das! Aber eine tadellose Story. Überschrift: ›Weltberühmter Komponist verendet in Teeküche.‹ Und dann noch diese Bilder dazu, und wir habens exklusiv, nur wir bringens.
UNRUH. Wir bringen es nicht.
BABY. Nicht?
UNRUH. Nein. Und ich muß Ihnen auch sagen, mein lieber Baby, daß ich es geradezu schamlos, dreist und geschmacklos finde, daß Sie sich nachts mit dem Fried in die Klinik schleichen...
BABY *unterbricht.* Hätt ich vielleicht vorher fragen sollen, Frau von Unruh?
Die Verlegerin beginnt, ein Bild nach dem anderen auf die Rückseite zu drehen, als könnte sie den Anblick des Kranken nicht ertragen.
UNRUH. Professor Krakauer ist empört, und ich ... ich bin es auch, ich bin empört und traurig.
BABY. Was geht uns der Krakauer an?
Frau von Unruh nimmt eines der Fotos und setzt sich neben Baby in einen Sessel.
UNRUH. Der arme Friedrich war völlig mittellos und nicht krankenversichert. Der einzige, der sich überhaupt noch um

ihn gekümmert hat, war Professor Krakauer, der übrigens auch meine beiden Söhne entbunden hat. Man kann Krakauer nicht zur Last legen, daß seine Klinik überbelegt ist. Außerdem hat er mir versprochen, daß er Danziger demnächst in ein sehr schönes Südzimmer mit Blick auf den Park legen wird, sobald eines frei ist, natürlich.

BABY. Bis dahin ist der andere tot, und die Story ist im Arsch, Verzeihung. *Er beugt sich nah zu ihr und wird eindringlich.* Frau von Unruh: ›Weltberühmter Komponist verendet in Teeküche‹. Ist doch eine Traumstory.

UNRUH *sachlich.* Jaja, natürlich. Haben wirs wirklich exklusiv?

BABY. Ich schwörs Ihnen, *heut* auf jeden Fall noch.

Frau von Unruh steht auf und beginnt unruhig mit dem Bild in der Hand hin und her zu gehen.

UNRUH. Ist ja wirklich zu dumm. Verstehen Sie, Baby, ich spiel jeden zweiten Tag Golf mit dem Professor, alle zwei Wochen ißt er bei uns zu Abend, hinterher spielen wir Bridge, zweimal im Jahr untersucht er mich.

BABY. Gynäkologisch?

UNRUH. Ja natürlich, was denn sonst?

BABY. Ja dann ... schade, schad um die schöne Geschicht.

Baby will aufstehen, Friederike von Unruh drückt ihn in den Sessel zurück und setzt sich wieder ganz dicht neben ihn.

UNRUH. Wissen Sie, was wirklich ein Knüller wäre?

BABY. Was?

UNRUH. Wenn wirs irgendwie schaffen könnten, daß wir die alte Maetzig herbringen, verstehen Sie? Sie hat doch geschworen, daß sie nie wieder ihren Fuß auf deutschen Boden setzt. Hat sie ja auch vierzig Jahre lang durchgehalten, die alte Schrulle ... aber, wenn man vielleicht zu ihr hinfährt und ihr dieses Foto zeigt ... *Sie hält Baby eines der Fotos vor die Nase, die Herbie von schräg unten aufgenommen hat.*

BABY. Das ist allerdings das brutalste von allen.

UNRUH. Eben, eben. Stellen Sie sich vor, Baby, das wär eine Story: ›Geheimnisumwitterter Weltstar bricht heiligen Schwur für den sterbenden Geliebten.‹

BABY. Dann fahr ich jetzt nach Paris.

UNRUH. Jaja, aber schnell, bevor er uns stirbt. Ich ruf jetzt

gleich den Krakauer an, sag ihm, daß der raus muß aus der Teeküche, und daß er zusehen soll, daß er ihn noch ne Weile am Leben hält. Kann ja wohl nicht so schwer sein heute.
BABY. Sekunde, Frau von Unruh ... ich hab keine Ahnung, wo die wohnt in Paris.
Frau von Unruh ist schon am Telefon und wählt.
UNRUH. Ja, dann finden Sies heraus, wozu sind Sie Journalist! *Ins Telefon.* Hier spricht Friederike von Unruh. Ist denn mein lieber Freund, der Professor im Haus? *Sie spricht jetzt mit besonders liebenswürdiger Stimme.* Ja, das wäre reizend von Ihnen ... Ich warte. *Sie deckt kurz den Hörer mit der Hand ab.* Ich frag den einfach ganz direkt. Die kennen sich doch alle. Vielleicht weiß er, wo die Alte wohnt.

Büro Schimmerlos.
EDDA *legt den Telefonhörer auf.* Da sind die drei Adressen. *Sie drückte Baby einen Zettel in die Hand.*
BABY. Wieso drei?
EDDA. Ja ... weil mans nicht genau weiß. Aber alle drei sind in der Nähe von einem Park, das hab ich auf dem Stadtplan nachgesehen, und in einem führt sie jeden Morgen um fünf ihren Hund spazieren.
BABY. Ja, in welchem?
Edda zuckt die Achseln.

Paris. Rue Faubourg St. Honoré. Später Nachmittag. Der Verkehr ist infernalisch. Die Autos stehen in Schlangen in der Straße, sie kommen nur meterweise voran, hupen. Auf den Trottoirs drängen sich die Passanten.
Mitten im Verkehrsgewühl steckt das Taxi, in dem Mona vorne neben dem Fahrer sitzt und begeistert aus dem Fenster schaut, während die beiden Männer hinten in das Studium eines Stadtplans von Paris vertieft sind.
Herbie macht mit einem Filzstift ein Kreuz auf dem Plan. Wenn sie tatsächlich in der Rue Bonaparte wohnt, da braucht sie nur über die Straße zu gehen, und schon ist sie mit ihrem Hund im Jardin du Luxembourg.
MONA. Baby, schau, da ist Hermès!
BABY *ohne aufzublicken.* Ich weiß, ich kenns.

MONA *vermiest.* Ja, ich kenns auch, aber ich finds halt immer wieder schön.

Champs-Elysées. Auf beiden Seiten stockender Verkehr.
BABY *macht ein Kreuz auf den Plan.* ... aber wenn sie nicht in der Rue Bonaparte wohnt, sondern am Boulevard de l'Admiral Bruix, dann ... dann muß sie ihren Hund auf der Straße spazierenführen, weil da ist überhaupt kein Park. Der einzige Park wär dann der Bois de Bologne, und der ist weit weg.
HERBIE. ... und groß ist er auch. Da kannst du wochenlang suchen, bis du einen findest.
MONA. Schau Baby, da ist Guerlain!
BABY. Ich weiß, Mona.
MONA. Kann ich jetzt endlich mal diesen Hut runtertun, mir ist so heiß ...
BABY. Der Hut bleibt drauf!

Avenue Montaigne. Der Taxifahrer fährt Richtung Hotel Plaza Athénée.
MONA *schaut aus dem Fenster, begeistert.* Und Dior ist auch noch da, schau!
BABY. Hast gemeint, daß' umgezogen sind, Mona?
MONA. Du bist blöd. Ich finds einfach so schön hier.
HERBIE *kreuzt die dritte Straße an.* Am besten wärs, wenn sie wirklich in der Avenue Monceau wohnt, da kann der Hund gleich vom Fenster aus in den Park hineinscheißen.
Das Taxi hält vor dem Hotel.

Vor Hotel Plaza Athénée. Livrierte Portiers beeilen sich, das Gepäck ins Hotel zu tragen.
MONA. Wo gehen wir denn heut abend hin, Baby?
BABY *trocken.* Ins Bett. Weil ich nämlich morgen früh um vier aufstehen muß.

Champs-Elysées. Früher Morgen. Wenn man von der Place de la Concorde zum Étoile hinaufblickt, ist die breite Prachtstraße so gut wie menschenleer. Ein einzelnes Taxi fährer vom Étoile abwärts und überquert die Place de la Concorde, die genauso leer ist, und fährt über die Seinebrücke auf den Boulevard St. Germain, der ebenfall um diese Zeit noch unbelebt ist.

Rue Bonaparte/Place St. Sulpice. Die Straße ist leer. In dem grauen Morgenlicht gehen Baby und Herbie die Rue Bonaparte entlang. Sie bleiben vor einem schönen alten Wohnhaus stehen.
HERBIE *schaut auf die Uhr.* Vier Uhr fünfzig. Wo ist der Park?
Baby dreht sich um. Vor ihnen liegt der Jardin du Luxembourg. Baby und Herbie stehen ratlos vor den geschlossenen Gittertoren, neben denen ein Schild angebracht ist, auf dem in mehreren Sprachen steht, daß der Park erst um acht geöffnet wird. Auf einem weiteren Schild steht ›Chiens Interdits‹.
BABY. Aha. Um acht Uhr machens auf und Hunde sind überhaupt verboten, dann wohnts hier jedenfalls nicht.

Jardin des Tuileries. Durch die menschenleere Gartenanlage kommen vom Louvre her Baby und Herbie.
BABY. Dann stellen wir uns morgen früh vor das Haus am Boulevard Admiral sowieso, dann gehen wir in den Bois de Bologne und übermorgen gehen wir in die Avenue Monceau und in den Park.
HERBIE. Oder umgekehrt.
BABY. Oder umgekehrt.
Er gähnt.
Die beiden entfernen sich in Richtung Place de la Concorde.

Avenue Montaigne. Baby und Herbie kommen um eine Ecke, gehen auf das Plaza Athénée zu und verschwinden im Hotel. Kaum sind sie weg, kommt Claire Maetzig mit ihrem Schäferhund vorüber. Sie trägt einen leichten, dunkelblauen Stoffmantel mit Schalkragen. Eine große, schwarze Sonnenbrille und ein taubenblaues Kopftuch verdecken Gesicht und Haare. Aufrechten Schrittes geht die alte Dame mit ihrem Schäferhund in ihr Haus.

Privatklinik Dr. Krakauer. Krakauer steht hinter seinem Schreibtisch am Telefon.
KRAKAUER *eindringlich.* Mach dir keine Sorgen, Claire! Ich hab denen drei falsche Adressen gegeben, damit sind die tagelang beschäftigt. Ich hab alles organisiert, den Transport in die Schweiz, alles ... Nur, wenn du nicht sofort kommst, stirbt er mir unter den Händen weg. Ich bin sicher, Claire, wenn er weiß, daß du kommst, wird er Hoffnung haben.

Claire Maetzig (Marianne Hoppe), eine alte Freundin von Friedrich Danziger.

Wohnung Claire. Salon. Claire steht aufrecht neben einem weißen Flügel, den Hörer am Ohr.
KRAKAUER. Medizinisch gesehen hält ers leicht noch zwei, drei Jahre durch.
CLAIRE *verunsichert.* Aber ... ich habs doch geschworen, Theo!
KRAKAUER. ...ach, Schwur hin, Schwur her... Claire – keiner erfährt was, keiner weiß was davon, keiner sieht dich. Soll er hier verrecken?
CLAIRE. ...türlich nich...
Claires langjährige Haushälterin, Marie, kommt mit einer langhaarigen blonden Perücke, die sie im Gehen noch bürstet, in den Salon. Claire nimmt das Telefon und setzt sich auf den Klavierstuhl. Marie tritt von hinten an sie heran und setzt ihr die Perücke auf.

Privatklinik Dr. Krakauer.
KRAKAUER *am Telefon.* ...komm aber nicht mit dem Flugzeug, da haben diese Schmierfinken nämlich ihre Denunzianten am Zoll ... nimm den Nachtzug und steig nicht am Hauptbahnhof aus, sondern eine Station vorher, in Pasing, da hol ich dich ab.
CLAIRE ...in wo...?
KRAKAUER. *Pasing,* kannst du dir das merken, Claire? Schreibs dir auf!
CLAIRE. Bin ja nich doof...
KRAKAUER. Und nimm Marie mit! Sie soll sich genauso anziehen wie du, damit führen wir die Brüder an der Nase herum.

Vor Hotel Plaza Athénée. Abends. Baby und Herbie warten vor dem Hotel auf Mona.
HERBIE. Wenn wir um neun nicht pünktlich bei Lipp sind, dann ist der Tisch weg.
BABY. Sie wollte sich nur duschen und sich umziehen.
HERBIE. War sie einkaufen?
BABY. Und wie... Noch zwei Tage, und ich bin pleite.
HERBIE. Wir gehen morgen früh nicht in den Bois de Bologne, sondern gleich in den Parc de Monceau. Ich

schwörs dir, ich hab da irgendwie so einen Riecher.
BABY. Ich hab langsam eher das Gefühl, daß da irgend etwas schwer an uns vorbeiläuft.
In diesem Moment kommt Mona aus dem Hotel. Sie sieht atemberaubend aus: Sie trägt ein schwarzes Kostüm, das ihre weiblichen Formen betont, und Schuhe mit hohen Absätzen, die ihr einen aufreizenden Glanz verleihen.
HERBIE. Wwauhh...!
BABY *begeistert.* Monalein, Süße...
MONA. Yves Saint Laurent!
BABY. Wieviel?
MONA *küßt ihn.* Frag nicht... Ich hab einen Tisch im Tour d'Argent bestellt, wenns euch recht ist.
Ein Portier öffnet die Türen eines Taxis.
HERBIE. Ja... Moment... gehen wir nicht zu Lipp?
Mona steigt mit Baby hinten ein, Herbie vorne.
BABY *legt den Arm um Mona.* Einer schönen Frau soll man nie widersprechen, Herbie.
Das Taxi mit den dreien fährt am Haus von Claire Maetzig vorbei. Vor dem Wohnhaus steht eine Limousine mit schwarzgetönten Scheiben. Aus dem Haus kommt ein Chauffeur mit zwei Koffern, dahinter Claire mit Mantel, dunkler Brille und Kopftuch, ihren Schäferhund an der Leine, hinter ihr Marie, die in jedem Detail genauso gekleidet ist wie die Maetzig. Sie steigen in das Auto ein und fahren ab.

Limousine. Auf dem Vordersitz, neben dem Chauffeur, sitzt der Schäferhund, hinter ihnen, auf dem Rücksitz, die beiden alten Damen, die durch ihre identische Kleidung, Kopftücher und Brillen nicht mehr voneinander zu unterscheiden sind.

Hotelzimmer Plaza Athénée. Eng umschlungen liegen Baby und Mona im Bett. Das Telefon beginnt zu klingeln. Baby tastet nach dem Hörer.
WEIBLICHE STIMME. Il est quatre heures trente, Monsieur Schimmerlos.
BABY. Ah oui ... mer ... merci. *Er legt auf und wälzt sich aus dem Bett.* Scheiße...

Parc Monceau. Auf der menschenleeren Straße stehen Baby und Herbie erneut vor hohen, schwarzen Gitterportalen, die versperrt sind. Wütend rüttelt Baby an einem Portal.
HERBIE. Man hätte sich ja vorher erkundigen können.
BABY. Ja, warum hast *du* dich nicht erkundigt?
HERBIE. Ich bin nur der Fotograf.
BABY. Hoffentlich hast du dann auch das Foto dabei.
Herbie greift in seine Jackettasche, zieht wortlos das Foto des todkranken Danziger heraus, hält es Baby vor die Nase und steckt es wieder ein.
Baby späht zwischen den Gitterstäben hindurch in den Park hinein. In der Ferne sieht man zwischen den Büschen eine Frau gehen, hinter der ein kleiner, weißer Pudel herläuft.
BABY. Da ist wer. Los!
Die beiden beginnen, über die hohen Portale zu klettern, die oben in goldbronzierten Lanzenspitzen enden.

Bahnhof München-Pasing. Krakauer kommt mit zwei Koffern die Treppe vom Bahnsteig herunter, hinter ihm Claire mit ihrem Schäferhund, dahinter Marie mit zwei weiteren Koffern. Sie steigen in Krakauers großen Mercedes und fahren ab.

Bayerischer Hof. Ein Portier lädt die Koffer aus Krakauers Mercedes. Marie steigt aus, Claire bleibt sitzen. Marie holt den Hund aus dem Auto und geht in das Hotel. Krakauer fährt mit Claire davon.

In Krakauers Mercedes. Krakauer fährt Richtung Maximilianeum. Claire schaut weder links noch rechts.
CLAIRE. Gibt es dieses Theater noch, Theo?
KRAKAUER. Welches?
CLAIRE. Da oben, wo der Anstreicher gleich daneben gewohnt hat.
KRAKAUER. Ja, natürlich. Das wird jetzt renoviert.
CLAIRE. Sieht hier überall sehr renoviert aus. Kann ich das Theater sehen, Theo?
KRAKAUER. Wenn du willst, Claire.

Prinzregentenplatz. Krakauer sitzt am Steuer und beobachtet Claire, die vor dem Theater steht, dann ein paar Schritte nach links geht und das Haus Prinzregentenstraße Nr. 16 betrachtet. Claires Blick sucht eine Wohnung im 2. Stock mit einem langen steinernen Balkon davor ...
Von weit her hört man die Stimme Adolf Hitlers, dazu die begeisterten Rufe einer vieltausendköpfigen Menschenmenge. Die alte Dame spuckt kräftig auf das Pflaster, geht aufrechten Schrittes und hocherhobenen Hauptes zurück zum Wagen.

In Krakauers Mercedes.
CLAIRE. Wann bist du zurückgekommen, Theo?
KRAKAUER. Im April 45 – mit der Army.
CLAIRE. Und lebst du gerne hier?
KRAKAUER. Ach, weißt du, Claire – ich leb überall ein bissl ungern.

Privatklinik Dr. Krakauer. Krankenzimmer. Eine Krankenschwester wäscht vorsichtig Danzigers Gesicht mit einem Waschlappen, dann wäscht sie ihm die Hände, schließlich greift sie vorsichtig unter seinen Kopf, hebt ihn etwas an und kämmt das Haar des alten Mannes. Danziger hat die Augen zwar geöffnet, aber sein Blick geht ins Leere. Die Schwester steht auf und zieht die Vorhänge ein wenig zu, damit ihm die Sonnenstrahlen nicht direkt ins Gesicht fallen. Dann verläßt sie den Raum.

Lieferanteneingang. Krakauer geht mit Claire eine kleine Treppe hinab ins Souterrain, schließt die Tür auf und geht mit ihr hinein.

Vor Krankenzimmer. Krakauer öffnet die Tür, läßt Claire eintreten, stellt die Koffer ab, schließt die Tür hinter ihr und geht den Gang hinunter.

Im Krankenzimmer. Claire steht in Mantel, Kopftuch und Brille vor dem Bett Danzigers. Sie nimmt die Brille ab, dann das Kopftuch, schüttelt die langen Haare, setzt sich neben Danziger aufs Bett. Danziger hat die Augen geschlossen. Claire nimmt seine Hand, sagt kein Wort und schaut ihn nur an. Danziger öffnet die Augen und schaut sie ebenfalls an.

CLAIRE. Friedrich...
DANZIGER. Claire...

CLAIRE *leise.*

An deine schneeweiße Schulter
Hab ich mein Haupt gelehnt
Und heimlich kann ich behorchen
Wonach dein Herz sich sehnt.

Es blasen die blauen Husaren
Und reiten zum Tor herein
Und morgen will mich verlassen
Die Herzallerliebste mein.

Und willst du mich morgen verlassen
So bist du doch heute noch mein
Und in deinen schönen Armen
Will ich doppelt selig sein...

DANZIGER *flüstert mühsam.*

Es blasen die blauen Husaren
Und reiten zum Tor hinaus!
Da komm ich, Geliebte, und bringe
Dir einen Rosenstrauß.

Auf Claires Lippen liegt ein Lächeln.

Büro Schimmerlos. Edda lackiert sich gerade die Fingernägel mit schwarzem Lack. Da wird die Türe aufgerissen, Baby stürmt herein, gefolgt von Herbie.
BABY. Alle Hotels in München anrufen, Edda, und fragen, ob eine ältere Frau aus Paris gekommen ist, mit oder ohne Hund!
EDDA. Was?
HERBIE. Ich erklärs dir gleich.
BABY *am Telefon, er wählt schnell drei Nummern.* Ist die Unruh da? ... Nein, sie soll jetzt nicht weggehen, sondern dablei-

ben! Ich komm rauf und will sie sofort sprechen. *Er knallt den Hörer auf und will wieder zur Tür hinaus.*
HERBIE *hält ihn zurück.* Baby – steigere dich nicht in irgendwelche Wahnvorstellungen hinein. Nur weil wir sie dort nicht gefunden haben, muß sie noch lange nicht hier sein.
BABY. Doch. *Zu Edda.* Ist der Danziger schon tot?
EDDA. Ich weiß es nicht, Baby.
BABY. Wieso nicht? Ruf in der Klinik an und frag, dumme Kuh! *Er stürmt aus dem Zimmer.*
EDDA. Also so ein Hysteriker! Was ist denn los, Herbie?

Büro Unruh. Baby ist über den Schreibtisch von Frau von Unruh gebeugt, mit der einen Hand stemmt er sich auf der Schreibtischplatte auf – erregt fuchtelt er mit dem ausgestreckten Zeigefinger der anderen vor dem Gesicht der Verlegerin herum.
BABY. Und Sie! Sie stecken mit dem Krakauer unter einer Decke.
Friederike von Unruh beugt sich nun ebenfalls vor. Ihre Nasenspitze berührt fast die von Baby.
UNRUH *dezidiert.* Wollen Sie sich jetzt beruhigen?
BABY. Nein. Weil ich mir nicht meine Storys ruinieren lasse, nur damit Sie in Frieden und gesellschaftlicher Harmonie mit dem Herrn Professor zweimal in der Woche Golf spielen können und sich untersuchen lassen – gynäkologisch.
UNRUH. Noch ein Wort, und Sie fliegen raus.
BABY. Bin schon weg. Auf Nimmerwiedersehen, gnädige Frau! *Er dreht sich abrupt um und geht zur Tür.*
UNRUH. Setzen Sie sich!
BABY. Ich denke nicht daran.
Er geht zum Sessel und setzt sich, erschöpft von der Aufregung. Friederike von Unruh steht auf und rückt komplizenhaft dicht neben ihn auf die Couch.
UNRUH. Die Auflage ist im letzten Monat um zwanzigtausend gesunken, die Anzeigen sind um elf Prozent zurückgegangen. Sie glauben doch nicht im Ernst, daß ich in dieser Situation zwei Leute tagelang auf Vergnügungsreise schikke? – Ich will jetzt ne Story, mein lieber Baby, aber nicht wieder so was Lauwarmes wie ›Hurra – die Marines sind da!‹, sondern was Brandheißes!

Büro Schimmerlos. Baby steht mit nacktem Oberkörper vor dem Waschbecken. Er beendet seine Rasur, trocknet sich ab, öffnet seinen Koffer und zieht ein frisches Hemd an.

EDDA. Also – der Danziger scheint noch zu leben, aber man kann ihn nicht sprechen, und sie lassen auch niemand zu ihm.

BABY. Und wo ist sie?

EDDA. Sie ist nicht da...

BABY. Edda – sie ist da! Wo ist sie?

EDDA. Baby – die einzige ältere Dame mit Hund, die in den letzten Tagen hier angekommen ist, wohnt im Bayerischen Hof und heißt nicht Claire Maetzig, sondern...

Hotel Bayerischer Hof. Halle.

RECEPTIONIST *flüsternd.* Marie Craemer...

Er schiebt Baby einen Zettel zu. Dann schaut er sich um und vergewissert sich, ob niemand zuhört. Baby schaut den Zettel an, auf dem der Name in Druckbuchstaben geschrieben ist.

BABY *nachdenklich.* Marie Craemer... *Er holt einen Kugelschreiber aus der Tasche.* Wo kommt sie her?

RECEPTIONIST. Aus Paris.

Baby macht auf dem Zettel jeweils einen Ring um die Anfangsbuchstaben des Vor- und Zunamens. Man sieht den Ring um das »M« und den Ring um das »C«. Seine Hand streicht die restlichen Buchstaben durch.

BABY. Spricht sie Deutsch oder Französisch?

RECEPTIONIST. Beides, aber sie spricht nicht viel. *Baby malt die Buchstaben ›M‹ und ›C‹ auf das Papier.* Sie geht auch kaum aus dem Zimmer... *Baby tauscht die beiden großen Anfangsbuchstaben aus und schreibt jetzt statt ›MC‹ ein großes ›C‹, läßt Raum frei für weitere Buchstaben und schreibt dann ein großes ›M‹.* ...und wenn, dann auch nur spät nachts allein oder ganz früh am Morgen mit dem Hund.

Baby füllt die Zwischenräume zwischen den Buchstaben ›C‹ und ›M‹ aus. Auf dem Zettel steht nunmehr der Name ›Claire Maetzig‹.

BABY. Wann in der Früh?

RECEPTIONIST. So gegen fünf.

Babys Hand schiebt einen Hundertmarkschein über den Zettel.

Der Receptionist nimmt schnell den Schein. Baby steckt den Zettel in die Tasche.
BABY. Zimmernummer?
RECEPTIONIST. Vierunddreißig... Ist die prominent? Muß man die kennen?
BABY *schüttelt den Kopf.* Neinnein, das ist mehr privat. Ich hab eine alte Tante in Paris, die sagt immer, sie kommt, aber nie wann, eine furchtbare Nervensäge... Wer hat denn heut Nachtdienst?

Promenadeplatz. Nachts. Vor dem Hotel Bayerischer Hof, auf der gegenüberliegenden Straßenseite, steht Babys weißer Porsche. Es sind kaum noch Passanten auf der Straße.

Im Porsche. Baby läßt den Eingang des Hotels nicht aus den Augen. Herbie sitzt neben ihm und drückt seine Zigarette aus.
HERBIE. Das ist doch Quatsch, Baby. Die geht doch nicht um zwei Uhr früh zu dem ins Krankenhaus.
BABY. Doch.
HERBIE. Und dann geht sie wieder ins Hotel und führt um fünf Uhr ihren Hund spazieren.
BABY. Ja.
HERBIE *gähnt.* O Baby, ich habs langsam satt mit deinen geheimnisumwitterten Weltstars. Können wir nicht endlich wieder was ganz Normales machen? Am frühen Nachmittag – ein junges Mädel will zum Film, zieht sich aus, ich mach ein paar schöne Fotos, du schreibst was Nettes über sie, und sie bumst mit dir, und jeder hat seinen Frieden, hm?

Vor Hotel Bayerischer Hof. In diesem Moment kommt die als Claire Maetzig verkleidete Marie Craemer aus dem Hotel. Sie trägt einen leichten, dunkelblauen Stoffmantel mit Schalkragen, eine große, schwarze Sonnenbrille und ein taubenblaues Kopftuch. Herbie traut seinen Augen nicht.
BABY. Und was sagst du jetzt?
Die alte Dame steigt in ein Taxi. Das Taxi fährt ab. Baby schaut dem Taxi nach.
HERBIE. Ja los, Mensch!
Baby fährt hinter dem Taxi her.

Königsplatz. Das Taxi fährt über den riesigen leeren Platz und hält vor den Propyläen. Babys weißer Porsche, der in einem Abstand von mehreren hundert Metern folgt, verlangsamt die Fahrt. Im Vorbeifahren sehen die beiden, wie die alte Dame mit Hund aus dem Taxi steigt und einen kleinen Spaziergang vor den dunklen, neoklassizistischen Gebäuden macht. Der Porsche fährt in eine Seitenstraße, von der aus man den Platz überblikken kann.

Im Porsche. Baby und Herbie schauen hinüber zu dem Platz, auf dem das Taxi steht und wartet.
HERBIE. Also, was ist? Gehen wir hin?
BABY. Warte, die fährt bestimmt gleich weiter.
Die alte Dame besteigt die Stufen der Propyläen und beginnt, zwischen den Säulen zu wandeln.
BABY. Sehr seltsam ... Was macht denn die da? Läßt die da ihren Hund pissen? Was macht denn die da?
HERBIE. Sie besichtigt. Deutschland bei Nacht.

Privatklinik Dr. Krakauer. Die Tore der Einfahrt sind geschlossen. Ein eskortierter Konvoi der Polizei fährt auf die Einfahrt zu. Zuerst zwei Polizisten auf Motorrädern, dahinter ein dunkelgrauer Mercedes, hinter dem Mercedes ein ebenfalls dunkler Kombibus der Polizei, in seiner Form einem Krankenwagen nicht unähnlich, dahinter wieder zwei Polizisten auf Motorrädern. Zwei Männer öffnen die Tore.

Haus der Kunst. Das Taxi hält vor dem Haus der Kunst. Wieder steigt die alte Dame aus. Der Porsche mit Baby und Herbie fährt langsam vorbei. Die alte Dame besteigt die Treppen und wandelt erneut mit dem Hund unter wuchtigen Säulen.

Im Porsche.
BABY *ungläubig*. Das gibts doch nicht. Macht die eine Wallfahrt durchs Tausendjährige Reich?
HERBIE. Bleib stehen! Ich fotografier sie jetzt, bevor sie als nächstes nach Braunau fährt.
BABY *schaut nachdenklich zum Haus der Kunst hinüber, fährt langsam weiter*. Irgendwas stimmt da nicht ...
HERBIE. Vielleicht ist sie ne Masochistin oder ...

BABY. ... oder sie ist es nicht ...
HERBIE. Was nicht? Wer nicht?
BABY. Ja – nicht, die Maetzig, Idiot – ich hab das Gefühl, da läuft schon wieder was ganz schwer an uns vorbei. *Er drückt aufs Gas und fährt davon.*
Marie Craemer schaut dem Porsche nach, der plötzlich davongerast ist.

Privatklinik Dr. Krakauer. Friedrich Danziger wird auf einer Krankenbahre herausgetragen. Krakauer und Claire folgen der Bahre.
DANZIGER *versucht sich mühsam auf der Bahre aufzurichten.* Die paar Meter hätt ich auch noch selbst gehen können, Klärchen.
CLAIRE. Du sei still! Kaum dem Tod von der Schippe gesprungen, reißt er schon wieder seine Klappe auf!
Danziger wird in den Kombibus der Polizei geschoben. Claires Koffer werden ebenfalls hineingestellt. Der Polizeipräsident Dr. Adolf geht Claire und Krakauer entgegen.
KRAKAUER. Claire, darf ich dir vorstellen: Unser Polizeipräsident, Herr Dr. Adolf.
ADOLF *streckt Claire die Hand entgegen und nimmt Haltung an.* Es ist mir eine besondere Ehre, gnädige Frau, Ihnen als Bewunderer Ihrer großen Kunst und als alter Freund unseres armen Friedrich behilflich sein zu dürfen.
CLAIRE *übersieht die ausgestreckte Hand des Polizeipräsidenten, schaut ihn von oben bis unten an. Kalt.* Jaja. *Zu Krakauer.* Theo, ich danke dir. Adieu. *Sie umarmt den Professor.*
KRAKAUER. Adieu Claire.
In diesem Moment rast Babys weißer Porsche in die Einfahrt der Klinik, die Scheinwerfer sind aufgeblendet. Erschreckt starren Claire, Krakauer und Adolf in das grelle Licht.
CLAIRE. Theo!!!
Baby und Herbie springen aus dem Wagen. Herbie läuft sofort auf Claire zu, schießt mit dem automatischen Schnellwinder mehrere Fotos. Claire reißt die Arme hoch, um ihr Gesicht zu verdecken.
BABY *kommt auf die Gruppe zu. Zu Herbie.* Und den Alten, schnell!
KRAKAUER *zu Adolf.* Lassen Sie die zwei festnehmen, Adolf, sofort!

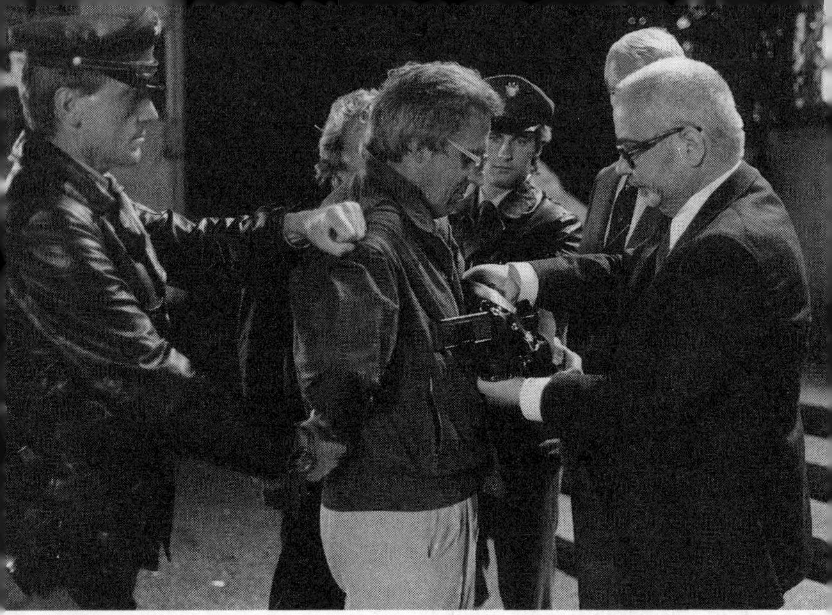

Herbie (Dieter Hildebrandt, Mitte) und Baby Schimmerlos (Franz Xaver Kroetz, dahinter) werden von Dr. Adolf (Hans Korte, re.) und der Polizei festgenommen.

ADOLF *schreit.* Festnehmen!
Die Polizisten springen von ihren Motorrädern. Herbie läuft zu dem Kombiwagen, dessen Türen noch offen stehen, schießt Fotos von Danziger.
DANZIGER. Klärchen!
Die alte Maetzig stürzt sich von hinten auf den Fotografen und schlägt heftig auf ihn ein. Da kommen ihr auch schon zwei Polizisten zu Hilfe, packen Herbie an den Armen und zerren ihn weg.
HERBIE. Lassen Sie mich los!
BABY *läuft auf Claire Maetzig zu.* Einen Moment, Frau Maetzig, einen Moment!
KRAKAUER *schreit.* Steig ein, Claire.
Claire will einsteigen, Baby versucht, sie am Mantel zu halten, da dreht sie sich um und versetzt ihm eine kräftige Ohrfeige.
DANZIGER. Klärchen!

Baby wird jetzt ebenfalls von zwei Polizisten gepackt und weggeschleppt. Adolf nimmt Herbie, der von den beiden anderen festgehalten wird, den Fotoapparat ab, öffnet ihn und reißt den Film aus der Spule. Krakauer greift nach dem Zelluloidstreifen und steckt ihn in die Tasche.

HERBIE will protestieren. Hören Sie mal...

ADOLF. Halten Sie den Mund! Das ist Hausfriedensbruch und Nötigung.

Baby wird vor den Polizeipräsidenten geschleppt.

BABY. Herr Dr. Adolf, sagen Sie, die sollen mich loslassen!

ADOLF. Wir sprechen uns gleich, Schimmerlos. *Ruft.* Abfahren!

Die Polizisten lassen die beiden los, schwingen sich auf ihre Motorräder und fahren – den Kombibus in der Mitte – aus dem Park hinaus in die Nacht.

KRAKAUER. Gute Nacht, meine Herren. Er dreht sich um und geht in die Klinik hinein.

Adolf bleibt mit Baby und Herbie zurück. Er zündet sich eine Zigarette an, bietet auch Baby und Herbie eine an. War das nötig, Schimmerlos?

BABY *aufgebracht.* Sie sind gut! Das ist ja schließlich mein Beruf!

ADOLF. Wissen Sie, was Bismarck einmal gesagt hat?

BABY *nickt.* Ja, ich weiß: ›Ein Journalist ist einer, der seinen Beruf verfehlt hat.‹ Das könnte man allerdings von einem Polizisten auch sagen.

ADOLF. Vorsicht, Schimmerlos!

Die drei schlendern gemeinsam den Parkweg zu ihren Autos zurück.

ADOLF. Sie sollten meine Freundschaft nicht allzusehr strapazieren.

BABY. Die Presse ist frei, Herr Polizeipräsident, und daher werd ich morgen in meiner Zeitung schreiben, was ich weiß – auch ohne Fotos.

ADOLF *lächelt.* Und in allen anderen Zeitungen wird drinstehen. ›Starjournalist stiehlt Zeitungen‹. Dann kriegen Sie drei Verfahren: eines wegen Diebstahl, eines wegen Hausfriedensbruch und eines wegen Nötigung.

BABY. Das tun Sie nicht, Adolf.

ADOLF. Ja, *ich* nicht. Das macht dann der Kriminalrat Schmerz.
BABY. Aha ... verstehe ...
ADOLF *schaut auf die Uhr.* ... halb vier ... ich bin gar nicht müde ... Wo können wir denn noch einen trinken, Baby?
BABY. Was hat denn noch auf, Herbie?
HERBIE. Tja, um *die* Zeit wirds schwer sein. Die Bars sind schon zu und die Frühlokale noch nicht offen.
ADOLF. Trostlose Provinz!
BABY. Das einzige, was ich wüßte, wär ein privater Puff in Waldtrudering ...
ADOLF. In Waldtrudering? Ich glaube, den habe ich letzte Woche schließen lassen.

Verlagsgebäude. Telexraum. Eine der Fernschreibmaschinen fängt zu tickern an. Eine Meldung der dpa erscheint auf dem Papier: ›dpa-schweiz. in einer luzerner privatklinik erhielt der weltberühmte komponist friedrich danziger überraschend besuch von claire maetzig. eine der letzten großen liebesromanzen, die in den dreißiger jahren in hollywood begann ...‹
Eine Sekretärin betritt den Raum und reißt nacheinander die verschiedenen Meldungen aus der Maschine. Sie geht in den nächsten Raum, wo ein Redakteur sitzt.
SEKRÄTÄRIN. Danziger, Claire Maetzig, Schweizer Privatklinik, große Liebe, wer kriegt das ? Feuilleton, Lokales?
REDAKTEUR *ohne aufzublicken.* Klatsch, Schimmerlos.

Büro Schimmerlos. Baby sitzt in seinem Büro und blättert die Mappe mit der Post durch. Er hat den Telefonhörer zwischen Schulter und Ohr geklemmt.
BABY. Ja, Mona ... ja ... Mona, bitte ... Mona, es ist gleich drei, in zwei Stunden muß ich ... nein, Mona ...
Die Tür geht auf, das Mädchen aus der Telexabteilung kommt herein und legt ihm die Meldung auf den Tisch. Baby überfliegt sie, während er weiter mit Mona redet.
BABY. ... es ist wahnsinnig lieb von dir, Mona ... aber das ist beim besten Willen keine Story. *Er zerknüllt das Telex und wirft es in den Papierkorb.*
EDDA *mischt sich ein.* Baby, wir müssen.

Baby *ins Telefon.* Mona – laß mich in Frieden, er braucht mir gar nichts zu erklären ...
Die Tür geht auf, Herbie kommt herein.
Herbie. Was ist jetzt? Es ist drei, haben wir eine Story?
Baby. Moment! Mona ... bitte ...

Boutique Darling. Butzi steht ungeduldig neben Mona.
Butzi. Gib her, ich erklärs ihm, er verstehts nicht. *Er greift nach dem Hörer, im Hintergrund sieht man, wie Holger die Uniformen des Marines-Looks von den Stangen reißt und alles auf einen großen Haufen wirft.* Paß auf, Baby, das ist ganz heiß. Ich hab gestern mit einem Freund in Paris telefoniert. Ein ganz neuer Look ist im Anrollen. Ich hab heut nacht schon meine Entwürfe gemacht, meine Mädels in der Schneiderei arbeiten seit fünf Uhr früh. In einer halben Stunde hab ich den Prototyp, verstehst du, Baby ... ganz weiblich-feminin, schulterlange Haare, lockig, leicht, alles in fließenden Formen und trotzdem figurbetont ... *Mona hat genug von Butzis Ausführungen – sie geht einfach aus der Boutique.* ... weißt du, wie in den späten vierziger Jahren, ... verstehst du? Nicht so ordinär wie Jane Russel, auch nicht so vordergründig aufdringlich wie Rita Hayworth, mehr so europäisch kosmopolitische Eleganz: Claire-Maetzig-Look, Baby ... Hallo, Baby ... hallo ... hallo ...?
Holger. Was ist denn?
Butzi *beleidigt.* Er hat einfach aufgelegt. Unverschämtheit!
Holger *stopft die Uniformen in große Abfallsäcke.* Der Baby hat doch keine Ahnung von Frauen, und von Mode versteht er erst recht nichts. *Er geht zur Stereoanlage, legt eine Platte auf. Man hört das Lied: ›Es blasen die blauen Husaren.‹*
Butzi. Wahrscheinlich weiß er nicht mal, wer Claire Maetzig ist ...

Vor Boutique Darling. Mona geht die Straße entlang, entledigt sich nach und nach ihrer militärischen Kleidungsstücke. Die Kleidungsstücke bleiben auf der Straße liegen.

5

Königliche Hoheit

Maximilianstraße. Früher Morgen. Die Sonne steht hinter dem Maximilianeum. An der Hauptpost und am Max-Joseph-Platz werden weiß-blaue Fahnen aufgezogen.

Yves Saint-Laurent. Im Schaufenster steht das gerahmte Porträtfoto der Königin Katharina Patricia von Mandalia, die an diesem Tag in München erwartet wird.

Gucci. In das Schaufenster mit Luxus-Reisekoffern und Taschen wird das Porträtfoto von Königin Katharina gehängt.

Cartier. Ein kleineres, in Silber gerahmtes Foto der Königin wird in das Schaufenster zwischen die Juwelen gestellt.

Vor Bäckerei Nymphenburgerstraße. Im Schaufenster der Bäckerei hängt ein Poster der Königin, umrahmt von überdimensionalen Brezeln, die in Form von Königskronen gebacken sind.
Vor der Bäckerei stehen die Verkäufskästen mit den Münchner Boulevardzeitungen. Alle Zeitungen haben ein großes Foto der Königin auf der Titelseite. Schlagzeile AZ: *»Unsere Königin kommt!« – Schlagzeile* TZ: *»Sei willkommen Königin!« – Schlagzeile Bild: »Kathi – wir lieben dich!« – Schlagzeile* MATZ: *»Grüß Gott Königliche Hoheit!« Neben der Schlagzeile der* MATZ *steht: »Von der Kathi zur Königin – Ein Hintergrundbericht von Baby Schimmerlos«.*
Mona kommt aus der Bäckerei, zieht aus jedem Kasten eine Zeitung heraus, zahlt.

Den Artikel Babys lesend, geht Mona über die Straße. Das Getrappel von Pferden ist zu hören und die Klänge einer übenden Blaskapelle. Mona schaut auf und sieht auf der Nymphenburger-

straße eine vierspännige Prachtkutsche vorbeifahren. Die mit Girlanden und weiß-blauen Fähnchen geschmückte Kutsche ist leer. Auf dem Bock sitzt der Kutscher in Frack und Zylinder. Hinter der Kutsche fährt ein von zwei geschmückten Pferden gezogener bayerischer Brauereiwagen, auf dem eine Trachtenkapelle sitzt. Die Kapelle probt den Bairischen Defiliermarsch. Mona schaut den beiden Wagen nach. Dann überquert sie rasch die Seitenstraße und geht nach Hause.

Wohnung Schimmerlos. Mona kommt mit ihrem Einkaufskorb und den Zeitungen zur Wohnung herein, wirft die Türe zu, geht zum gedeckten Frühstückstisch. Baby steht mit nacktem Oberkörper im Bad vor dem Spiegel und fönt sich die Haare.
MONA *wirft den Packen mit Zeitungen auf Babys Stuhl.* Es ist nicht zu fassen, was die Leut für ein Gschiß machen, bloß weil diese Königin da jetzt kommt...
BABY *schaltet den Fön aus.* Was is?
MONA. ...richtig hysterisch sinds alle, die ganze Stadt steht aufm Kopf...
BABY *zieht sein Hemd an.* Ja, des is doch wunderbar!
MONA. Nicht einmal ein gscheids Brot kannst mehr kaufen – da schau dir des an: Katharinenbreze, Katharinensemmel, Katharinenbrot! *Sie wirft Semmeln und Brot auf den Tisch. Die Semmeln haben eine Königskrone eingebacken, daß weiße Stangenbrot ist in Form eines großen »K« gemacht.*
BABY. Wie was ... zeig her? *Er geht zum Tisch und schaut die Brote an. Begeistert.* Ja des is doch riesig – da siehst mal, wie die Frau ankommt bei die Leut!
MONA. Ja. Des gfallt dir, wenn die Volksseele kocht, gell? Und wennst du ihn noch schüren kannst, diesen dumpfen, latentfaschistoiden bairischen Lokalpatriotismus!
BABY. Komm, geh weida mit deine Parolen da ... faschistoid – Schmarrn! Ich befriedige die Neugier von die Leut, des is mein Beruf. Ich schreib, wie aus einer Münchner Frisös eine Märchenkönigin gwordn is. Des ist doch interessant, oder?
MONA. Viel interessanter wärs, wenn endlich einmal einer die Wahrheit schreiben tät!
BABY. Was für a Wahrheit? Meinst, ich saug mir da was aus die Finger? Da is jede Einzelheit hieb- und stichfest recher-

chiert, des sag ich dir, bis hin zu die Stöckelschuh und zum Busen. Mit zwölf Jahr war die Frau bereits voll entwickelt, is mitm Petticoat rumgelaufen und hat den Burschen am Hasenbergl reihenweis an Kopf verdreht. Die heißeste Hose vom Hasenbergl war sie, des wissen wir von den damaligen Nachbarn, ein einfachs Münchner Madl, und jetzt ist sie die Königin von Mandalia.
MONA. Ja – wo d Leut reihenweis verhungern!
BABY. Aahaahaah! Komm, geh weida, Mona!
MONA. Ja. Warum schreibt denn da keiner drüber, wies da drunt zugeht in Wirklichkeit?
BABY *schneidet sich eine Königssemmel auf und beginnt zu frühstücken.* Weil des keine Sau intressiert!
MONA. Warum schreibt denn keiner, daß diese mandalische Märchenmonarchie nix anders is wie a ganz brutale Militärdiktatur? ...
BABY. Geh, Mona ... wer will denn des wissen?
MONA. ... daß die Arbeiter in die Bergwerke verrecken, daß die Kinder auf der Straß verhungern und daß die Gefängnisse voll sind mit politischen Gefangenen?
BABY. A geh, Mona – des heißts doch immer von solchen Ländern ... des wird immer so dahergredt, aber ob des auch wirklich so is, des weiß aa keiner genau.
MONA. Ja, dann recherchier des doch einmal! Statt Stöckelschuh und Busen!
BABY. Ja freilich ...
MONA. Ja! Warum denn nicht?
BABY. Weil ich kein politischer Leitartikler bin, kruzifix, sondern ein Gsellschaftskolumnist! Ich schreib ja aa ned über Nicaragua, wenn die Nancy Reagan kommt, sondern ... zu welchem Friseur sie geht und wos ihre Fetzen kauft. Und wenn die Frau vom Gorbatschow zu Besuch kommt, dann frag ich aa ned nach russischen Straflager oder wies dem Sacharow geht – weil des intressiert vielleicht dich und noch a paar andre, aber meine Leser nicht. Meine Leser wollen wissen, was für ein Parfüm sie benutzt und obs a seidene Bettwäsch daheim hat oder wollene oder gar koane, und obs im Nachthemd schlaft oder nackert!
MONA *ironisch.* Ja, dann is vielleicht am besten, du legst dich

gleich bei der Königin da unters Bett und der Herbie fotografierts durchs Schlüsselloch. Da kannst dann die Neugier deiner Leser richtig befriedigen, und deine eigene dazu.
BABY. Jaja, is scho recht. *Er ißt weiter, schaut dann plötzlich auf und grinst.* ... *Schlüsselloch ...?!*
MONA. Was?
Schnell steht Baby auf, geht zu seinem Schreibtisch, auf dem das Telefon steht, und wählt eine Nummer.
BABY *ins Telefon.* Du Herbie, paß auf – mir is da grad noch so eine Idee kommen, ich möcht mir unbedingt noch schnell die Suite von der Königin anschaun, bevor sie kommt ...

Vor Hotel Bayerischer Hof. Herbie steht mit seinen umgehängten Fotoapparaten vor dem Hoteleingang und wartet. In den Fenstern der Hotelboutiquen sind große Poster der Königin zu sehen. Babys Porsche kommt angefahren. Baby steigt aus und geht mit Herbie ins Hotel hinein.

Hotelgang. Der Portier Sedlacek führt Baby und Herbie den Gang entlang zur Königssuite des Hotels, vor deren Türe ein roter Läufer liegt. Sedlacek schaut sich nach allen Seiten um, dann sperrt er leise die Türe auf.
BABY. Wer wohnt denn sonst noch momentan auf dem Stockwerk?
SEDLACEK. Ja – niemand besonderer ... normale Hotelgäste.

Königssuite. Die drei betreten die Suite. Herbie sucht sich eine geeignete Perspektive für seine Fotos.
BABY. Was kost die Suite am Tag, Sedlacek?
SEDLACEK. Vierzehnhundert Mark mit Frühstück.
BABY. Was kriegt sie zum Frühstück? Irgendwas bsonders?
SEDLACEK. Soviel ich weiß, ist nichts Besonderes angeordnet – aber wir sind natürlich auf alles vorbereitet; wir haben frische exotische Früchte – Kiwis, Mangos, Papayas ...
BABY. Vielleicht möchts lieber frische Weißwürst und a Weißbier, als alte Münchnerin?
SEDLACEK *lacht.* Ja, ja – daran haben wir auch schon gedacht, Herr Schimmerlos.
Während Herbie das Königsbett aus allen Perspektiven fotogra-

fiert, öffnet Baby die Tür zu einem zweiten Salon.
BABY. Wo wohnen denn die andern, Sedlacek?
SEDLACEK. Welche andern?
BABY. Ja – die wird doch ned allein kommen, oder?
SEDLACEK. Soviel ich weiß, kommt Ihre Königliche Hoheit nur in Begleitung eines Herrn Oberst Montgomery.
BABY. Wer is des?
SEDLACEK. Soweit ich hör, eine Art Sicherheitsbeamter ... man sagt, der Chef vom mandalesischen Geheimdienst, aber man weiß es nicht genau.
BABY. Und wo wohnt der? Da daneben? *Er deutet auf eine Verbindungstür, die zum nächsten Hotelzimmer führt.*
SEDLACEK. Nein, nein – der wohnt, soviel ich weiß, ein Stockwerk tiefer.
BABY. Aha. Des is ja komisch. Wer wohnt denn da? *Er geht zu der Tür und drückt die Klinke. Die Tür ist abgesperrt.*
SEDLACEK. Das ist schon das nächste Zimmer, Herr Schimmerlos, das gehört nicht mehr zur Königssuite.
BABY. Ja, wer wohnt denn da? Kann man da einmal aufsperren?
SEDLACEK. Ja ... wenns momentan nicht belegt ist ... des wäre das Zimmer sechsvierundzwanzig ... *Er schaut in seiner Liste nach.* Äh – nein ... da ist momentan niemand drin. *Er holt seinen Passepartout aus der Tasche und sperrt die doppelte Verbindungstür auf.*
BABY *ruft.* Du Herbie, komm einmal her! *Er betritt mit Sedlacek das angrenzende, ganz normale Hotelzimmer. Herbie kommt und steckt seinen Kopf zur Tür herein.*
BABY. Du Herbie, schau – des wär doch was für dich!
HERBIE. Hm?
BABY. Ja, des kannst mieten. Du hast doch scho immer a ruhigs Zimmer gsucht, oder?
HERBIE. Ich?
BABY. Ja! Solange bei dir in der Wohnung renoviert wird!
HERBIE. Bei mir? ... Ah ja, richtig! ... Mein Gott, wär ich froh, wenn ich ein ruhiges Zimmer hätte! Dieses ständige Hämmern und Klopfen – könnt ich endlich mal in Ruhe schlafen! Das nehm ich, das Zimmer, Herr Sedlacek! Wunderbar! *Er zieht seine Jacke aus und setzt sich aufs Bett.*

Sedlacek. Ich bitt Sie, Herr Schimmerlos, tun Sie mir das nicht an. Wenn das bekannt wird – daß die Presse direkt neben der Königin ...

Baby. Ja wieso? Sie ham doch gsagt: Überall aufm Stockwerk sind ganz normale Gäste – der Herr Fried ist doch ganz normal, oder?

Herbie. Ganz normal, Herr Sedlacek ... ich bin so was von stinknormal – ich will bloß meine Ruhe, sonst nichts.

Sedlacek schaut die beiden verzweifelt an. Baby greift in die Tasche, holt ein paar größere Geldscheine heraus und drückt sie Sedlacek in die Hand.

Hotelgang. Sedlacek geht den Hotelgang hinunter zum Lift. Vor dem Lift bleibt er kurz stehen und schaut sich um zur Königssuite. Die Türe von Zimmer 624 wird geöffnet, Baby schaut auf den Gang hinaus, schließt dann wieder die Türe.

Hotelzimmer. Baby schließt die Türe von innen ab. Herbie holt aus seinem Kamerakoffer ein kleines Werkzeugtäschchen mit Schraubenzieher und Zangen heraus und beginnt, die Abdeckplatte des Türschlosses an der Verbindungstür zur Königssuite abzuschrauben. Er entfernt Türknauf und Abdeckplatte, so daß die Schlüssellochöffnung freiliegt, und schaut durch das Loch.

Baby *ungeduldig.* Zeig mal!

Herbie. Moment! *Er holt ein Schweizermesser aus der Hosentasche, klappt die Feile heraus und vergrößert damit die Schlüssellochöffnung im Türblatt. Ungeduldig steht Baby daneben. Dann schaut Herbie abermals durch die Öffnung und grinst breit.* Guck mal!

Baby kniet sich neben Herbie auf den Boden und schaut durch die Schlüssellochöffnung. Durch das Schlüsselloch sieht er in die Königssuite hinein, und zwar direkt ins Schlafzimmer, genau auf das große Baldachinbett der Königin.

Baby *begeistert.* Ahh – is des heiß!

Büro Minsterpräsident. In dem großen goldenen Saal sitzt ganz am Ende hinter seinem Schreibtisch der Ministerpräsident beim Weißwurstfrühstück und liest dabei Babys Artikel: »Von der Kathi zur Königin – 1. Kindheit am Hasenbergl.« Er nimmt aus einem Korb eine Katharinenbrezel, bricht ein Stück davon ab und ißt es. Dann schaut er wieder in die Zeitung. Nach einer Weile drückt er auf den Knopf seiner Sprechanlage.

MINISTERPRÄSIDENT. Klaustaler! Kommens einmal rein!

Er liest weiter. Kurz darauf öffnet sich die Tür und der persönliche Referent Klaustaler betritt den goldenen Saal.

KLAUSTALER. Ja, Herr Ministerpräsident?

MINISTERPRÄSIDENT. Sagens einmal, Klaustaler, haben Sie des glesen da, von dem Schimmerlos, was der schreibt über die Königin?

KLAUSTALER. Jawohl, Herr Ministerpräsident, hab ich glesen.

MINISTERPRÄSIDENT. Und wie findens des?

KLAUSTALER. Ja, Herr Ministerpräsident ... äh ... ich weiß nicht ...

MINISTERPRÄSIDENT. Mein Gschmack is des nicht.

KLAUSTALER. Ja, meiner auch nicht ... ich finds direkt gschmacklos, find ich des.

MINISTERPRÄSIDENT. Busen und Petticoat und so – das wird ihr nicht gfallen, der Königlichen Hoheit.

KLAUSTALER. Skandalös is das, Herr Ministerpräsident. Und des is ja erst der Anfang. Morgen will er dann über die Pubertät von der Königlichen Hoheit schreiben, über ihre früheren Liebhaber und was weiß ich noch alles ...

MINISTERPRÄSIDENT. So was tät ich über mich nicht gern lesen wollen, wenn ich irgendwo zu Bsuch hinkomm.

KLAUSTALER. Natürlich nicht, Herr Ministerpräsident ... wenn die Königliche Hoheit da heut jetzt kommt und gleich so was zu Gsicht bekommt, dann kann des ja auf die Königliche Hoheit bestimmt nur den ungünstigsten Eindruck machen, Majestät.

MINISTERPRÄSIDENT. Was?

KLAUSTALER. Äh – Herr Ministerpräsident, wollt ich natürlich sagen.

MINISTERPRÄSIDENT *nimmt die Zeitung wieder auf.* ... daß Sie vielleicht da einmal was unternehmen, Klaustaler, und mit dem Schimmerlos reden, dezent ...

KLAUSTALER. Ja – ich tät sagen ... in so einem Fall müssen wir gar ned so zimperlich sein, Herr Ministerpräsident ... *Der Ministerpräsident schaut kurz auf.* ... äh ... ich mein zurück-

haltend – des machen wir gleich von oben herab ... äh ... ich mein, von innen heraus: Da ruf ich jetzt gleich die Verlegerin direkt an, die Frau von Unruh, und sag ihr deutlich ... äh ... was Sache ist, hm?
MINISTERPRÄSIDENT. Ja – des müssen Sie wissen, Klaustaler, wie Sie des machen. Ich möcht jedenfalls nicht in die Lage kommen, daß ich mich am Schluß noch entschuldigen muß bei der Königlichen Hoheit für die geschmacklosen Entgleisungen unserer Presse ...

Büro Unruh. Die Unruh sitzt an ihrem Schreibtisch und telefoniert. Baby und Herbie stehen vor ihr.
UNRUH. Ja? ... Ja, Herr Staatssekretär ... Ja ... ja ... ach, finden Sie? ... Und der Herr Ministerpräsident findet das auch? ... Ja, Herr Klaustaler, wissen Sie, ich schreibe ja meine Zeitung nicht selbst, wenn Sie da was zu beanstanden haben, da müßten Sie sich schon direkt an Herrn Schimmerlos wenden ...
BABY. Was – was will der?
UNRUH *macht eine Handbewegung zu Baby, er solle still sein.* Ich selbst nehme prinzipiell keinen Einfluß auf den redaktionellen Teil meiner Zeitung ... na ja – was ich persönlich davon halte, steht doch auf einem ganz anderen Blatt. Natürlich ist das geschmacklos ... ja, degoutant ... ja, ja, unter der Gürtellinie, absolut, Herr Staatssekretär ... ja, ja, ich weiß – aber da kann ich nur meinen seligen Kollegen Axel Springer zitieren, nicht wahr: »Ich bin manchmal ganz entsetzt, wenn ich lesen muß, was in meiner eigenen Zeitung steht!« ... Ja, ja, ich werde sehen, was sich da machen läßt ... äh ... Herr Staatssekretär ... auf Wiedersehen, Herr Staatssekretär ... *Sie legt auf.*
BABY. Paßt dem was nicht oder wie?
UNRUH. Ach – der kann mich doch mal!
HERBIE. Ja, was will er denn?
UNRUH. So gehts jedenfalls nicht, Freunde.
HERBIE. Wie?
UNRUH. Na ja ... diese ... diese Büstenhalter- und Unterrockperspektive ist ja wirklich auchn bißchen schmuddlig.
BABY. Ja, also wenn Sie des schmuddlig finden, dann brech

ma halt die Serie sofort ab – dann – verkaufen wir halt wieder fünfzigtausend weniger!
UNRUH. Quatsch! Ich laß mir doch nicht von Politikern vorschreiben, was in meiner Zeitung steht. Wär ja auch schöner! Ich bin ein unabhängiges Blatt und das bleib ich auch!
BABY. Na also, dann ...
UNRUH. Ja, aber son Schweinkram will ich in meiner Zeitung auch nicht lesen. Muß doch nicht immer nur im Dreck gewühlt werden, Baby.
BABY. Frau von Unruh: Wir haben eine tadellos recherchierte Pubertät von der Frau!
UNRUH *degoutiert.* Pubertät!
HERBIE. ... und wir haben ein Zimmer im Bayerischen Hof, direkt neben der Königssuite, mit Blick auf ihr Bett!
UNRUH. Blick auf ihr Bett ... Ist das wahr?
HERBIE. Blick aufs Bett, frei und unverbaubar – da schieß ich durch mit meiner Spezialoptik – bis so! *Er deutet mit den Händen eine Großaufnahme seines Kopfes an.*
UNRUH *birgt ihr Gesicht in den Händen.* Mein Gott, ist das alles geschmacklos! Erzählen Sie mir so was nicht – ich will so was gar nicht wissen.
BABY. Ja – also, wie machmas jetzt?
UNRUH. Ja, Mensch ... das müßt ihr wissen. Ich möcht auf jeden Fall nicht in die Lage kommen, mich am Schluß entschuldigen zu müssen beim Ministerpräsidenten für die Schweinereien meiner Mitarbeiter.

Prinz-Carl-Palais. Das Palais ist beflaggt. Eine große dunkle Limousine mit Polizeieskorte steht vor dem Eingang. Die Türen des Palais werden geöffnet. Der Ministerpräsident im Trachtenanzug kommt in Begleitung seines Staatssekretärs Klaustaler heraus. Der Chauffeur öffnet den Schlag. Der Ministerpräsident und der Staatssekretär steigen ein. Die Eskorte fährt ab.

Im Wagen des Ministerpräsidenten. Der Wagen fährt durch die Stadt. Staatssekretär Klaustaler öffnet eine Ledertasche und holt einige Dossiers heraus.
KLAUSTALER. Das wär der Bericht vom Bundesnachrichten-

dienst über die innenpolitische Lage da drunt...

MINISTERPRÄSIDENT. Wie heißt das Land ganz genau, ich kann mirs nie richtig merken?

KLAUSTALER. Mandalia, Herr Ministerpräsident.

MINISTERPRÄSIDENT. Ah ja, richtig ... ich möcht immer Mandela sagen – weiß auch ned warum. Man-da-lia...

KLAUSTALER. Da müssens einfach nur immer an Mandeln denken und an Vandalen...

MINISTERPRÄSIDENT. Ah ja, Eselsbrücke – sehr gut!

KLAUSTALER. Und da hätten wir des Gutachten vom geologischen Institut über die Uranvorkommen da drunt. Und des wär des Exposé vom Außenministerium in Bonn ... wie Bonn die Lage da drunt sieht ... durch die Brille des Herrn Außenministers quasi...

MINISTERPRÄSIDENT. Ja danke, dem seine Brille brauchen wir nicht, weil a Brille haben wir selber ... und zwar a schärfere. *Er zieht seine Brille heraus, gibt Klaustaler das Dossier des Außenministers zurück.*

KLAUSTALER. Ja, ja ... hahaha ... des kann man wohl sagen. *Der Ministerpräsident blättert das Dossier über die Uranvorkommen durch.*

MINISTERPRÄSIDENT. Uranpecherz ... aha...

KLAUSTALER. Des is der Hauptrohstoff für die Gewinnung von Uran, Herr Ministerpräsident.

MINISTERPRÄSIDENT. Ja, danke, des is mir bekannt, Klaustaler... *Er legt das Dossier beiseite und öffnet die Akte vom Bundesnachrichtendienst. Auf dem Umschlag steht »BND – Mandalia«.* Aha ... aha ... omei, omei! Der schaut aber nicht gut aus, der König, da drunt...

KLAUSTALER. Der gilt aber allgemein als sehr gut aussehender Mann, Herr Ministerpräsident.

MINISTERPRÄSIDENT. Ja politisch mein ich!

KLAUSTALER. Aso politisch – ja, politisch is der schwach auf der Brust.

MINISTERPRÄSIDENT *liest weiter.* Omei, omei – Guerilla ... Camarilla ... Stammesfehden ... Familienfehden ... dynastische Probleme – da gehts ja sauber zu, da drunt in dem Vandalia ... da steht ja jeden Moment die Revolution ins Haus.

Flughafen Landebahn. Das Flugzeug der Königin von Mandalia setzt zur Landung an.

Flugfeld. Der Wagen des Ministerpräsidenten fährt mit Eskorte vor. Der Ministerpräsident und Klaustaler steigen aus und gehen auf einen langen roten Teppich zu. Auf der einen Längsseite des Teppichs ist eine Ehrenformation Soldaten angetreten, auf der anderen die Trachtenkapelle. Am Anfang des roten Teppichs steht die Kutsche mit den Pferden bereit.
Fotojournalisten und Kameramänner klettern auf einen Tribünenwagen. Fernsehkameras werden aufgebaut.
Herbie steht mit Baby in der Nähe der Kutsche und fotografiert den Ministerpräsidenten, der sich an den Anfang des roten Teppichs gestellt hat, sein Jackett strafft und die Krawatte richtet. Klaustaler steht hinter ihm und wischt ihm mit einer kleinen Bürste Fussel von der Schulter.
MINISTERPRÄSIDENT. Also des brauchens wirklich nicht fotografieren, Fried!
HERBIE. Ach wieso, Herr Ministerpräsident, das sieht sehr gut aus ... das bringt so nen menschlichen Touch rein ...
MINISTERPRÄSIDENT. Ja, ja! Ihr mit euerm menschlichen Touch! Leut denunzieren, des is alles, was ihr könnt. Mit Ihnen, glaub ich, muß ich bald amal ein ernstes Wort reden, Herr Schimmerlos!
BABY. Wieso – was is los?
MINISTERPRÄSIDENT. Die Pressefreiheit in einem demokratischen Land wie dem unsern ist ein hohes Gut, Schimmerlos, aber sie ist nicht so gmeint, daß man jedermann öffentlich und ungestraft in den Dreck zieht, wies einem grad paßt, gell, Schimmerlos!
BABY. Ja, ja, Herr Ministerpräsident, is scho recht! Ich werd mirs merken.
Das Flugzeug mit den mandalesischen Emblemen rollt ans Ende des roten Teppichs.
MINISTERPRÄSIDENT. Ihr könnts froh sein, alle miteinander, daß ihr in einem Land leben dürfts, wos eine freie Presse gibt, ned wahr – und nicht sowo ... *Er macht eine Kopfbewegung in Richtung Flugzeug.* ... da wenn einer sein Maul so weit aufreißen tät wie Sie, Herr Schimmerlos, da wär er

Herbie (Dieter Hildebrandt, li.) und der Ministerpräsident (Georg Marischka, re.) bei der Ankunft der Königin von Mandalia (Michaela May).

morgen einen Kopf kürzer; gell, Fried, des merkts euch!
HERBIE. Na ja, Herr Ministerpräsident, also ...
BABY. Sei schtad, Herbie!
MINISTERPRÄSIDENT. Ja – sinds still und machens lieber a schöns Foto von der Königin, des wollen die Leut sehen!
Die Türe des Jets wird geöffnet, eine Treppe wird herausgeschwenkt, die Königin erscheint in der Türe: eine hübsche junge Frau von Anfang Dreißig in einem schlichten Chanelkostüm und einem Hütchen auf dem Katharinenkranz und einem strahlenden Lächeln.
MINISTERPRÄSIDENT. Da schauns hin, was des für a schöne Frau is!
Die Musikkapelle beginnt die mandalesische Nationalhymne zu spielen. Der Kommandeur der Ehrenformation brüllt:
KOMMANDEUR. Ehrenformation stillgestanden! Augen links! Präsentiert das Gewehr!

Der Ministerpräsident geht gemessenen Schrittes über den Teppich auf das Flugzeug zu. Herbie und die anderen Fotografen schießen ihre Bilder.
Die Königin kommt die Treppe herunter, einige Schritte hinter ihr der Chef des mandalesischen Geheimdienstes, Oberst Robert Montgomery in weißer Uniform.
Der Ministerpräsident verbeugt sich vor der Königin und gibt ihr die Hand. Er muß fast schreien, um den Lärm der Kapelle zu übertönen.
MINISTERPRÄSIDENT *laut.* Willkommen in der Heimat, Königliche Hoheit!
KÖNIGIN. Es ist mir eine große Ehre, Herr Ministerpräsident, aber des hätts doch wirklich nicht braucht.
MINISTERPRÄSIDENT. Wie bitte?
KÖNIGIN *laut.* Ich sag: Des wär doch wirklich nicht nötig gwesen, daß Sie persönlich . . .
MINISTERPRÄSIDENT. Ich versteh nix . . . Entschuldigung . . . Himmiherrgottsakrament . . . Klaustaler! *Er dreht sich zu Klaustaler um, der einige Schritte hinter ihm steht.* Müssen die da jetzt so laut spielen? Man versteht ja sein eigenes Wort nicht!
KLAUSTALER *hilflos.* Jamei . . . des is die mandalesische Nationalhymne, die ghört so laut.
MINISTERPRÄSIDENT. Des klingt ja wie »O Tannenbaum«!
KÖNIGIN *nimmt den Ministerpräsidenten am Arm.* Gfallts Ihnen nicht, unsere Nationalhymne? Hab ich extra neu komponieren lassen.
MINISTERPRÄSIDENT. Jaja doch – sehr schön is. Klingt fast ein bissl wie »O Tannenbaum«.
KÖNIGIN. Jaja – freilich, solls ja. Des war meine eigene Idee.
MINISTERPRÄSIDENT. Ja wirklich sehr schön.
Der Ministerpräsident und die Königin schreiten Arm in Arm an der lärmenden Kapelle und der Ehrenformation entlang. In einigem Abstand folgen Montgomery und Klaustaler. Herbie geht vor Ministerpräsident und Königin und fotografiert.
Die Kompanie schießt eine Salve Salut. Der Ministerpräsident kommt mit der Königin ans Ende des Teppichs, wo die Kutsche steht. Die Königin ist ganz begeistert.
KÖNIGIN. Ja, mei, Herr Ministerpräsident – a Kutschn auch noch! Des is aber jetzt wirklich a nette Idee!

Der Ministerpräsident reicht der Königin galant die Hand zum Einsteigen. Dann steigt er selbst ein und setzt sich neben sie. Gegenüber nehmen Klaustaler und Montgomery Platz. Herbie springt neben der Kutsche auf den Bock und richtet seinen Apparat auf die Königin.

HERBIE. Huhu! Königliche Hoheit! Huhu! Könnense mal den Kopf ein bißchen höher nehmen ... und den Blick so in die Ferne ... so über die Wiesen und Felder der Heimat und so ...

Die Königin posiert und lächelt süß. Auch der Ministerpräsident lächelt.

Ludwigstraße vor Sassoon. Mona steigt aus einem Taxi und geht auf den Frisiersalon zu. Unter dem Arm trägt sie einen Packen Zeitschriften. In den Fenstern des Salons hängen Poster der Königin Katharina mit ihrer typischen Frisur, einem zu einem Kranz geflochtenen Haarzopf. Mona will die Tür öffnen, die Tür ist abgesperrt.

MONA *klopft an die Scheibe.* Hubsi – mach auf!

Der Friseur Hubsi kommt gelaufen und sperrt auf. Als er die Tür öffnet, dringt lautes Geschnatter und Geplapper von Stimmen heraus.

MONA. Warum sperrst denn du ab?

HUBSI. Du ... hier ist der Teufel los ... der Teufel ist los ... sie sitzen schon in Dreierreihen ... in Dreierreihen, Mona!

MONA. Ja, dann geh ich halt wieder ...

HUBSI. Nee, nee, Mona ... komm rein! Aber nen Katharinenkranz kann ich dir nicht mehr machen ...

MONA. Einen was?

HUBSI. ... ich hab kein einziges Haarteil mehr ...

MONA. Ich will ja gar keinen ...

HUBSI. Außerdem dauert das mindestens drei Stunden mit Strähnen und Flechten und Binden und Stecken ...

MONA. Ja – ich will ja nur Waschen und Legen!

HUBSI. Ach so ja ... ja, dann komm rein!

MONA. Ein Getue is des mit der Königin ...

HUBSI. Ach – grauenvoll, sag ich dir!

Mona geht hinein. Hubsi sperrt hinter ihr die Tür ab und hängt ein Schild hinter die Scheibe: »Wegen Überfüllung geschlossen.«

Die Königin von Mandalia (Michaela May) und Staatssekretär Klaustaler (Walter Schmidinger) in der Kutsche.

Im Salon. Etwa dreißig Frauen sitzen in Dreierreihen gestaffelt hintereinander. Die in der vordersten Reihe haben ihr Haar alle schon zum Katharinenkranz aufgedreht und lesen Illustrierte mit dem Titelblatt der Königin. Für Mona wird ein Stuhl in die vierte Reihe gestellt, neben eine Kundin (Liane von Alvensleben), deren Haare ebenfalls zum Katharinenkranz geflochten werden. Mona und Liane begrüßen sich, Mona setzt sich, schlägt Die Zeit auf und beginnt zu lesen, Liane vertieft sich wieder in ihre Illustrierte mit dem Titelblatt der Königin.

Straße Altstadt. Die enge Gasse ist zu beiden Seiten mit weißblauen Fahnen beflaggt. Auf den Bürgersteigen drängen sich die Menschen und jubeln der königlichen Kutsche zu. Vor der Kutsche fährt der Brauereiwagen mit der spielenden Blasmusik, hinter der Kutsche ein Aufnahmewagen des Fernsehens, auf

dessen Dach Kameraleute, Fotografen, Journalisten und Rundfunkreporter dichtgedrängt stehen.
Die Königin lächelt und grüßt nach allen Seiten, ebenso der Ministerpräsident. Auch Klaustaler und Montgomery lächeln und winken. Die Begeisterung der Menge steigert sich ins Frenetische. Hochrufe ertönen, einzelne Bürger drängen sich an die Kutsche heran und versuchen, der Königin die Hand zu schütteln.
SPRECHCHÖRE. Ka-thi! Ka-thi! Bra-vo! Bra-vo!

Vor Frisiersalon. Liane und Mona kommen aus dem Frisiersalon. Hubsi sperrt hinter ihnen gleich wieder zu. Die beiden Frauen sind in einer heftigen Diskussion begriffen.
LIANE. Ach hör mir doch auf mit politischer Wirklichkeit! Wir waren doch dort, Hubertus und ich, wir haben dort vier Wochen Urlaub gemacht. Das waren die schönsten Ferien unseres Lebens ... Traumhafte Strände haben die dort, meilenweit feiner weißer Sand und Kokospalmen, wohin du schaust ...
MONA. Ja – wenn einer natürlich bloß auf die Kokospalmen schaut, dann is kein Wunder, daß er keine Uranbergwerke sieht.
LIANE. Uranbergwerke gibts da überhaupt nicht, Mona.
MONA. Also entschuldige, Liane, red doch nicht so einen Schmarrn, es gibt da unten Uranbergwerke, in denen die Arbeiter ...
LIANE *unterbricht.* Es gibt sie nicht, Mona – wir waren doch da.
MONA. Aha. Und Elendsviertel gibts auch keine? Und keine Guerillas und kein Bürgerkrieg und keine Leut, die verhungern und nix?
LIANE. Was? Verhungern? – Weißt du, was wir dort gegessen haben? *Solche* Hummer, frisch aus dem Meer, die tollsten Fische, die schönsten Früchte, *solche* Steaks, französischer Käse ... vierundzwanzig Sorten auf Silberplatten – und das alles fürn paar Pfennig. Übernachtung und Vollpension im Fünf-Sterne-Hotel für achtzig Katharinentaler – das sind umgerechnet fünfundvierzig Mark! – also bitte erzähl mir nicht, daß da ein Mensch verhungert! Und die Leute, sag ich

dir, die Menschen da unten sind von einer Freundlichkeit und von einer Fröhlichkeit ...

MONA. Sicher singens und tanzens den ganzen Tag!

LIANE. Ja! Das tun sie auch! Auch wenn sie nur ein paar Fetzen am Leib haben. Die sind nicht so wie wir, die freuen sich einfach ihres Lebens, die denken nicht ans Morgen, die machen sich auch keine Sorgen und haben keine Magengeschwüre – die singen und tanzen und lachen und zeigen dir voller Stolz ihre Körper mit dieser tollen samtenen braunen Haut und den großknospigen Brüsten und schwellenden Ärschen ... *Sie ist auf der Straße stehengeblieben und veranschaulicht mit ausladenden Gesten die körperlichen Vorzüge der Mandalesen.* ... den ganzen Tag denken die an nichts anderes als an die Lust und die Liebe und die Sonne und das Meer – an so was denken die da drunten – und nicht an Politik und Revolution und so ...

Promenadeplatz. Die Kutsche mit der Königin, dem Ministerpräsidenten, Klaustaler und Montgomery fährt unter dem Jubel der Menge durch die enge Hartmannstraße am Restaurant Schwarzwälder vorbei zum Promenadeplatz. Der Wagen mit der Blasmusik und der Tribünenwagen mit den Fotoreportern folgen. Auf den Bürgersteigen drängen sich die Schaulustigen; sie winken und rufen der Königin zu. Die Kutsche fährt über den Promenadeplatz bis hin zum Bayerischen Hof, vor dem sich ebenfalls Schaulustige drängen.

Hotelgang. Baby und Herbie kommen aus dem Lift, gehen eilig den Gang hinunter und verschwinden im Zimmer 624.

Hotelzimmer. Baby schaut zum Fenster hinaus. Von der Straße her hört man den Jubel der Menge. Herbie steht vor der Verbindungstür und montiert seine Spezialoptik, ein langes dünnes Rohr, das er durch das Schlüsselloch schiebt.

Königssuite. Durch den Fotoapparat gesehen. Mehrere Hoteldiener tragen das Gepäck der Königin herein; etwa zwanzig Koffer und Reisetaschen verschiedener Größe. Eine schwarze Zofe überwacht den Transport.

Hotelzimmer.
HERBIE *leise.* Jetzt kommen die Koffer – willste da auch Fotos davon?
BABY *schließt das Fenster.* Alles will ich. Alles wird fotografiert!
Baby geht zur Verbindungstür und kniet sich neben Herbie. Herbie knipst. Baby will auch durch das Objektiv schauen. Die beiden reden im Flüsterton.
BABY. Zeig!
HERBIE. Baby – das sind nur die Koffer!
BABY. Ja – ich möchts trotzdem sehen! *Er schiebt Herbie beiseite und schaut durch die Kamera.*
HERBIE. Baby, jetzt laß mich doch mal...
BABY. Moment! ... Ui! Jetzt kommt der Geheimdienstbulle! Wo drück ich drauf?
HERBIE. Gar nich... da mußte erst mal die Blende und die Schärfe stellen – jetzt laß mich mal da hin! *Er schiebt Baby weg, stellt Blende und Schärfe ein und knipst.*
BABY. Was is jetzt? Was macht er?
HERBIE. Nichts...
BABY. Zeig! *Er will durch die Kamera schauen, Herbie schiebt ihn weg.*
HERBIE. Er macht nichts! Er geht wieder! Jetzt wackel nicht dauernd!... Da kommt sie! Jetzt kommt sie! *Er drückt mehrmals auf den Auslöser.*
BABY. Zeig!
Herbie rückt widerwillig beiseite, nimmt seine Brille ab und beginnt sie zu putzen, während Baby durch die Kamera schaut.
BABY. Jetzt gehts ins Bad, Mensch! Fotografier!
Herbie schraubt das Objektiv ab, so daß Baby nichts mehr sieht.
BABY *schaut auf.* Was...?
HERBIE. Du ... wir müssen uns jetzt mal grundsätzlich einigen, sonst funktioniert das nicht ... entweder ich mach die Fotos oder du!
BABY. Ja, aber ich möcht auch was sehen!
HERBIE. Dann mußte dir ein zweites Schlüsselloch bohren. Anders gehts nicht.
BABY. Tu das Objektiv wieder rein! *Herbie schraubt das Objektiv wieder an. Baby schaut durch die Kamera.* Jetzt

Die Königin von Mandalia (Michaela May) in der Königssuite.

kommts wieder! Jetzt gehts zum Bett ... stimmt die Blende?
HERBIE *schiebt Baby zur Seite.* Paß auf! Wir machen das jetzt so: Einer guckt – einer lauscht! Und ich bin der, der guckt, okay? Sonst wird das nichts! *Er schaut durch den Fotoapparat.*
BABY *preßt sein Ohr gegen die Tür.* Ich hör nix – was macht sie?
HERBIE. Sie sitzt auf dem Bett und telefoniert ...
BABY. Mit wem?
HERBIE. Was weiß ich – mitm Kerl vielleicht!

Königssuite. Durch den Fotoapparat gesehen. Die Königin sitzt auf dem Bett. Sie wählt eine dreistellige Nummer und greift, während sie auf die Verbindung wartet, in eine kleine Reisetasche, aus der sie ein silbergerahmtes Porträtfoto ihres Mannes, James des Zweiten von Mandalien, herausholt, das den Monarchen im Polodress zeigt. Sie stellt das Foto auf den Nachttisch neben das Telefon.

Königin. Hallo? ... Ja, ich bin jetzt da ... ja, im Hotel ... ja, ja, allein, freilich ... Naa, heut abend is schlecht, da bin ich scho wieder eingladen – am liebsten wärs mir jetzt gleich, jetzt hätten wir zwei Stunden Zeit, da wären wir völlig ungestört ... zwei Stund müßten doch reichen für unser kleines Rendezvous ... ja, ja ... *Sie lacht.* ... ach, gleich überm Gang? Ja, des is praktisch! ... Ja, ja, ich freu mich auch! *Sie legt auf.*

Hotelzimmer. Herbie und Baby schauen sich an.
Herbie. Mensch du! – Rendezvous! Sie hat sichn Kerl ins Hotel bestellt – is das heiß!
Baby. Sag ich dir doch – a ganz a heiße Hosn is sie – immer scho gwesn!
Herbie schaut wieder durch die Kamera.
Baby. Was machts jetzt?
Herbie. Jetzt isse wieder ins Bad gegangen.
Baby. Ja und? Was machts?
Herbie. Kann ich nich sehen ... vielleicht wäschte sich noch irgendwas vorher.
Baby *gut gelaunt.* Du Saubär, du oider! Laß mich mal schnell durchschaun!
Herbie gibt die Kamera kurz frei. Baby schaut durch.
Herbie. Was machtse jetzt?
Baby. Jetzt hats ein Nachthemd angezogen.
Herbie. Laß mich fotografieren, Mensch! *Er stößt Baby zur Seite, schaut grinsend durch den Sucher, knipst.* ... Mensch, ist das heiß! Münchner Märchenkönigin kommt zum Rammeln in die Heimat. Und wir sind dabei – das is vielleich n Knüller!
Baby. Red ned – fotografier!

Hotelgang. Ein Herr mit zwei Koffer geht über den Gang zur Königssuite. Vor der Suite sitzt Montgomery auf einem Stuhl, eine Maschinenpistole über den Knien. Als der Herr mit den Koffern herantritt, steht Montgomery auf. Die beiden begrüßen sich herzlich.

Königssuite. Durch den Fotoapparat gesehen. Die Königin steht im Négligé vor dem Spiegel. Es klopft an der Türe. Die Königin

geht zur Türe und öffnet. In den Salon tritt der bürgerlich aussehende Herr mittleren Alters, in seinem unauffälligen grauen Anzug und den beiden schwarzen Samsonite-Koffern.
RAEBER. Gruezi, Königliche Hoheit!
KÖNIGIN. Grüß Sie Gott, lieber Herr Raeber!
Die Königin reicht Raeber die Hand, Raeber setzt seine Koffer ab und küßt galant die Hand.

Hotelzimmer. Herbie starrt durch die Kamera, Baby preßt das Ohr an die Tür.
HERBIE. Was isn das für ein Typ? Wieso bringt der Koffer mit, wenn er mit ihr bumsen will?
BABY. Was hat er? An Koffer?
HERBIE. Guck dir den mal an!
BABY *schaut durch die Kamera.* Was is denn des für a Vogel?

Königssuite. Durch den Fotoapparat gesehen. Raeber schaut die Königin in ihrem Négligé etwas unsicher an.
RAEBER *mit Schweizer Akzent.* Ja ... jetzt ... bin ich vielleicht doch etwas zu früh gekommen, Königliche Hoheit. Sie sind ja noch im Négligé.
KÖNIGIN. Ja – stört Sie des, Herr Raeber?
RAEBER. Ja ... nein ... wie soll ich sagen ... ich bin verwirrt ... ich weiß ja gar nicht, wo ich hinschauen soll ...
KÖNIGIN. Schauns halt einfach hin, wos wollen, Herr Raeber!
RAEBER. Ja ... dann bin ich so frei, Königliche Hoheit ... *Er greift nach seinen beiden Koffern und stellt sie neben dem Tisch des Salons ab.* ... Ich hoffe nur, daß ich meine fünf Sinne beieinanderhalten kann.
KÖNIGIN. Geh – Sie sind doch ein kühler Geschäftsmann, Herr Raeber!
RAEBER. Ja – aber wenn mir das Blut zu Kopfe steigt, dann kann ich vielleicht eins und zwei nicht mehr zusammenzählen. Ich glaube gar, Sie wollen das?
KÖNIGIN. Also Herr Raeber, wenn Sie des von mir denken, dann zieh ich mir halt schnell was anders an ... mir wars nur grad so heiß ...
RAEBER. Nein, nein, bleiben Sie nur, wie Sie sind: Ich finde das ganz besonders bezaubernd. Ich habe einmal ein Ge-

schäft mit dem Sultan von Brunei gemacht, im königlichen Harem ... aus Sicherheitsgründen ... da waren die Damen ganz à poil...

Hotelzimmer. Baby schaut durch die Kamera. Herbie hat das Ohr gegen die Tür gepreßt.
HERBIE. à was waren sie, die Damen?
BABY. à poil: nackert, auf französisch!
HERBIE. Nackt im Harem? Du – weißte, was ich dir sage? Der Typ ist ein Mädchenhändler!
BABY. Oder ganz was anders.

Hotelgang. Montgomery geht im Gang langsam auf und ab und summt die mandalesische Nationalhymne vor sich hin.

Hotelzimmer.
HERBIE. Was macht er jetzt?
BABY. Jetzt macht er seine Koffer auf.
HERBIE. Laß mich doch auch mal gucken!
BABY *wehrt ab.* Moment...

Königssuite. Durch den Fotoapparat gesehen. Raeber kniet am Boden vor seinen geöffneten Koffern. Als erstes holt er ein Reliefmodell des Inselstaates Mandalia aus dem Koffer, faltet es auseinander, legt es auf den Boden.
RAEBER. So, Königliche Hoheit. Das ischt Ihr Land.
KÖNIGIN. Ja ... ich kenns, Herr Raeber, aber...
RAEBER. Ja, ich mach das lieber so, damit wir genau wissen, wovon wir reden und was wir brauchen!
KÖNIGIN. Ich weiß genau, was ich brauch, Raeber!
RAEBER. Ja, das sagt man immer – und schlußendlich hat man dann zuviel oder zuwenig, oder Systeme, die schlußendlich nicht zusammenpassen! *Jetzt stellt er verschiedene Puppen und Figuren um die Insel herum.* Das ischt der Norden, da sitzt der Russe... *Er stellt einen kleinen Bären mit dem Sowjetstern dazu.* ... das ischt der Süden, da sitzt der Onkel Säm... *Er stellt eine Uncle-Sam-Puppe daneben.* ... das ist der Westen, da sitzt der Inder, und da im Osten sitzt der Kinäse. *Er stellt die Puppe eines Schlangenbeschwörers in den Westen und einen chinesi-*

schen Porzellandrachen in den Osten der Insel. Dann nimmt er zwei Puppen, die Guerillas darstellen, postiert sie im nördlichen Teil der Insel, die mit Dschungelwald bedeckt ist. ... da sitzt der Guerilla, und da herunten ist der Palascht ... *Er stellt das Modell eines weißen Palastes an den Meeresstrand in den Süden und setzt einen kleinen König in Phantasieuniform und eine Königin mit Krönchen auf den Kopf neben den Palast.* ... und da sitzen Sie, Königliche Hoheit, und Ihr Herr Gemahl ...
KÖNIGIN *schaut sich die Königspuppe an.* Mei, is des herzig, der James!
REIBER. Wie geht es ihm denn so by the way?
KÖNIGIN. Mei ... dem gehts immer gut, solang er nur sein Polo spielen kann. Den Ernst der Lage will er halt nicht begreifen.
RAEBER. Da muß er sich aber glücklich schätzen, daß er eine Frau hat wie Sie, die sich nicht so auf der Nase herumtanzen läßt ...
KÖNIGIN. Das laß ich mir auch nicht ...
RAEBER. Ja, das brauchen Sie auch nicht. Ich habe Ihnen da ein Sortiment zusammengestellt ... *Er holt einen Leinensack aus seinem Koffer.* ... das ischt modern, aber nicht zu sophisticated, preiswert und effektiv! *Er öffnet das Leinensäckchen und holt als erstes ein Panzermodell heraus und stellt es neben den Palast. Dann holt er eine Feldhaubitze aus dem Säckchen, stellt sie neben den Panzer.*

Hotelzimmer. Baby und Herbie, beide vor dem Schlüsselloch kniend, schauen sich entsetzt an.
HERBIE. Sag mal ... hat die ne Meise oder was? Kauft die da Kriegsspielzeug?
BABY. Des is koa Spielzeug, Herbie ... *Er schaut wieder durchs Schlüsselloch.*

Königssuite. Raeber hat ein größeres Panzermodell auf den Boden gestellt und läßt es mit Funkfernbedienung ins Schlafzimmer hinüberfahren. Der Panzer ist beleuchtet, dreht den Turm und gibt im Schlafzimmer Schüsse in Richtung Verbindungstür ab.
RAEBER *stolz.* Schauen Sie! Wie er abzischt, unser Lux! Der ischt genauso gut wie der Leopard!

KÖNIGIN. Ja, der schaut sehr gut aus. Der gfallt mir. Was kost denn der?
RAEBER. Siebenkommafünf Millionen.
KÖNIGIN. Mark?
RAEBER. Schweizerfranken, Königliche Hoheit. Schweizerfranken.
KÖNIGIN. Is da die Kanone mit dabei?
RAEBER. Kanone ist immer extra, Königliche Hoheit! *Er läßt den Panzer schießen.*
KÖNIGIN. Des is fei viel Geld für einen Panzer, Raeber. Da krieg ich ja schon fast einen gebrauchten Jagdbomber dafür.
RAEBER. Das nützt Ihnen gar nichts, ein Jagdbomber, auch wenn er noch so schön ist. Sie dürfen nicht die einzelne Waffe sehen, Sie müssen das gesamte Konzept im Auge haben. Ich bau Ihnen jetzt erst einmal das ganze System zusammen, und dann reden wir in Ruhe über den Preis.
KÖNIGIN. Ja gut, von mir aus. *Sie geht ins Schlafzimmer, holt eine Flasche Champagner und zwei Gläser. Ehe sie damit wieder zurück in den Salon geht, schiebt sie die Träger ihres Négligés über die Schultern, um ihr Décolleté zu vergrößern.*

Hotelzimmer. Baby und Herbie schauen mit offenem Mund abwechselnd durch das Schlüsselloch.

Hotelgang. Montgomery schlendert an Zimmer 624 vorbei und wieder zurück zur Königssuite.

Königssuite. Die Königin schenkt Raeber, der verschiedene Waffenmodelle auf der Insel plaziert, ein Glas Champagner ein.
RAEBER. Jetzt glaube ich fast, Sie wollen mich betrunken machen ...
KÖNIGIN. Ja – wollens lieber ein Mineralwasser?
RAEBER. Nein, merci vielmals, Champagner am Nachmittag, da sag ich niemals nein.
Sie stoßen an.
KÖNIGIN. Auf ein gutes Geschäft, Herr Raeber!
RAEBER. Ja, lang lebe das Königreich Mandalia!
Sie trinken.

Hotelzimmer.
HERBIE *schaut durch die Kamera.* Das ist ja richtig übel, du!
BABY. Was?
HERBIE. Ich glaub, jetzt spielense Dschungel entlauben.
BABY. Was? Zeig! *Er schaut durch die Kamera.*

Königssuite. Raeber hat das Inselmodell vollgestellt mit Panzern, Flugzeugen, Artillerie, Stacheldraht, Befestigungen und läßt ein Propellerflugzeug und eine Spraydose über dem mandalesischen Dschungel kreisen …
RAEBER. … das machen wir mit kleinen zweimotorigen Flugzeugen, sehen Sie, so … *Er drückt mehrmals auf die Spraydose, zieht dann ein kleines Baummodell aus dem Dschungel und schüttelt die Blätter ab.* Das sieht dann so aus. Da kann er sich dann nirgendwo mehr verstecken, der Guerilla …
KÖNIGIN. Aha, des is gut!
RAEBER. … dann kommen unsere Kampfhubschrauber, mit der Lenkrakete Hot bewaffnet, die durchschlägt alles und jedes, Panzerungen bis 45 Zentimeter und Unterstände … *Er demonstriert mit zwei Hubschraubern, greift dann zu den Panzern.* … während der Erdvorstoß von unsrem Lux mit seiner 120-Millimeter-Glattrohrkanone vorgetragen wird, mit Feuerunterstützung durch unsere Feldhaubitze 165-2 – das ist überhaupt unser Verkaufsschlager – und unserem Mehrfachgranatenwerfer Billy. *Er demonstriert das alles mit kleinen Modellen und macht die entsprechenden Kampfgeräusche dazu mit dem Mund.* … zsch … puff … bumm … peng … ratatata … das ist dann das Ende des Guerilla. Und wenn dann trotzdem von dem Lumpenpack noch ein paar davongekommen sein sollten, dann putzen wir die einfach damit weg. *Er greift noch mal in den Koffer und holt eine Maschinenpistole heraus.*

Hotelzimmer. Herbie und Baby schauen sich stumm an. Herbie beginnt seine Brille zu putzen. Baby schaut wieder durch das Schlüsselloch.

Hotelgang. Montgomery geht wieder an Zimmer 624 vorbei, den Gang hinunter zur Herrentoilette, dort verschwindet er. Von der

Der Waffenhändler Hugo Raeber (Paul Hubschmid) demonstriert der Königin von Mandalia (Michaela May) sein neuestes Modell.

anderen Seite her kommt eine Schulklasse, angeführt von zwei Lehrerinnen.

Königssuite. Raeber steht jetzt mit der Maschinenpistole im Anschlag auf der Schwelle zwischen Salon und Schlafzimmer. Die Königin steht neben ihm. Die Mündung der automatischen Waffe zeigt direkt auf die Verbindungstür, hinter der Baby und Herbie lauschen.

RAEBER. ... das ischt unser Armeeuniversalgewehr, die modernste automatische Handfeuerwaffe im Kaliber neun mal neunzehn, die das Abgeben von Einzelfeuer und Feuerstößen in allen Anschlagsarten erlaubt. Sehen Sie, Königliche

Hoheit, da stecken Sie nur einfach hier das Magazin hinein... *Er drückt ihr die Waffe in die Hand.*

Hotelzimmer. Baby schaut durchs Schlüsselloch, Herbie lauscht an der Tür.
HERBIE. Was machense jetzt?
BABY. Aufn Guerilla schießen.
HERBIE. Aha!

Königssuite. Die Königin zielt in Richtung Verbindungstür.
RAEBER. ... und dann gehen Sie in den Anschlag, zielen auf den Guerilla und dann drücken Sie einfach da drauf und ziehen ab ... ratatata...
Die Königin zieht ab und schießt mit scharfer Munition auf die Verbindungstür, hinter der Baby und Herbie kauern.
RAEBER. Halt! Stopp! Das ist das Dauerfeuer. Stopp!
KÖNIGIN. Ja – es geht nicht – wie gehtn des? Des hört nicht auf, Raeber!

Hotelzimmer. Baby und Herbie liegen flach auf dem Boden. Über ihnen durchschlagen die Geschosse die Tür und bohren sich hinter ihnen in die Wand. Eine Kugel trifft den Fernseher. Die Mattscheibe zerspringt mit lautem Knall in tausend Stücke.
BABY. Raus! Schnell!
Herbie packt Stativ und Fotoapparat, wirft sich schnell wieder neben Baby auf den Boden. Immer noch schießt die Königin. Die beiden kriechen auf dem Bauch zu der Tür des Zimmers, die hinaus auf den Gang führt. Mit Schrecken sieht Baby, wie sich durch die Wucht der Geschosse hinter ihnen langsam die Verbindungstür zur Königssuite öffnet. In diesem Moment beginnt auf dem Gang ein Kinderchor zu singen.

KINDERCHOR.

Hoch auf dem gelben Wagen,
sitz ich beim Schwager vorn.
Vorwärts die Rosse traben,
lustig schmettert das Horn...

Baby öffnet die Zimmertür einen Spalt weit und späht auf den Gang hinaus.

Hotelgang. Vor der Tür zur Königssuite steht die Schulklasse und bringt der Königin ein Ständchen.

KINDERCHOR *singt.*

> Hoch auf dem gelben Wagen,
> sitz ich beim Schwager vorn...

Vom Ende des Ganges kommt Montgomery mit seiner MP aus der Toilette gelaufen, vom Lift her eilt Sedlacek mit zwei Hotelangestellten herbei. Montgomery bahnt sich einen Weg durch die Schulklasse und reißt die Türe zur Königssuite auf. Da tritt die Königin schon heraus. Sie lächelt freundlich. Hinter ihr steht Raeber, der ebenfalls lächelt. Ein kleines Mädchen tritt vor, knickst und überreicht der Königin einen Blumenstrauß.
KLEINES MÄDCHEN. Die Klasse 4a von Ihrer alten Schule vom Hasenbergl sagt unserer Königin Katharina ein herzliches Willkommen!
Montgomery, Sedlacek und die Hotelangestellten stehen verdutzt da. Montgomery wendet sich an Sedlacek.
MONTGOMERY. Wer hat da geschossen?
Sedlacek zuckt die Schultern. Der Kinderchor singt weiter. Die Königin küßt das Mädchen.
KÖNIGIN. Mei – des is aber lieb von euch!
Montgomery geht an der Königin vorbei in die Königssuite. Sedlacek schaut mit einem ängstlichen Blick zur Tür des Zimmers 624, die einen Spalt weit geöffnet ist. Baby schaut heraus. Sedlacek gibt ihm mit einer Handbewegung zu verstehen, er solle schnell verschwinden. Baby öffnet vorsichtig die Türe, packt Herbie am Arm, schiebt ihn hinaus. Schnell gehen die beiden hinter dem Rücken der Königin den Gang hinunter und verschwinden um eine Ecke. Der Kinderchor singt weiter.

Königssuite. Montgomery geht vom Salon ins Schlafzimmer der Königin. Er sieht die aufgeschossene Türe zum Nebenzimmer.

Hotelzimmer. Montgomery betritt das Zimmer und schaut sich um. Auf dem Boden neben der Türe liegt die aufgerissene Verpackung einer Filmspule. Montgomery bückt sich und hebt das Schächtelchen auf. Beim Aufrichten sieht er das präparierte Türschloß.

MONTGOMERY *geht zur Zimmertür, öffnet sie und ruft Sedlacek herein.* Kommen Sie! *Ängstlich betritt Sedlacek das Zimmer. Montgomery packt ihn an der Krawatte.* Wer war hier?

SEDLACEK. Ich ... ich weiß es nicht.

MONTGOMERY. Hier war jemand und hat spioniert!

SEDLACEK. So?

Vor Hotel Bayerischer Hof. Baby und Herbie fahren in hohem Tempo aus der Tiefgarage hinaus auf die Straße.

Büro Ministerpräsident. Der Ministerpräsident sitzt an seinem Schreibtisch, hat die Hosenbeine hochgekrempelt und nimmt gerade ein Fußbad. Klaustaler kommt atemlos hereingelaufen.

KLAUSTALER. Die Königin ist außer sich, Majestät! Sie will sofort abreisen.

MINISTERPRÄSIDENT. Ein unerhörter Skandal is des, Klaustaler! Bespitzelung durchs Schlüsselloch, ja wo gibts denn so was!

KLAUSTALER. Jawohl, Herr Ministerpräsident, des frag ich mich auch.

MINISTERPRÄSIDENT. Wie hat denn so was passieren können?

KLAUSTALER. Ich weiß nicht, Herr Ministerpräsident.

MINISTERPRÄSIDENT. Wer wars denn?

KLAUSTALER. Ja – wir wissens noch nicht, Herr Ministerpräsident, aber der Bundesnachrichtendienst schwört Stein und Bein, daß ers nicht war. Und der MAD wars auch nicht, sagt er. Und beim Verfassungsschutz ham wir uns auch erkundigt, die wissen von überhaupt nix. – Wir müssen uns jetzt sofort entschuldigen bei der Königin, Herr Ministerpräsident, sonst ist die imstand und reist sofort ab.

MINISTERPRÄSIDENT. Ich hab mich für nix zu entschuldigen. Da sollen sich zerst amal die im Hotel da entschuldigen!

KLAUSTALER. Die haben sich alle schon entschuldigt, Herr

Ministerpräsident, alle ham sich entschuldigen müssen: die Zimmermadl, die Zimmerkellner, der Chefportier, der Geschäftsführer, der Besitzer – alle ham sich scho entschuldigt, aber des langt ihr nicht. Die Königliche Hoheit besteht darauf, daß wir uns als Gastland ... also reschpektive Sie halt, Herr Ministerpräsident als Gastgeber, sich unverzüglich und offiziell entschuldigen, sonst ... sonst kommts nicht zum Empfang und gar nix und reist unverzüglich ab.

MINISTERPRÄSIDENT. Blamabel is des! – Also gebens mirs her, rufens sies an!

KLAUSTALER. Herr Ministerpräsident – sie besteht darauf, daß Sie persönlich vor ihr erscheinen und ... äh ... wie gsagt ... diesen Kniefall da ... äh ... persönlich ... sagt sie ...

MINISTERPRÄSIDENT. Ja – Nach Canossa geh ich! Zu der Frau Kathi Maiböck von Vandalia! – Gebens mir meine Schuh! A so was Peinlichs!

Klaustaler bückt sich nach den Schuhen. Der Ministerpräsident trocknet seine Füße ab.

Vor Hotel Bayerischer Hof. Es ist Abend. Eine dunkle Limousine hält vor dem Hotel. Aus dem Wagen steigen Klaustaler und der Ministerpräsident. Klaustaler trägt einen riesigen Blumenstrauß. Vor der Türe des Hotels wickelt er ihn aus und gibt ihn dem Ministerpräsident. Dann gehen die beiden hinein.

Büro Schimmerlos. Edda sitzt am Schreibtisch und schaut auf die Uhr. Dann greift sie zum Telefon und wählt.

Wohnung Schimmerlos. Herbie liegt auf dem Bett, Mona steht am Schreibtisch und betrachtet die Fotos, die Herbie durchs Schlüsselloch gemacht hat. Baby sitzt auf seinem Schreibtischstuhl und telefoniert mit Edda.

BABY *ins Telefon.* ... Edda, laß mich in Ruh, Himmiherrgottsakrament, wir wissens noch ned genau, was wir für a Gschicht machen. Vielleicht machma doch »Kathi in der Pubertät« oder so was.

MONA. Das machst du nicht, Baby!

BABY *zu Mona.* Mona! *Ins Telefon.* Edda, wir machen ...

MONA *nimmt ihm den Hörer aus der Hand.* Edda? Hören Sie:

Der Baby ruft Sie in zehn Minuten zurück. Dann sagt er Ihnen, was er macht – jedenfalls nicht »Kathi in der Pubertät«. *Sie legt auf.*

BABY. Sagamal, spinnst du jetzt total oder was?

MONA. Wer die Wahrheit weiß, der muß sie auch schreiben!

BABY. Geh Mona, jetzt hör mit deinem Politschmus auf! Wahrheit!

HERBIE. Auf uns hamse geschossen!

MONA. Aha! Habts jetzt Angst auf einmal!

HERBIE. Du Mona, du warst ja nicht dabei – einen Augenblick länger, wenn ich durch die Linse geguckt hätte, du dann hätte mir die Wahnsinnige da die Birne weggeblasen. Bin schließlich Gesellschaftsfotograf und kein Kriegsberichterstatter! Und bevor wir solchen Figuren da ans Bein pinkeln, dürfen wir uns ja zumindest vorher noch mal in Ruhe die Konsequenzen überlegen.

MONA. Da gibts doch überhaupt nix zu überlegen! Die Frau hat eine Riesensauerei vor! Kauft Panzer, Bomben und Granaten, damits da unten die Leut ausrotten kann – und ihr habts die Beweise dafür. So was muß doch morgen in der Zeitung stehen.

BABY. Ja – und übermorgen bastelt mir der mandalesische Geheimdienst a Bomben in mei Auto nei!

MONA *schaut Baby und Herbie verächtlich an. Dann nimmt sie ihren Mantel, der auf dem Schreibtisch liegt. Dabei läßt sie mit einer Hand einen Packen von Herbies Fotos unter dem Mantel verschwinden. Sie geht zur Türe und dreht sich noch einmal um.* Wer die Wahrheit nicht sagt, Baby, weil er sie nicht weiß, der ist vielleicht nur ein Dummkopf. Aber wer die Wahrheit kennt und sie nicht sagt, der ist ein Verbrecher!

BABY. Ja, ist scho recht!

MONA. Scheißts euch nur in die Hosen, ihr zwei Feiglinge ihr ...

HERBIE. Mona ... Mensch ...

MONA. Ich geh jetzt in die Stadt, und heut abend geh ich zum Empfang der Königin ...

BABY. Da gehst du nicht hin!

MONA. Doch, da geh ich hin. Und jedem, den ich treff, erzähl ich, was ich weiß, jedem!

BABY. Mona, des tust du nicht!
MONA. Jeder, der mir übern Weg läuft, erfahrt von mir die Wahrheit – inklusive Frau von Unruh, Ministerpräsident und der Königin selber. Allen sag ichs. Und dann werden wir ja sehen, was dann passiert. *Sie schlägt die Tür zu und läuft die Treppe hinunter.*
HERBIE *steht vom Bett auf.* Sag mal – willste sie nich lieber zurückhalten, bevor die da irgendwelche Dummheiten macht?
BABY. A geh! Solls doch erzählen, was mag – Glaubt ihr doch eh keiner.
HERBIE *steht etwas verwirrt vor dem Schreibtisch, schaut aufs Bett, schaut wieder auf den Schreibtisch.* Du ... äh ... das weiß ich nicht, weil ... äh ...
BABY. Was ist denn?
HERBIE *entsetzt.* Du, ich glaube, die hat meine Fotos mitgehen lassen. Sag mal – hattse die nich mehr alle!
BABY. Ja, spinnt denn die! *Er rennt zur Tür hinaus ins Treppenhaus, Herbie rennt ihm nach.* Mona! ... Mona!

Treppenhaus. Baby läuft die Treppe hinunter zum Erdgeschoß. Mona will gerade den Lift verlassen. Baby drängt sie in die Kabine zurück und fährt mit ihr wieder hinauf.

Büro Schimmerlos. Das Telefon läutet.
EDDA *hebt ab.* Ja? ... ja, Baby. *Sie klemmt sich den Telefonhörer zwischen Ohr und Schulter und rutscht mit ihrem Stuhl an die Schreibmaschine, in der bereits ein leeres Blatt eingespannt ist.*

Wohnung Schimmerlos/Büro Schimmerlos. Baby sitzt an seinem Schreibtisch, Mona neben ihm, Herbie gegenüber auf dem Bett.
BABY *diktiert Edda durchs Telefon.* Überschrift:
MONA. »Völkermord in Mandalia!«
BABY *zu Mona.* Ja – einen Moment! *Ins Telefon.* Edda, schreib: Überschrift: »Königin Kathi plant Völkermord« ...
EDDA. Was is los, Baby?
BABY. »Königin Kathi plant Völkermord« Edda, schreibs!
EDDA. Ja, sag amal ... is des dein Ernst, Baby?
BABY. Schreiben sollst, was ich dir sag, kruzifix!

EDDA. Ja, Baby ... wennst meinst ... *Sie tippt.*
BABY *diktiert weiter.* »Während ganz München im Monarchierausch schwelgt...«
MONA. Sehr gut Baby! *Sie nimmt seine Hand.*
EDDA *tippt.* »...Monarchierausch schwelgt« – weiter!
BABY. ...»bereitet Königin Katharina von Mandalia seelenruhig die Liquidierung der mandalesischen Freiheitsbewegung vor...«
EDDA. Du Baby ... entschuldige, nur a Frage: Weiß des die Unruh?
BABY. Du sollst ned blöd fragen, du sollst schreiben, was ich dir sag! Weiter: »In der Königssuite des Bayerischen Hofs empfing Ihre Königliche Hoheit heute nachmittag nicht nur einen Schülerchor vom Hasenbergl, sondern vor allem den international bekannten Schweizer Waffenhändler Hugo Raeber. Bei Champagner und im durchsichtigen Nachthemd...« – da kommt dann das Foto vom Herbie...
HERBIE. Baby ... die legen uns um, sag ich dir!
BABY *zu Herbie.* Hast Schiß oder was?
HERBIE. Nein ...ich mein ja nur ... vielleicht muß man nicht alles so direkt sagen – vielleicht kann mans ein bißchen verklausulieren ... so mehr durch die Blume?
BABY. Entweder – oder, Herbie! *Zu Edda.* »Bei Champagner und im durchsichtigen Nachthemd orderte Königin Kathi unter anderem: Diverse Kampfhubschrauber mit Lenkrakete Hot...«
EDDA *hört auf zu tippen.* Baby ... tu mir das nicht an! So was schreibt man doch nicht!
BABY. Du schreibst, was ich dir sag! Weiter!
Edda tippt...

Etwas später.
BABY *zu Edda.* So. Und des kriegt jetzt keiner zu sehen, keiner bevors druckt wird, weder der Chef vom Dienst, noch die Unruh, sondern des bringst du selber mit Fotos direkt in die Setzerei runter!
EDDA. Ja, Baby ... magst dus dir nicht noch amal überlegen? Weißt ... daß du jetzt vielleicht noch amal drüber schlafst ... weißt ... daß wir heut vielleicht doch lieber ihre Pubertät

bringen ... und den Dings da ... ihren Völkermord da ... vielleicht ein anders Mal, hm, Baby, was meinst!

BABY. Du tust, was ich dir sag, Edda! Ende! *Er legt auf.* So. *Zu Mona.* Bist jetzt zufrieden?

MONA. Hast du des jetzt nur meinetwegen gemacht?

BABY. Naa. Mehr so ... wegen der inneren Hygiene.

MONA *umarmt ihn.* Ich bin richtig stolz auf dich.

Herbie schaut skeptisch.

Druckerei. Durch die Rotationsmaschinen läuft Babys Artikel. Die gefalzten Zeitungen verlassen das Fließband.

Verlagsgebäude. Hof. Am Abend des gleichen Tages. Die Zeitungen werden verladen. Die Straßenverkäufer füllen ihre Tragetaschen und verlassen zu Fuß und mit Fahrrädern den Hof. Herbie holt sich vom Portier drei Zeitungen und geht lesend zum Wagen.

Vor Brunnenhof Residenz. Die geladenen Gäste fahren vor. Die Damen tragen lange Abendkleider und Katharinenkranz, die Herren Smoking oder Frack und Orden und Schärpen. Sie gehen in den Brunnenhof der Residenz, der für den königlichen Empfang festlich geschmückt ist. Friederike von Unruh steigt im prächtigen Abendkleid aus ihrem Wagen. Auch sie trägt einen Katharinenkranz. Hinter ihr kommt das Ehepaar Alvensleben an. Die Unruh und die Alvensleben begrüßen sich. Fröhlich plaudernd gehen sie in den Brunnenhof.

Über die Köpfe der Gäste hinweg sieht man, wie zwei Zeitungsverkäufer auf Fahrrädern angefahren kommen, absteigen und die MATZ *ausrufen.*

ZEITUNGSVERKÄUFER. ... MATZ von morgen! MATZ von Morgen! – Kathi plant Völkermord! MATZ von morgen! Völkermord in Mandalia ...!

Es dauert eine Weile, ehe die ersten Festgäste auf die Rufe der Zeitungsverkäufer reagieren. Neuankommende Gäste steigen aus ihren Wagen aus, kaufen die Zeitung, schlagen sie sofort auf und beginnen zu lesen. Am Eingang zum Brunnenhof entsteht ein Stau.

ZEITUNGSVERKÄUFER. ... MATZ von morgen: Waffengeschäft im Nachthemd! Bomben und Granaten bei Champagner! ... MATZ von morgen!

Frau von Unruh (Ruth-Maria Kubitschek, li.) und die umstehenden Gäste sind entsetzt von Baby Schimmerlos' Artikel.

Im Brunnenhof. Die Gäste drehen sich um und schauen hinaus zu den Zeitungsverkäufern. Herr und Frau von Alvensleben schauen die Unruh an, die wie vom Donner gerührt dasteht. Dann bahnt sich die Unruh rasch einen Weg durch die Menge, hin zu den weiterrufenden Zeitungsverkäufern, reißt einem von ihnen die MATZ *aus der Hand. Sie schaut das Titelblatt ihrer Zeitung an, auf dem ein großes Foto von der Königin in der Kutsche zu sehen ist unter der Schlagzeile: »Kathi – Wir lieben dich!!!« Gleich daneben in einem Kasten ist zu lesen: »Königin Kathi plant Völkermord – Ein Hintergrundbericht von Baby Schimmerlos«. Mit einem Griff schlägt die Unruh die Seite mit Babys Artikel auf und starrt auf das Bild, das die Königin im Négligé mit ihrem Champagnerglas und den Waffenhändler Hugo Raeber mit seiner Maschinenpistole zeigt. Langsam läßt die Unruh die Zeitung sinken und schaut über die Schulter in den Brunnenhof. Die Blicke der Anwesenden sind auf sie gerichtet. Ihr fällt die Zeitung aus der Hand. Ihr schwindelt. Ohnmächtig sinkt sie zu Boden.*

Büro Ministerpräsident. Klaustaler kommt zitternd vor Aufregung in das Büro des Ministerpräsidenten. In der Hand hält er ein Exemplar der MATZ.

KLAUSTALER. Herr Ministerpräsident...!

Die Tür zum Ankleidezimmer des Ministerpräsidenten steht offen.

MINISTERPRÄSIDENT. Komm glei. Bin scho fertig!

KLAUSTALER. Herr ... Ministerpräsident...

Der Ministerpräsident tritt im Frack, mit Schärpe und Orden dekoriert, aus dem Ankleidezimmer. Er ist bester Laune.

MINISTERPRÄSIDENT. Wissens was, Klaustaler – wir schicken den Wagen weg und gehen zu Fuß nüber in die Residenz. Machma an kleinen Spaziergang durchn Hofgarten. Tut uns gut, die frische Luft. – Was schauens denn so? Is doch wieder alles in Ordnung. Habens ned gmerkt, wies gleich zurückgesteckt hat, die Königin, wo ich bloß ein bissel angedeutet habe, daß hinter derer ganzen Schlüssellochspionage da vielleicht niemand anders dahintergesteckt is als ihre eigene Opposition.

KLAUSTALER. Jawohl ... Herr Ministerpräsident...

MINISTERPRÄSIDENT. Ja, was habens denn, Klaustaler? Was machens denn für ein sauers Gesicht allweil?

KLAUSTALER *hält dem Ministerpräsidenten zitternd die Zeitung mit Babys Artikel hin.* Da ... der Schimmerlos!

Der Ministerpräsident nimmt die Zeitung.

MINISTERPRÄSIDENT *gutgelaunt.* Schreibt er wieder rechte Schlafzimmergeschichten, der Bazi, der oide? *Er setzt seine Brille auf, starrt auf Babys Arikel.* Ja ... ja ... des is ja der Raeber! Der Afrika-Raeber is ja des! ... Des is ja der ... Massaker-Raeber vom Bokassa! – Ja is denn die wahnsinnig geworden! – An Stuhl, Klaustaler! Einen Stuhl! *Klaustaler holt rasch einen Stuhl und schiebt ihn dem Ministerpräsidenten unter. Der Ministerpräsident greift sich ans Herz.*

MINISTERPRÄSIDENT. Empfang absagen, Klaustaler! Fahnen runter! Staatsbesuch beendet! Königin...

KLAUSTALER. ... anrufen?

MINISTERPRÄSIDENT. Abreisen! Unverzüglich!

Der Ministerpräsident (Georg Marischka, li.) und Staatssekretär Klaustaler (Walter Schmidinger).

Hotel Bayerischer Hof. Hotelgang. Montgomery, in weißer Galauniform mit Säbel, Sporen und Orden angetan, stürmt den Gang entlang zur Königssuite. In der Hand hält er ein Exemplar der MATZ.

MONTGOMERY *klopt heftig an die Tür.* Königliche Hoheit!

Königssuite. Die Königin steht vor dem Spiegel. Sie trägt ein Abendkleid in den mandalesischen Landesfarben und ein diamantenbesetztes Krönchen auf ihrem Haarkranz.

KÖNIGIN. Ja, bin schon fertig, Montgomery. Kommens nur rein!

MONTGOMERY *kommt herein.* Wir müssen sofort abreisen, Majestät!

KÖNIGIN. Was is los?

Montgomery gibt ihr die Zeitung. Babys Artikel ist aufgeschlagen. Die Königin schaut nur kurz auf den Artikel.

KÖNIGIN. Einen Stuhl, Montgomery!

Vor Hotel Bayerischer Hof. Es regnet. Die Koffer der Königin werden verladen. Die Königin hat ihr Gesicht mit Schal und dunkler Brille verhüllt. Gemeinsam mit Montgomery besteigt sie einen großen Wagen und fährt ab.

Wohnung Schimmerlos. Baby, Herbie und Mona sitzen am Tisch beim Abendessen. Jeder hat neben seinem Teller die aufgeschlagene Zeitungsseite mit Babys Artikel liegen. Während Mona immer wieder den Artikel und das Foto anschaut und dabei mit bestem Appetit ißt, stochern Baby und Herbie lustlos auf ihren Tellern herum.

MONA. ... also ich find des so toll – ich könnts immer wieder lesen. – Warum eßt ihr denn nix? Schmeckts euch nicht, mein Geschnetzeltes?

HERBIE. Doch doch, Mona, es ist wunderbar, aber mir ist irgendwie so der Magen ... so irgendwie zu ... weiß auch nich.

MONA *zu Baby.* Ja und du? Du ißt auch nix?

BABY *schiebt den Teller weg.* Ja Hauptsach is, dir schmeckts!

MONA. Ja, was is denn? Was bist denn auf amal so schlecht gelaunt?

Baby zündet sich eine Zigarette an und schaut auf die Uhr.

HERBIE *zu Baby.* Irgendwie so ruhig, findste nicht? Irgendwie verdammt ruhig dafür, daß die Zeitung schon ne Stunde raus is!

BABY. Unheimlich ruhig. Des gfallt mir gar nicht.

MONA. Jetzt werdets doch nicht nervös! – Des müssen die Leut doch erst einmal verdauen; und dann werdens allmählich schon merken, daß sie mit ihrer Königin da aufm falschen Dampfer waren – und morgen, werdets sehen, seid ihr die Helden des Tages.

Baby und Herbie schauen sich an. In diesem Moment klingelt das Telefon.

MONA. Siehstes? Geht schon los.

BABY *steht langsam auf und geht zum Telefon, hebt ab.* Schimmerlos. *Er schaltet den Lautsprecher des Telefons ein. Man hört eine männliche Stimme.*

STIMME. Sind Sie der Schimmerlos, der diesen Artikel da über unsere Königin geschrieben hat?

BABY. Ja. Bin ich.
Mona und Herbie sind aufgestanden und kommen näher.
STIMME. Dich dreckerte Kommunistensau wenn wir derwischen, dann hängen wir dich bei deine Eier auf, bisd verreckst...
BABY. Was ... was...
STIMME. ...und deinen Fotografenjuden, den Heribert Fried, dazu! *Es wird aufgelegt. Baby, Herbie und Mona schauen sich entsetzt an. Da hört man von der Straße her das Krachen von Blech und das Klirren von Scheiben, als ereigne sich ein Verkehrsunfall. Mona rennt zum Fenster und schaut hinunter.*
MONA. Unser Auto, Baby – die demolieren unser Auto! *Baby und Herbie rennen zur Türe.*
BABY *zu Mona.* Ruf die Polizei an, schnell!
Während Baby und Herbie die Treppe hinunterlaufen, geht Mona zum Telefon, um die Polizei anzurufen – da klingelt das Telefon schon wieder.
MONA *hebt ab.* Schimmerlos.
STIMME FRAU DREXEL. Aha! Hier ist Bäckerei Drexel. Ich wollt Ihnen nur sagen, Frau Schimmerlos: Sie und Ihr Mann können in Zukunft Ihr Brot woanders kaufen. Von uns kriegen Sie nix mehr!

Vor Haus Schimmerlos. Es regnet. Baby und Herbie kommen aus dem Haus und laufen zu Babys Wagen. Alle Scheiben sind eingeschlagen, die Antenne umgeknickt, Kühlerhaube, Tür und Dach eingedrückt. Die Täter sind verschwunden. Baby und Herbie stehen vor dem Wagen.
BABY. Helden des Tages, ja...
HERBIE. Ja du – irgendwie müssen wir da nen Nerv getroffen haben mit der Story. So nen Feedback hatten wir irgendwie noch nie ...
BABY. Was?
HERBIE. Na ja – ich meine so spontan begeisterte Reaktionen des Lesers – wovon man halt so immer träumt als Journalist.

Büro Unruh. Nächster Morgen. Die Unruh sitzt an ihrem Schreibtisch und telefoniert mit Staatssekretär Klaustaler. Auf dem Sofa gegenüber dem Schreibtisch sitzen Baby und Herbie.

Unruh. Aber ... entschuldigen sie, Herr Staatssekretär, ja, natürlich entschuldige ich mich, ich sage doch gerade: Der Vorfall ist mir außerordentlich peinlich, er ist unverzeihlich und unentschuldbar, und ich entschuldige mich in aller Form, bei Ihnen und beim Herrn Ministerpräsidenten ... nein! Es lag nicht in meiner Absicht, irgendwen zu kompromittieren und ich entschuldige mich nochmals in aller Form für die Form, in der das passiert ist ... jawohl, schriftlich und persönlich – wie Sie wünschen. Auf Wiedersehen. Herr Staatssekretär. *Sie legt auf, schaut Baby und Herbie an.* So. Jetzt kann ich mich dann noch beim Besitzer des Bayerischen Hofs entschuldigen und dann noch in meinem eigenen Haus ... bei meiner eigenen politischen Redaktion. – Was müssen Sie, ein kleiner Klatschkolumnist, ihre Nase in politische Angelegenheiten stecken?
Baby. Ja entschuldigens – des kann ja kein Mensch wissen, wenn er durch a Schlüsselloch in a Schlafzimmer schaut, daß da drin dann a Waffengschäft gmacht wird. Uns hätts doch tausendmal mehr interessiert, wenn die mit dem Raeber da drin bumst hätt – oder Herbie?
Herbie. Ja ja, klar ...
Unruh. Ach! Das ist doch eins so widerlich wie das andere! Überhaupt verbitte ich mir in Zukunft diese obszönen Ausdrücke in meiner Gegenwart. Gute Lust hätte ich, Sie beide fristlos zu entlassen. Gibt genügend Leute, die ihren Kopf fordern. – In der Staatskanzlei sind Sie übrigens ab sofort diskreditiert, mein Lieber – und Sie auch, Fried! Auf der Ebene habt ihr ein für allemal ausgeschissen, Freunde!
Baby. Ja – wir werdens überleben.
Unruh. Das wird sich weisen. Und über all das könnte ich sogar noch hinwegsehen. Aber nicht darüber, daß Sie mir dieses dicke Ei hinter meinem Rücken ins Nest gelegt haben! Wie eine Bekloppte bin ich auf diesem Fest gestanden mit meinem blöden Katharinenkloß aufm Kopf. Die Gesellschaft hat sich abgewendet von mir! Beschimpft hat man mich! ...
Baby. Ja und? Mir hams mein Auto ruiniert.
Unruh. Halten Sie den Mund! ... Wie eine Aussätzige stand ich da! In meinem ganzen Leben habe ich mich noch nie so beschmutzt gefühlt ... so bloßgestellt und so entehrt ... *Sie*

setzt sich wieder an ihren Schreibtisch und birgt ihr Gesicht in den Händen. ... gehn Sie beide – ich will Sie nie wieder sehen!

Maximilianstraße. Die weiß-blauen Fahnen werden eingeholt.

Cartier. Eine gepflegte Damenhand holt das in Silber gerahmte Porträt der Königin aus dem Schaufenster.

Straße Gebirge. Wochen später. Herbie fährt mit seinem Jeep die kurvenreiche Schotterstraße hinauf.

Im Gebirge. In der Gebirgslandschaft steht einsam und verlassen eine kleine Almhütte. Aus dem Schornstein kommt Rauch. Herbies Jeep fährt auf die Hütte zu und hält. Herbie steigt aus. Er geht zu Hütte und klopft an die Tür.

Vor Almhütte. Baby öffnet die Türe. Er ist unrasiert und wie ein Bauer gekleidet. Mona, mit Kopftuch und Schürze, steht im Hintergrund am Herd und kocht.
HERBIE. Du, Baby – unsre Waffenstory war der Knüller! Weißte, wieviel die verkauft haben? Vierhundertfünfzigtausend! Mehr als am Wochenende! ...

Almhütte. Innen. Baby und Herbie sitzen am Tisch beim Bier. Baby stopft sich eine Pfeife.
BABY. ... ja für was soll ich mich dann bei ihr entschuldigen? Soll doch froh sein!
HERBIE. Na ja, is sie ja auch. Aber, verstehste: Alle haben sich entschuldigt ... irgendwie und irgendwo ... jeder bei jedem – das is doch nur ne Formsache.
MONA *vom Herd her.* Entschuldigen kommt nicht in Frage!
BABY. Du bist jetzt staad, weil du hast uns den ganzen Mist da einbrockt!
HERBIE. Guck mal: Es geht doch nur darum, daß man n bißchen guten Willen zeigt und n bißchen gute Manieren an den Tag legt ... *Er spielt mit seiner Krawatte.* ... verstehste: Das Ganze is, glaube ich, mehr so ne Frage von geistig-moralischer Kleiderordnung ... Man trägt wieder Schlips, äh

... innerlich. Man gibt seinen Fehler zu, sagt »Entschuldigen Sie vielmals« ...
MONA. Was für Fehler denn? Des wär ja noch schöner!
BABY. Du halt dich raus!
HERBIE. ... und dann ist alles wieder in Butter. Sie will dir ja verzeihen, Baby, dringend.
MONA. Sie hat was zu verzeihen! Daß ich nicht lach!
HERBIE. Du – entschuldige bitte vielmals, Mona ... jetzt laß mich mal nen Moment entschuld ... äh, ich meine ausreden!
MONA. Tschuldigung.
HERBIE. Bitte! – Also, sie sagt folgendes, das soll ich dir bitte wörtlich ausrichten: Du bist n toller Journalist, meint sie ...
MONA. Aha – sinkt die Auflage scho wieder?
HERBIE. Bitte, Mona!
BABY. Also: Ich bin ein toller Journalist – und weiter?
HERBIE. ... und es sei doch eigentlich ne ehrenvolle Aufgabe ... äh ... Chronist zu sein, von so ner Gesellschaft wie der unseren; da gäbs doch ne Menge interessanter Dinge zu berichten, in Wort und Bild, und das hätten wir beide doch früher auch immer so schön gemacht, verstehste: Wer wo war mit wem, was die Damen tragen, womit sich die Herren ihre Zeit vertreiben, was sie essen und ... äh ... welcher Wein dazu getrunken wurde ...
MONA. Also so ein Schmäh! Sind das die neuen Direktiven?
HERBIE. Mona ... es gibt schon so viel Schmutz und Schund auf dieser Welt – sagt sie – da müssen wir doch nicht auch noch drin herumrühren, Baby!
BABY. Was?
HERBIE. Ja: sagt sie! Weil wir müssen unseren Lesern auch die schönen Dinge ... äh ... und die strahlenden Dinge unseres Lebens zeigen. Und dabei brauchen wir die Wahrheit gar nicht zu schreiben ... äh, ich meine: im Gegenteil: gar nicht aus dem Auge zu verlieren, sagt sie ... *Baby lehnt sich zurück und zündet sich seine Pfeife an.* ... weil, sagt sie: Die Wahrheit muß doch nicht immer etwas Negatives sein!

Gebirgslandschaft. Kühe grasen friedlich auf den grünen Matten. Vom Tal herauf klingen die Abendglocken. Die Sonne geht unter. Drei Hirten kommen ins Bild und beginnen zu jodeln.

6

Karriere

Vor Haus Schimmerlos. Ein Winterabend. Herbie Fried fährt mit seinem Jeep vor und steigt aus. Er ist wie für eine Arktisexpedition gekleidet: Er trägt einen dicken wattierten Overall, klobige Moonboots, um seinen Hals hängen zusammengebundene Fäustlinge, auf dem Kopf hat er eine sibirische Bärenfellmütze mit hochgebundenen Ohrenklappen. Er geht zur Haustüre und drückt mehrmals auf den Klingelknopf »Schimmerlos«.

Wohnung Schimmerlos. Mona geht zur Sprechanlage. Sie trägt ein langes, elegantes Abendkleid, hohe Schuhe, Schmuck; sie ist schon geschminkt und frisiert.
MONA *in die Sprechanlage.* Ja? Herbie? Er kommt gleich? Er sucht nur noch seine Socken.
BABY *kniet, in lange Unterhosen und langes Unterhemd gekleidet, vor dem Kleiderschrank und wühlt zwischen den Schuhen herum. Neben ihm steht ein Paar Moonboots.* Wo sind denn die dicken Socken? Ich habs doch noch ghabt gestern. *Mona tritt zu ihm, greift in die Moonboots, zieht die Wollsocken heraus und wirft sie ihm hin. Baby zieht die Socken an und steigt mit seiner Skiunterwäsche in einen ähnlichen Isolieranzug, wie Herbie ihn trägt.* Wo is mei Mützn! *Mona wirft ihm seine Pelzmütze zu.* Und meine Handschuh brauch ich.

Treppenhaus. Baby und Mona kommen aus dem Lift, Baby in seiner Arktiskleidung mit Moonboots und Pelzmütze, Mona im dekolletierten Abendkleid mit einem Nerzmantel über den Schultern.
MONA. Und was sag ich dem Toni, wo du bist? Der fragt mich doch sofort.
BABY. Ja dann sagst, ich bin noch auf einem andern Termin, wenn ich rechtzeitig fertig bin, dann komm ich schon noch.

Baby Schimmerlos (Franz Xaver Kroetz) mit seiner Verlegerin Friederike von Unruh (Ruth-Maria Kubitschek).

Baby Schimmerlos (Franz Xaver Kroetz) und seine Freundin Mona (Senta Berger).

Mona (Senta Berger).

MONA. Ja kommst du wirklich?
BABY. Des weiß ich doch jetzt noch nicht, des kommt drauf an, wie lang des heut nacht dauert da draußen.
MONA. Soll ich dann auf dich warten – oder nicht?
BABY. Warten brauchst nicht, weil ich mich jetzt ned auf a Uhrzeit festlegen kann. Bleibst einfach solang, wies dir Spaß macht. Sind doch ein Haufen Leut da, diesd kennst.
MONA. Die wollen aber alle dich sehen und nicht mich.
BABY. A Mona, jetzt hör doch auf! *Er öffnet die Haustür, sie gehen hinaus.*

Vor Haus Schimmerlos. Baby und Mona gehen zum Wagen, in dem Herbie wartet.
MONA. Ja natürlich! Ist doch so. Die wollen sich doch nicht mit mir interessant unterhalten, die wolln doch bloß bei dir in der Zeitung stehn.
BABY. Des weißt du doch schon lang, Mona. Dann bleib halt daheim! Warum gehst denn dann hin?
MONA. Weil ich einfach keine Lust mehr hab, jeden Tag allein zu Haus zu sitzen und auf dich zu warten.
BABY. Mona – des wird jetzt alles ganz anders, ich schwörs dir.
MONA. Ja – das sagst du seit Jahren.

Vor Interior-Design-Studio. Herbies Wagen hält auf der Straßenseite gegenüber dem neueröffneten Interior-Design-Studio. Die Schaufenster sind hell erleuchtet. Zwischen den wenigen ausgefallenen Einrichtungsgegenständen stehen Damen und Herren in Abendkleidern und Smokings. Große, dunkle Limousinen fahren vor, Gäste steigen aus. Toni Schultz, der Besitzer des Ladens, steht an der Tür und begrüßt die Gäste.
MONA *steigt aus Herbies Wagen. Bevor sie über die Straße geht, beugt sie sich zu Baby ans Fenster.* Also – was sag ich jetzt, warum du nicht kommst?
BABY. Jetzt sagst zerst einmal, ich komm später noch, und später sagst dann, ich war schon da und bin wieder weg. Des fallt doch gar nicht auf bei dem Gewurl da drin. Servus! *Mona will schon über die Straße gehen, als Baby ihr nachruft. Winkend.* Mona! *Mona kommt zum Wagen zurück.* Mona, laß

dir auf jeden Fall die Gästeliste geben und schreib dir auf, was es zum Essen geben hat!
MONA. Sonst noch was?
BABY. Naa, danke, Servus. *Mona dreht sich um und geht weg.*
HERBIE *zu Baby.* Hättste nicht noch irgendwiewas Nettes zu ihr sagen können?
BABY *ruft abermals zum Fenster hinaus.* Mona! *Sie dreht sich um, er winkt, sie kommt zurück zum Wagen.*
MONA. Was willst du denn?
BABY. Ich wollt dir nur einen schönen Abend wünschen und viel Spaß.
MONA. Ja – vielen Dank, sehr freundlich! *Sie geht rasch hinüber zum Laden. Herbie und Baby schauen ihr nach.*
HERBIE. Die ist ja ganz schön sauer auf dich.
BABY. Ja ich weiß, aber des kann ich jetzt auch nicht ändern, fahr zu! *Der Wagen fährt los.*

In Herbies Wagen. Herbie und Baby fahren auf dem Mittleren Ring Richtung Autobahn Garmisch. Baby hat seine Sitzlehne zurückgeklappt, raucht und hängt seinen Gedanken nach.
HERBIE. Ich habs fünfundzwanzig Jahre lang versucht, mit allen möglichen Frauen. Die Frau, die unsereiner braucht, die gibts nicht.
BABY. Irgendeine wirds doch geben.
HERBIE. Meint man immer. Gibts aber nicht. Was es gibt, ist folgendes: a) deine Frau, dein Freund und Kumpel; irrsinnig patent, will alles mit dir teilen, interessiert sich ständig für deine Arbeit, ist immer und überall dabei, redet immer und überall mit – und geht dir in kürzester Zeit wahnsinnig auf die Nerven. Hab ich mal gehabt: Heikemaus aus Oldenburg. b) deine Frau, das Hausmütterchen, der heimatliche Hafen: Sie läßt dich machen, was du willst, sie weiß noch nicht mal, was du machst, für die kommst du immer von hoher See. Sie hat auch nie Probleme und ist völlig ausgeglichen, weil sie strickt. Sie strickt dir einen Pullover, dann strickt sie dir einen Schal, dann strickt sie dir eine Mütze, und dann fängt sie wieder von vorne an: Pullover, Schal, Mütze, Pullover, Schal, Mütze – nach der zehnten Mütze bist du fix und fertig. Hab ich auch gehabt. War ich zehn Jahre mit verheiratet:

Gudrun. c) deine Frau, der Karrieretyp. Hab ich auch mal gehabt: Vivian. Ganz toller Typ. Schilddrüsenüberfunktion. Hat ein irrsinniges Tempo drauf. Braucht nur drei Stunden Schlaf, arbeitet achtzehn Stunden am Tag. Man sieht sich nie. Sie hat jetzt, glaub ich, die zweitgrößte Modell-Agentur in New York. Einmal sind wir uns durch Zufall im Flugzeug begegnet – sie hat mich nicht mal mehr erkannt. – Fahren wir jetzt Autobahn oder Landstraße?
BABY. Autobahn.

Mittlerer Ring. Herbies Wagen biegt vom Mittleren Ring auf die Autobahn Garmisch ein und verschwindet in der Nacht.

Interior-Design-Studio. Im Design-Studio drängen sich die Gäste. Getränke werden nachgeschenkt. Toni geht von einem Gast zum andern und hängt jedem eine weiße Lackschürze mit seinem aufgedruckten Namenszug um; seine Assistentin trägt ihm einen ganzen Korb dieser Schürzen nach.
In einem der Schaufenster sitzen auf zwei äußerst unbequemen Stuhlkreationen Mona und Peggy Kaufmann, eine dynamische Endvierzigerin, die heftig auf Mona einredet und ihr und sich ständig Champagner nachschenkt.
PEGGY. ... das war bei mir genauso, Mona, aber haargenauso. Nick saß Tag und Nacht im Studio und hat seine Platten produziert, und ich saß Tag und Nacht zu Hause und hab auf ihn gewartet. Aus lauter Verzweiflung hab ich sogar zu stricken angefangen – stellt dir vor: ich und stricken! Das hab ich vier Jahre lang gemacht, bis ich dahinterkam, daß Nick mit sämtlichen Weibern in seinem Studio gebumst hat, bloß nicht mehr mit mir, weil ich ihm so verdammt langweilig war. Daraufhin hab ichs andersrum versucht: bin nicht mehr von seiner Seite gewichen, saß Tag und Nacht hinter ihm im Studio und hab mich in alles und jedes eingemischt. Mit dem Ergebnis, daß er eines schönes Tages zu mir sagt: »Paß auf, Peggy, du gehst mir so verdammt auf die Nerven – machst jetzt du den Job oder ich?« Und da hab ich ihm einfach ganz spontan gesagt: »Nick, wenn du mich so fragst, dann sei mir bitte nicht böse, aber ich glaub, inzwischen kann ichs ehrlich besser als du: Ich hab mehr Feeling, ich hab

mehr Power und nen bessern Riecher für Talente.« Daraufhin ging er zur Plattenfirma, und ich hab allein produziert. Seitdem sehn wir uns nur noch geschäftlich und kommen prima miteinander aus.

TONI *kommt mit seinen Schürzen und hängt Mona und Peggy je eine Schürze um.* Eins für Peggy, eins für Mona – was ist jetzt mit Baby? Kommt er nu oder kommt er nu nich mehr?

MONA. Der kommt schon noch, Toni.

TONI. Dann laß ich dir noch mal ne Schürze für ihn da. Gleich gibts Essen, Mädels. *Er wirft Mona eine zweite Schürze zu und geht weiter. Im Hintergrund beginnen die beschürzten Gäste sich in Zweierreihen zu formieren und langsam in einen Nebenraum vorzurücken, in dem offenbar das Buffet steht. Mona und Peggy schließen sich der Schlange an und rücken im Gänsemarsch voran.*

PEGGY *hat die Champagnerflasche mitgenommen und schenkt weiter nach.* ... Seitdem bin ich ein ganz anderer Mensch. Und warum? Weil ich mein Erfolgserlebnis habe. Mein eigenes, verstehst du mich. Da brauch ich keinen Mann mehr dazu. Das mach ich mir selber. Ich für mich, ganz allein. Wann immer ichs haben will, mach ich mir das.

MONA. Das Erfolgserlebnis?

PEGGY. Klar. Das kann sich jeder machen, Mona.

MONA. Jeder? Ich auch, meinst?

PEGGY *merkt gar nicht, daß Mona sie nicht ganz ernst nimmt.* Natürlich! Jeder!

MONA. Ja – wenn das so einfach ist, dann mach ich mir jetzt einfach auch eines. Prost! Auf mein Erfolgserlebnis!

PEGGY *schenkt ihr nach und stößt mit ihr an. Laut.* Auf dein Erfolgserlebnis, Mona!

Sie trinken. Die Reihe rückt vor. Eine Frau dreht sich neugierig um, wendet sich an ihren Begleiter.

FRAU. Was hat sie?

MANN. Wieso, was hat sie?

FRAU. Das ist doch die Freundin von dem Schimmerlos.

MANN. Wer ist sie?

FRAU. Was hat die für einen Erfolg gehabt?

MANN. Aja? Erfolg? *Er dreht sich um, nickt Mona freundlich zu und hebt sein Glas. Lauter zu Mona.* Gratuliere! *Er trinkt ihr zu.*

Gebirgsdorf. Herbies Wagen fährt durch das verschneite Dorf. In den Häusern brennt Licht.

Landstraße Forstweg. Von einer Landschaft biegt der Wagen in einen Forstweg ein. Im Scheinwerferlicht ist ein Schild zu sehen:

Privatstraße – Durchfahrt verboten
Forstverwltg. K. G. Banz AG

Ein paar Meter weiter stehen zwei Bauernburschen neben ihren Motorrädern und warten. Herbie hält an, Baby steigt aus und geht zu den Burschen. Er zieht ein paar Geldscheine aus der Tasche und steckt sie den beiden Burschen zu. Der erste Bursche deutet in den Wald hinein.
ERSTER BURSCHE. Ihr fahrts da gradaus weiter, bis der schmale Weg kommt, wos in Wald neigeht. Da steht wieder so a Schildl. Da laßts an Wagen stehn und gehts zu Fuaß weiter, ungefähr fuchzehnhundert Schritt gradaus. Dann kimmt a Wiesn, und auf der drübern Seitn von der Wiesn is da Hochstand. Und da fahrt er allweil vorbei mit seim goldnen Schlittn und die Roß und die Reiter. Grad wia da König selber. – Aber wir ham dir nix gsagt, gell, da müßma uns drauf verlassn kenna.

Waldweg. Herbies Wagen biegt vom Forstweg in einen schmalen Waldweg ein. Im Scheinwerferlicht ist ein Schild zu sehen:

Privatgelände – Betreten verboten.
Liegenschaftsverwltg. K. G. Banz AG

Nach einigen Metern hält Herbie an. Er stellt den Motor ab und schaltet die Lichter aus. Herbie und Baby steigen aus, Herbie mit einem Rucksack auf dem Rücken, Baby mit einer Taschenlampe in der Hand. Sie stapfen durch den verschneiten Wald davon.

Hochstand am Waldrand. Baby und Herbie stapfen durch den kniehohen Schnee auf den Hochstand zu. Der Schein von Babys Taschenlampe fällt auf ein Schild, das an der Leiter des Hochstandes angebracht ist:

Privatbesitz – Besteigen verboten
Jagdaufsicht K. G. Banz AG

Die beiden klettern hinauf.

Auf dem Hochstand. Herbie und Baby setzen sich auf die Bank des Hochstandes. Herbie schnürt seinen Rucksack auf, holt Kamera und Stativ heraus und baut beides auf.

HERBIE. Also weißt du, wenn ich so viel Kohle hätte wie der Banz, würd ich mir nicht Wald und Gebirge in Oberbayern kaufen, sondern lieber ne Insel in der Karibik.

BABY. Hat er doch sowieso scho, und nicht nur in der Karibik, sondern in Griechenland auch, und in der Südsee nochamal.

HERBIE. Warum sitzt er dann im Winter mit dem Arsch in der Kälte in dieser trostlosen Gegend herum?

BABY. Ja weil er in der Karibik höchstens Sindbad der Seefahrer spielen kann, aber nicht König Ludwig.

HERBIE. Der muß ja wirklich eine schwere Meise haben.

BABY. Herbie, je schwerer die Meise, desto heißer die Story.

HERBIE *hat seine Kamera aufgebaut, zieht den Belichtungsmesser heraus und schaut auf die Skala.* Und je dunkler die Nacht, desto schwärzer das Bild. Völlig sinnlos, Baby, ich hab hier Blende unter Null. Mond wär gut.

BABY *schaut zum dunklen Nachthimmel empor.* Vielleicht kommt er noch.

Sie machen es sich auf dem Hochstand so bequem wie möglich, zünden sich Zigaretten an und starren schweigend in die Nacht. Nach einer Weile.

HERBIE. Drei Milliarden! Ich kann mir das überhaupt nicht vorstellen, Kannst du dir das vorstellen?

BABY. Naa.

HERBIE. Irgendwo hab ich gelesen, daß der Banz jedes Jahr automatisch um 350 Millionen reicher wird, ohne daß er irgendwas tut. Das heißt, der Mann verdient pro Tag ne runde Million, ohne den kleinen Finger krumm zu machen. Stell dir vor: Jeden Morgen wachst du auf, dein Sklave steht vorm Bett, hat ne Million im Koffer und fragte: »Was machen wir denn heut damit, Herr Schimmerlos?« Und das jeden

Herbie (Dieter Hildebrandt) und Baby Schimmerlos (Franz Xaver Kroetz, im Hintergrund) bei ihrer nächtlichen Exkursion.

Tag! Dreihundertfünfundsechzigmal im Jahr! Ich glaub, ich würd total durchdrehen – ich wüßt ehrlich nicht, was ich damit anfangen soll.
Baby. Er weiß es ja auch nicht. Drum spinnt er ja so.
Herbie holt einen Flachmann aus dem Rucksack, trinkt, reicht ihn Baby, der auch einen Schluck nimmt. Dann starren sie wieder in die Nacht hinaus.
Baby. Mit *der* Story, Herbie, des sag ich dir, da kommen wir ganz groß raus...
Herbie. Zuerst müssen wir se haben.
Baby. ... Dann scheißen wir der Unruh vor den Koffer. Nix mehr Tageszeitung, Gästeliste, Speisenfolge, Schickimicki-Scheißdreck. Dann machen wir zwei nur noch die großen internationalen Kisten: Time-Life, Paris-Match, Penthouse, Playboy und so weiter...

HERBIE. Und Farbe!
BABY. Und Hochglanz und Doppelseite!
HERBIE. Und anständige Kohle!

Interior-Design-Studio. Die Gäste stehen mit ihren Schürzen herum, haben Teller in der Hand und essen Dessert. Aus einem der Ausstellungsräume im ersten Stock hört man Klaviergeklimper und das Lachen von Mona und Peggy. Toni steht mit dem Paar, das sich vorher schon für Monas »Erfolg« so sehr interessiert hat, vor einem grotesk scheußlichen Schlafzimmerensemble.
FRAU *außer sich vor Begeisterung.* Das ist ja toll! Toni, ist das nicht toll?
MANN. Was ist toll? Was ist denn das?
TONI. Das ist mein Juwel: Original DDR-Schlafzimmerensemble aus Karl-Marx-Stadt, hergestellt vom Wohnmöbelkombinat Sozkomfort VEB Bitterfeld, 1956/57, kurz nach dem Ungarnaufstand, als der Stil noch am reinsten war.
FRAU. Ja, das sieht man sofort, findest du nicht?
MANN. Jaja, natürlich vermittelt sich irgendwie.
TONI. Alles in Massivhartfaserausführung mit Resopalfurnier und echten Bakelitappliken, ihr müßt mal dran riechen, riecht mal, unverwechselbar!
Das Paar riecht und ist entzückt.
FRAU. Was kostet so was, Toni?
TONI. Du, das kannste heut gar nicht mehr bezahlen. *Von oben hört man wieder lautes Lachen und Klavierspiel.* Mein Gott, diese besoffenen Weiber hacken auf meinem Steinway herum, tschuldigt michn Moment. *Er läuft zur Treppe hinauf.*
FRAU *wendet sich an ihren Mann.* Du, das kaufen wir nicht hier, da fahren wir selber rüber, da sparen wir uns unter Umständen eine Menge Geld.

Im Obergeschoß. Peggy sitzt vor dem goldlackierten Flügel in einem Raum, der wie eine Filmdekoration eines alten Hollywoodmusicals aussieht. Neben dem Flügel steht eine mannshohe geöffnete Muschel, die indirekt beleucht ist, vor der Muschel ein kleines, mit Spiegelplatten belegtes Podium. Mona steht auf dem Podium, ist über den Flügel gebeugt und summt zu Peggys Begleitung »Somewhere over the rainbow«.

Mona (Senta Berger, re.) und Peggy Kaufmann (Angelika Domröse) geben eine improvisierte Vorstellung im Interior-Design-Studio von Toni Shultz (Karl Lieffen).

TONI. Kinder, laßt das! Peggy, nimm die Pfoten von dem Flügel! Geh da runter, Mona, das ist aus der Originaldekoration von »Venus am Broadway«, das hat mich ein Vermögen gekostet, wenn da ein Kratzer dran ist, dann mach ich euch haftbar.
PEGGY. Ach, hau ab, Mensch, und stör uns nicht. Jetzt mach mal richtig, Mona: From the top und laut!
MONA. Du mußt am Anfang ein bissl langsamer machen, sonst komm ich nicht rein.
PEGGY. Trink nochn Schluck, los ...
Peggy gießt aus der Champagnerflasche beide Gläser voll, die auf dem Flügel stehen. Toni läuft sofort zum Flügel, um ihn abzuwischen. Mona und Peggy trinken.

TONI. Seid ihr wahnsinnig? Jetzt ist aber Schluß, besoffene Weiber, besoffene!
PEGGY. Jetzt gehts erst richtig los. *Sie stellt ihr Glas auf dem Flügel ab und greift mit Elan in die Tasten. – Auf der Treppe erscheinen einige neugierige Gäste. Während Peggy präludiert, kündigt sie mit lauter Stimme an:* Ladies and gentlemen! Peggy Kaufmann proudly presents...
TONI. Ach Peggy, laß doch den Quatsch! Mußte dich denn immer und überall produzieren...
PEGGY. ... In der Originaldekoration von »Venus am Broadway« – zur Verfügung gestellt, dankenswerterweise, von Toni Shultz-Interior-Design – Applaus... *Immer mehr Gäste drängen nach oben und klatschen. Toni fühlt sich geschmeichelt und verbeugt sich.* ...Mona...!
Applaus. Mona verbeugt sich auf dem Podium. Aus dem Vorspiel geht Peggy in die Begleitung von »Somewhere over the rainbow« über. Mona beginnt zu singen. Nach und nach versammeln sich alle Gäste im Obergeschoß und hören zu.

Straße vor dem Interior-Design-Studio. Monas Stimme ist bis auf die Straße zu hören. Einige Passanten bleiben stehen, um zuzuhören. Das Lied geht zu Ende. Aus dem Obergeschoß hört man den begeisterten Beifall der Gäste und das Zwischenspiel Peggys, das zum nächsten Lied überleitet.

Nächtlicher Wald. Im Vordergrund liegt die verschneite Wiese, dahinter steht die schwarze Silhouette des Waldes. Vom Dorf her hört man die Kirchenglocke, die die Mitternacht schlägt.

Hochstand. Die letzten Schläge der Glocke verklingen. Baby und Herbie sitzen auf dem Hochstand und rauchen.
HERBIE *drückt seine Zigarette aus.* Tja ... dann pack ich allmählich mal wieder alles ein. *Er greift nach dem Rucksack.*
BABY. Jetzt wart halt! Vielleicht kommt er noch.
HERBIE Vielleicht ist er gar nicht da. Vielleicht ist der *doch* in der Südsee...
BABY. Pscht! Horchamal! Hörst nix? *Aus dem Wald hört man von weit her das Bimmeln von Glöckchen. Regungslos sitzen die beiden da und lauschen und spähen in die Dunkelheit. Ganz weit*

weg, zwischen den Bäumen hindurch, sehen sie Lichter aufblitzen. Da! Schau!
HERBIE *beeindruckt.* Mensch...
BABY *reißt sein Fernglas vor die Augen und schaut in den Wald. Man hört jetzt auch vernehmlich das Schnauben und Getrappel von Pferden.*
Ja, los! Fotografier doch!
HERBIE. Was denn? Glühwürmchen im Wald?
BABY. Des is er! Des is der Banz! Und Pferde... und Reiter... und ein goldener Schlitten! Ich werde wahnsinnig. Mach schnell ein Foto! Schnell!
HERBIE *schaut durch sein Teleobjektiv.* Sinnlos... is zu dunkel ... und wir sind zu weit weg.
BABY. Trotzdem! Machs trotzdem!
HERBIE. Baby, es ist sinnlos. Man sieht nichts.
BABY. Wurscht! Machs!
Herbie drückt auf den Auslöser.

Verlagsgebäude. Hof. Herbies Wagen fährt in den Hof der Zeitung. Baby und Herbie, immer noch in ihrer Arktiskleidung und mit ihren Mützen auf dem Kopf, steigen aus und gehen rasch in das Gebäude.

Im Verlagsgebäude. Baby und Herbie gehen schnell den Gang hinunter. Ein Nachtwächter, der gerade mit einem Wachhund seine Runde macht, begegnet ihnen.
NACHTWÄCHTER. N abend.
BABY UND HERBIE. N abend.
Sie öffnen eine Tür und verschwinden. Der Nachtwächter dreht sich um. Über der Türe, in der Baby und Herbie verschwunden sind, leuchtet eine rote Lampe auf. Der Nachtwächter setzt seine Runde fort.

Dunkelkammer. Baby und Herbie beugen sich über die Entwicklerwanne. In der Wanne liegen einige Fotos, die vollkommen schwarz sind – bis auf einen kometartigen Lichtstreifen in der Mitte. Herbie holt eines der Fotos mit einer Zange heraus. Baby betrachtet es durch ein Vergrößerungsglas.
BABY. Kreizkruzifix!

HERBIE *wirft das Bild zurück in die Schale.* Habs dir doch gesagt.
BABY. Ja – hätt ja sein können.
HERBIE. Einmal im Leben möcht ich nen Schreiber kennenlernen, der wenigstens die primitivsten Grundregeln der Fotografie beherrscht.
BABY. Is doch ganz einfach: Näher hin müßma, und heller muß sein.
HERBIE. Wald und Gebirge werdn wa wohl nich ausleuchten können.
BABY. Und was ist bei Vollmond?
HERBIE. Tja – mit nem hochempfindlichen Film und ner Spezialoptik müßte was zu machen sein – wenn wir nah genug an ihn rankommen.
BABY. Was is nah?
HERBIE. Tja – so ein, zwei Meter würd ich sagen...

Vor Haus Schimmerlos. Peggys Jaguarlimousine steht am Straßenrand. Mona und Peggy sitzen im Wagen.
MONA. ...ich bin doch keine Sängerin, Peggy.
PEGGY. Na und? Das sind andre auch nich und haben einen Riesenerfolg. Hast doch gesehen, wie die Leute auf dich abgefahren sind.
MONA. Ja, weils besoffen waren und wir auch.
PEGGY. Neenee, Mona, so blau kann ich gar nicht sein, daß meine Antennen da nicht mehr funktionieren. Du hastn irrsinniges Feeling, du hast von der Personality her eine solche Power – wenn wir da professionell rangehen, dann schwör ich dir, dann gehn die Lichter aus.
MONA *schaut nach oben zur Wohnung. Alles ist dunkel.* Vor zwanzig Jahren hätt ich das machen müssen. Aber damals war ich zu blöd dazu. Und Angst hab ich ghabt. Da war ich im Chor von Sankt Augustin, des war was ganz was besonders in Wien. Einmal haben wir teilgenommen am internationalen Chorwettbewerb in Kärnten, in Spittal an der Trau. Und ich hätte endlich den Engel singen dürfen im Elias von Mendelssohn. Das wär für mich damals das höchste gewesen. Zwei Tage vor der Aufführung hab ich eine solche Angst gekriegt, daß ich richtig krank geworden bin, zuerst

eine Mandelentzündung und dann noch die Masern. Gsungen hat den Engel dann die Gundi Hofdemel. Schön blöd.

Wohnung Schimmerlos. Baby liegt im Bett und schläft. Die Wohnungstür wird geöffnet, Mona kommt herein und geht, ohne Licht zu machen, zum Bett.

MONA *leise.* Schläfst du?

Baby reagiert nicht. Mona steht eine Weile lang unschlüssig neben dem Bett. Dann geht sie zu einem Sessel, der vor dem Fenster steht. Sie setzt sich und schaut hinunter auf die nächtliche Straße. Sie zieht die Schuhe aus und kauert sich mit hochgezogenen Beinen in den Sessel. Baby liegt auf dem Rücken und schnarcht. Mona kauert sich noch tiefer in den Sessel.

Büro Schimmerlos. Am nächsten Morgen. Baby steht im Mantel vor seinem Schreibtisch und diktiert. Edda tippt gleich in die Maschine.

BABY. »...Dazu die kulinarischen Kreationen von Eckart Witzigmann: Mousse vom Huhn in der Zunge mit Gelee, Champagner-Risotto mit Froschschenkeln und weißen Trüffeln ...«

EDDA. Mhm! *Sie greift in ihre Dose mit Süßigkeiten und ißt eine Praline.*

BABY. Friß nicht, schreib, mir pressierts! »Steinbutt mit Beluga-Malossol-Kaviar im Blätterteig, junge Tauben, mit Tannenwipfelhonig gebraten ...«

EDDA. Mhm, ah, hast du des alles gegessen?

BABY. Gar nix hab ich gessen, ich war ja gar ned dort. »Lammnüßchen mit kleinen Gemüsen, parfümiert mit Basilikum und hinterher Auflauf von Sacherbröseln mit geeister Minzesauce.« Ende! Und jetzt: »Unter den Gästen waren« – da hast die Gästeliste, die schreibst einfach ab!

EDDA. Dann haben wir jetzt sechs Zeilen Story, zwölf Zeilen Speisefolge und ungefähr achtundvierzig Zeilen Gästeliste. Ist das nicht ein bißchen mager? *Sie schiebt sich wieder eine Praline in den Mund.*

BABY. Wieso, sind doch fast siebzig Zeilen.

EDDA. Da wirds aber gleich wieder Stunk mit der Unruh geben. Gestern bei der Redaktionskonferenz sollns lang

über dich geredet haben, daß deine Stories immer kürzer werden und die Gästelisten immer länger.
BABY. Die soll mich gern haben, die Unruh, die oide Kuh. Solls es halt selber schreiben, ihre Kolumne, wenn ihr meine ned paßt! So – und jetzt muß ich gehen, mir pressierts.
EDDA. Und zur Konferenz kommst heut wieder nicht?
BABY. Naa, schöne Grüße, ich bin verhindert.
EDDA. Und ich krieg wieder den Anschiß von der Alten.
BABY. Des wirst überleben.
EDDA. Und was is mit heut abend? Du hast sechzehn Einladungen, davon sind zwölf *maybes* und vier absolute *must*. Wo soll ich zusagen?
BABY. Überall.
EDDA. Gehst auch wirklich hin?
BABY. Des werd ich dann schon sehen, auf jeden Fall rufst überall an und laßt dir die Dings geben ...
EDDA. Speisenfolge und Gästeliste?
BABY *im Hinausgehen*. Genau. Servus!

Verlagsgebäude. Hof. Baby will gerade aus dem Hof fahren, da kommt ihm Friederike von Unruh mit ihrem Wagen entgegen. Die hupt und läßt das Fenster herunter. Baby hält neben ihr, läßt ebenfalls das Fenster herunter.
UNRUH. Wo wollen Sie denn hin, Baby? In zehn Minuten ist Konferenz. Hat man Ihnen nicht ausgerichtet, daß ich Ihre Teilnahme für außerordentlich wünschenswert hielte?
BABY. Ja, heut gehts leider nicht, Frau von Unruh, ich hab jetzt an Termin.
UNRUH. Dafür, daß in Ihrer Kolumne immer weniger steht, haben Sie ein bißchen viel Termine in der letzten Zeit. Sehen Sie mal zu, daß Sie morgen mittag keinen haben, sonst werde ich nämlich langsam sauer auf Sie, Baby. Tschüß. *Sie fährt in Richtung Hof der Zeitung, Baby fährt auf die Straße hinaus.*

Restaurant El Toula. Innen. An einem Zweiertisch, etwas versteckt, sitzt Baby mit dem Medienmanager Gregory Wiener. Sie essen zu Mittag.
BABY. Mir stinkts einfach, Herr Wiener, verstehens?

Medienmanager Gregory Wiener (Fritz Muliar).

WIENER. Jaja, versteh ich sehr gut.
BABY. Ich mag keine Kolumnen mehr schreiben, mir langts jetzt.
WIENER. Das kann ich Ihnen sehr gut nachfühlen.
BABY. Ich möcht jetzt endlich einmal des schreiben, was ich weiß; direkt, ungeschminkt, ohne Rücksicht auf Verluste, die nackte Wahrheit und ...
WIENER. ... und das möglichst als Titelgeschichte, vier Doppelseiten, Farbe, Millionenauflage, weltweit.
BABY. Ja, genau. Des möcht ich. Und da brauchens gar nicht so ironisch daherreden, Herr Wiener.
WIENER. No, Sie verzeihen schon, Herr Schimmerlos, aber jeden Tag kommen drei Dutzend Schreiber und fünfundzwanzig Fotografen zu mir. Alle sind unzufrieden. Jeder möcht sich verändern. Der eine will einen Roman schreiben

– natürlich einen Bestseller. Der andre hat einen Riesenskandal in der Schublade – mindestens ein Watergate. Der nächste will mir Nacktfotos verkaufen von Araberinnen. Sag ich: »Wer sind die Mädeln!«, sagt der: »Hand aufs Herz, Herr Wiener, des is die Leibwache von Gaddafi.« Und dann? Neunundneunzig Prozent heiße Luft, leere Versprechungen, dreimal in die hohle Hand geschissen. Dabei gäbs einen solchen Bedarf! Jeden Tag rufen mich drei Dutzend Zeitungen und Illustrierte an, immer dieselbe Leier: Gregory, hast nicht eine Geschichte? Irgendwas, was die Leute interessiert – ein bissel Geld, ein bissel Sex, ein bissel Tragik und ein bissel Traum, Märchen ... Monarchie ... Hochfinanz und Industrie und ein bissel Perversion, des wäre die ideale Mischung. So a Story könnt ich jeden Tag verkaufen. Und zu jedem Preis. Aber ich hab keine.
BABY. Aber ich hätt eine.
WIENER. Aja? Was denn?
BABY. Die geheimen Perversionen des reichsten Mannes der Republik.
WIENER *erschrickt für einen Moment, beugt sich dann zu Baby über den Tisch und sagt mit gedämpfter Stimmer:* Aber doch nicht ... Banz? – Gott behüte!
BABY. Genau der. Karl Gustav Banz.
WIENER. Banz? Geheime Perversionen? – Also Baby, wenn Sie mir da was bringen, da wär ich Ihnen sehr dankbar ... äh, ich meine: Da bring ich Sie ganz groß raus, aber ganz groß ...
BABY. Großes ungarisches Ehrenwort?
WIENER. Großes ungarisches Ehrenwort!
BABY. ... weil wenn die Unruh des erfährt, daß ich für Sie arbeite, dann flieg ich nämlich bei der Zeitung in hohem Bogen raus.
WIENER *breitet die Arme aus.* Und ich fang Sie mit beiden Armen auf.

Musikstudio. Mona steht vor einem Mikrofon und singt ein Lied aus dem Musical »Sweet Charity«. Hinter ihr sitzt ein Musiker an einer elektrischen Orgel und begleitet sie, wobei er gelangweilt Kaugummi kaut. Durch die Glasscheibe sieht man in den Aufnahmeraum. Ein Tonmeister bedient das Mischpult. Peggy Kauf-

Mona (Senta Berger) bei einer Aufnahme im Musikstudio. Im Hintergrund der Musiker Hans Konstantin Wecker).

mann steht neben ihm und beobachtet Mona aufmerksam. Als Mona zu Ende gesungen hat, wendet sich Peggy an den Tonmeister.

PEGGY. Okay?

TONMEISTER. Für mich wars okay.

PEGGY *drückt auf den Knopf der Sprechanlage, um sich mit Mona zu verständigen.* Für mich wars okay, Mona. Wie wars für dich?

MONA *unsicher.* Ja ... ich weiß nicht ... *Sie schaut fragend zu dem Musiker.*

MUSIKER. Für mich wars okay.

TONMEISTER *zu Peggy.* Okay. Gestorben. Was ist das nächste?

PEGGY. Moment noch. Irgendwas war da, am Ende. *Sie drückt auf den Knopf.* Sag mal, Mona, ich hab so das Gefühl, daß zum

Schluß das Feeling so irgendwie weg war, findste nich?

MONA. Find ich eigentlich nicht, aber ich machs gern noch einmal.

PEGGY. Moment! *Zum Tonmeister.* Fred, wie wars Feeling für dich?

TONMEISTER. Feeling war okay. Power war nich so doll.

PEGGY. Ja – is ja nur n Demo.

TONMEISTER. Für n Demo wars Spitze.

PEGGY *zu Mona.* Mona, war Spitze. Is gestorben. Wir machen gleichs nächste.

MONA. Was ist das nächste?

PEGGY *zum Tonmeister.* Was wollten wir noch, Fred?

TONMEISTER *schaut auf eine Liste.* Du wolltest noch Wienerlied, Neue Deutsche Welle, Breakdance, Latino-Softi ... und hier steht noch: Französisches Chanson – Fragezeichen, Balladen, deutsche Wanderlieder, Brecht – Fragezeichen.

PEGGY. Brecht streich mal gleich!

MONAS *Stimme aus dem Lautsprecher:* Was is mit Surabaya-Johnny?

PEGGY. Du Mona, Brecht ist schlecht, ich sags grad zum Fred.

MONA. Das könnt ich aber sehr gut.

PEGGY. Mona, vergiß es, brauchn wir nich anbieten, kriegen wir nie im Leben die Rechte. Paß auf: Gut für die Palette wär noch Wienerlied und Lateinamerika. Was willste lieber: »Girls of Ipanema« oder »Es muß ein Wein sein« oder »sag zum Abschied leise Servus« oder »La Cucaracha«?

MONA. Ich find alles ziemlich blöd, Peggy.

PEGGY. Mona, is doch bloß ein Demo. Damit die sich was vorstellen können. – Mach mal »La Cucaracha«! – Hast du das drauf, Hans?

MUSIKER. Ich hab alles drauf. *Er drückt verschiedene Knöpfe auf seiner Orgel.*

PEGGY. Dann gib ihr mal die Rhythmusgruppe, damit sie ins Feeling reinkommt.

Ohne das der Musiker eine Taste der Orgel berührt, produziert das Gerät den gewünschten südamerikanischen Rhythmus.

PEGGY *beginnt sofort begeistert zu wippen und summt vor sich hin:* La cucaracha, la cucaracha – dadadada ... Mach mal, Mona, los!

MONA. Also »La Cucaracha« ist überhaupt nicht mein Stil. Peggy.
PEGGY. Mona, deinen Stil wissen wir noch nich. Deshalb sind wir ja hier. Jetzt mach mal, wir brauchens – Hans, gib ihr ne Rassel, dann kommt sie leichter rein.
Der Musiker gibt Mona zwei Rumbakugeln n die Hand. Etwas widerwillig nimmt Mona die Kugeln, schüttelt sie im Rhythmus und beginnt lustlos zu singen.
MONA *singt.* La cucaracha, la cucaracha ...
Fred und Peggy schauen sich etwas skeptisch an.

Musikstudio. Kantine. Peggy und Mona sitzen an einem schäbigen Resopaltischchen, trinken Kaffee aus Pappbechern und essen heiße Würstchen mit Senf von Papptellern. Sie haben ihre Mäntel über die Schultern gehängt. Über ihnen an der Wand hängen Plattenhüllen und Bilder von Musikern und Sängern.
PEGGY *redet intensiv auf Mona ein.* Mona glaub mir, ich weiß, wovon ich rede. Ich bin seit zwanzig Jahren im Geschäft und kenn die Branche in- und auswendig. Und ich sag dir, dein Demo is einsame Spitze. Du hast es und du bringst es. Du hast eine wahnsinnige emotionale Power, du hast ein total unverbrauchtes Feeling, du siehst toll aus, du kommst voll rüber – das einzige, wo du vielleicht noch nicht so hast, ist der professionelle Approach.
MONA. Professioneller Approach ...?
PEGGY. Ja, verstehst du mich: Deine ganze Einstellung zu der Sache – wenn ich dir sage, jetzt sing mal bißchen so, dann mußt du das bringen – und wenn ich sage, jetzt sing mal anders, dann mußt du das auch bringen, auch wenn du tausendmal glaubst, daß es Scheiße is. Das ist professioneller Approach.
MONA. Peggy, es hat doch keinen Sinn, wenn ich was singe, was mir überhaupt nicht liegt. Dann laß ichs doch lieber. Ich bin doch kein dummes Mädel mehr mit siebzehn, die man in jede x-beliebige Richtung hinbiegen kann. Ich bin eine erwachsene Frau, die ihre Erfahrungen gemacht hat im Leben ... und diese Erfahrungen ... diese Wunden und diese Narben ... die Kämpfe, die Siege, die Niederlagen ... und das Glück und die Liebe ...

PEGGY *begeistert.* Prima, Mona! Prima!
MONA. ... und Trost und Verzweiflung ...
PEGGY. Ganz toll, Mona!
MONA. ... meine Leidenschaft und meine Müdigkeit, meine Hoffnungen und meine Ängste ... all das ... das möcht ich auch einbringen können.
PEGGY. Kannste doch, Mona, kannste doch!
MONA. Ja ... aber nicht mit »La Cucaracha« ...
PEGGY. Quatsch Cucaracha? Ich weiß jetzt genau, wie wir dich verkaufen, paß auf!

In diesem Moment kommt Fred aus dem Studio, er hat Tonbänder und zwei Musikkassetten in der Hand.
FRED. Da ist dein Demo, Peggy. Hab zwei Kopien gemacht.
PEGGY. Paß auf, Fred! Wir machen das Ganze noch mal, from the top und sofort. Sag Hans, er soll dableiben.
FRED. Okay. *Er geht davon, Peggy steht auf und drückt ihre Zigarette im Senf aus.*
MONA. Was ist jetzt los?
PEGGY *emphatisch.* Ja, wir machen das ganze Demo noch mal, und zwar genauso, wie du gesagt hast: Mit deiner ganzen Erfahrung dahinter ... mit dieser ganzen Power von Leidenschaft und Liebe und Wunden und Narben und Kämpfen und Siegen und so. Ich weiß jetzt genau, wie ich dich verkaufe; ich weiß genau, wo dein Platz ist auf dem Markt. Du bist die wunde Frau von vierzig, irgendwo zwischen Erika Pluhar, Margot Werner und Hildegard Knef.
MONA. Die wunde Frau von vierzig?
PEGGY. Klar. Das machen wir jetzt.
MONA. Und was sing ich?
PEGGY. Das gleiche wie vorher – aber mit dem neuen Feeling!

Café Innenstadt. Gegen Abend: Peggys Jaguar hält vor dem Café. Peggy steigt aus, eilt in das Café, schaut nach links, schaut nach rechts, geht dann schnell auf einen Tisch zu, an dem Mona vor einer Tasse Kaffee sitzt und auf sie wartet. Erschöpft läßt sie sich auf einen Stuhl fallen.
PEGGY. Also, paß auf. Folgendes: Good news: Nick findet das Demo super. Er ist voll drauf abgefahren und möchte dich

unbedingt persönlich kennenlernen. Bad news: Platte hält er für verfrüht, solang wir noch nicht den ganz unverwechselbaren Stil für dich gefunden haben. Ich hab ihm das lang und breit erklärt mit »wunde Frau« und so, aber das hat er nicht ganz überrissen. Außerdem sagt er – und da hat er recht –, daß »wund« so irgendwie negativ besetzt ist vom Image her. »Wunde Frau« da denkt jeder gleich an Monatsblutung, Damenbinde und so weiter – also, da müssen wir uns was anderes einfallen lassen ...

MONA. Soso.

PEGGY. Moment! Good news: Ich hab ihm von deiner tollen Präsenz und deiner Personality erzählt. Und da hatte er ne ganz tolle Idee. Wir sollen erst mal ne Bühnenshow machen, so nen Personality-Abend in der Lach- und Schieß, so wie die Margot damals auch – da können wir nämlich alles abchecken: Wie wir dich aufbauen, wie die Promotion laufen muß, wie wir deinen Namen penetrieren und wasde singst. »Mona« findet er als Namen übrigens gar nicht übel, den können wir behalten.

MONA. Das find ich aber reizend von ihm. Schönen Gruß, ich laß mich herzlich bedanken. *Sie will aufstehen.*

PEGGY *greift nach ihrer Hand und hält sie zurück.* Mona, Moment, jetzt sei nicht so empfindlich! Jetzt hab ich nämlich wirklich Good news: Ich hab daraufhin nämlich gleich den Sammy angerufen, und stell dir vor: Er hat tatsächlich ein Loch in seiner Lach- und Schieß, und wenn wir wollen, können wir da vier Wochen rein.

MONA. In das Loch ...?

PEGGY. Ja ... in seinen Laden eben, in seine Programmlücke. Das is ne Riesenchance!

MONA. Und was machen wir dann da in dem Loch ... in dem Laden ... in der Lücke?

PEGGY. Ein Programm vor Publikum.

MONA. Das mach ich nicht.

PEGGY *steht auf.* Doch, das machen wir. Und ich weiß auch schon ganz genau, *was* wir machen: Die ganze Palette. Alles, was du draufhast. One-Woman-Show mit allem Drum und Dran: Verwundung, äh – ich meine Verwandlung, Verwirklichung, Verkleidung ...

Vor Kostümverleih, Peggy geht mit Mona auf den Kostümverleih zu.
MONA. ... das mach ich nicht, Peggy.
PEGGY. Doch, das machen wir: Singen, Tanzen, Conference, mal als Vamp, mal als Heilige, mal als Hure, mal ganz bieder, mal ganz frech, komisch, tragisch, wie wir wollen. Wie wirs dann im einzelnen machen, das sehen wir im Lauf der Proben. Der Sammy hat auch ganz spontan gesagt, er hilft uns da sofort, wenn wir irgendwie unsicher sind, wie wir dich am besten verkaufen und so.
MONA. Peggy, ich mach das nicht.
PEGGY. Jetzt suchen wir erst mal n paar Klamotten raus. *Sie will die Tür zum Kostümverleih öffnen. Die Tür ist verschlossen – aber innen brennt noch Licht. Energisch klopft sie an die Tür.*

Wohnung Schimmerlos. Das Telefon läutet. Mona betritt die Wohnung, macht Licht. Sie ist vollbepackt mit Kostümen und Requisiten. Mit dem Absatz knallt sie die Tür hinter sich zu, wirft die Kostüme aufs Bett, rennt zum Telefon und hebt ab.
MONA. Hallo?
Büro Schimmerlos/Wohnung Schimmerlos. Baby steht in Hemd und Socken vor seinem Schreibtisch, den Hörer in der Hand. Auf dem Stuhl neben ihm liegen sein Arktisanzug und die Pelzmütze. Herbie sitzt ihm gegenüber auf Eddas Stuhl in voller Wintermontur.
BABY. Wo is meine warme Unterwäsch?
MONA. Was?
BABY. Ich war grad in der Wohnung, hab meinen Anzug geholt, und die lange Skiunterwäsch war nicht da. Und du warst auch nicht da.
MONA. Ja ... Ich war unterwegs, ich hab ...
BABY *unterbricht.* Mona, des is jetzt wurscht, uns pressierts, wir müssen jetzt ins Gebirg, heut is Vollmond und da draußen is scheißkalt. Ich brauch dringend meine warme Unterwäsch. Bitte bring mirs sofort her in die Zeitung!
MONA. Die ist in der Reinigung.
BABY. Ja ... wieso?
MONA. Weil sie dreckig war.
BABY. Seit wann ist die in der Reinigung?

MONA. Seit ein paar Tagen.
BABY. Ja . . .und wie stellst dir des jetzt vor? Was soll ich jetzt – *Mona legt einfach auf.*

Büro Schimmerlos.
BABY. Mona? Hallo? *Er legt auf und beginnt sofort wieder zu wählen.* Die spinnt. Tut die Unterwäsch in die Reinigung, ohne daß mich fragt, und dann holt sies nicht amal ab, wenns fertig ist. Hat den ganzen Tag nix zu tun, aber is nicht in der Lage, sich um meine Wäsch zu kümmern. Was mach ich jetzt?
HERBIE. Am besten suchste dir sofort ne andre Frau.
BABY. Du, ich find das überhaupt nicht komisch. Ich arbeit wie ein Blöder, Tag und Nacht, verdiens Geld – und dann gestattet man sich amal eine höfliche Anfrage, dann is sie beleidigt und legt auf. – So. Und jetzt is besetzt. Jetzt telefonierts wahrscheinlich wieder stundenlang mit irgendeiner Freundin.
HERBIE. Können wir jetzt endlich gehen?
BABY. Naa, können wir nicht, weil ich ihr noch unbedingt sagen muß, wo sie heut abend für mich noch hingehn soll.
HERBIE. Wo?
BABY. Ja, überall da halt, wo wir heut nicht hingehn.
HERBIE. Was wär denn heut gewesen?
BABY *wählt erneut.* Eröffnung Französische Woche, Welthungerhilfe in der Residenz mit Tombola und Ministerpräsident, Bademodenschau am Swimmingpool vom Bayerischen Hof und so weiter, und so weiter.
HERBIE. Lange können wir das sowieso nicht mehr machen, Baby: Speisefolgen – Gästeliste – und Fotos aus dem Archiv.
BABY. Brauch ma auch nimmer lang. – Immer noch belegt. Also gut, gemma! *Er legt auf.*

Verlagsgebäude. Hof. Baby und Herbie gehen ihren Arktisanzügen zu Herbies Jeep. Auf dem Wagen ist ein Dachständer montiert, darauf sind zwei mannshohe Tannen festgebunden. Am Fenster ihres Büros steht Friederike von Unruh und schaut in den Hof hinunter. Sie beobachtet, wie Baby und Herbie einsteigen, wenden und zum Hof hinausfahren.

Büro Unruh. Friederike von Unruh wendet sich vom Fenster ab und tritt ins Zimmer zurück. In einem Sessel neben ihrem Schreibtisch sitzt Gregory Wiener.

UNRUH. Wissen Sie, mein lieber Gregory, der ideale Kolumnist wäre für mich so ein jüngerer Mann, intelligent, möglichst gutaussehend, überaus charmant, gewinnendes Wesen ...

WIENER. Und hungrig.

UNRUH. Gierig, Gregory. Heiß. Geil. Wenn Sie verstehen, was sich meine.

WIENER. Ja natürlich, gnädige Frau, ich versteh Sie genau.

UNRUH. Und die richtige Schreibe muß er haben. Wissen Sie, ich stell mir immer so ne Mischung vor aus frühem Hemingway, Thomas Wolfe und Tucholsky oder so – diesen coolen vibrierenden Nerv, den sechsten Sinn für die Sensationen des Tagtäglichen – verstehen Sie, was ich meine?

WIENER. Ich versteh Sie ganz genau. Sie suchen einen, der so ist, wie Baby früher war.

UNRUH. Ja. Richtig. Wüßten Sie denn so jemanden für mich?

WIENER. No – da müßt ich amal nachdenken. Die jungen Bluthunde, die laufen ja heute nicht mehr so frei herum – falls es überhaupt noch welche gibt. – Eine andre Frage: Warum wollen Sie den Baby nicht behalten? Vielleicht fängt er sich wieder? Vielleicht hat er nur aso a bissel a flaue Phase.

UNRUH. Nein, nein, Gregory. Ich hab das Gefühl, der hat was ganz anderes vor.

WIENER. Aja?

UNRUH. Jaja. Der sucht den Absprung.

WIENER. Wohin will er schon springen?

UNRUH. Was weiß ich. – Vielleicht hat er ein besseres Angebot?

WIENER. Ja? Glauben Sie? – kann ich mir nicht vorstellen. So was spricht sich doch herum. Wenn das so wäre, täts mich wundern, wenn ichs nicht wüßte.

Die Unruh schaut Wiener prüfend an. Er blickt treuherzig zurück.

UNRUH. Wie auch immer. Ich hab ihn jedenfalls satt, diesen Kerl ... diese pampige Art. Am liebsten würde ich ihn sofort rausschmeißen.

WIENER. No – dann schmeißen Sie ihn sofort raus! Wozu sich ärgern mit so einem Kerl?
UNRUH. Ich schmeiß ihn natürlich erst dann raus, wenn ich einen Nachfolger habe.
WIENER. Da haben Sie recht. Alles andre wär a Fehler.
UNRUH. Also, dann bringen Sie mir einen, Gregory! Lassen Sie sich was einfallen!
WIENER. Ich denk schon dauernd nach, gnädige Frau. Ich glaub, ich weiß sogar schon einen.

Gebirgsdorf. Herbies Wagen mit den beiden Tannen auf dem Dach fährt durch das Dorf.

Landstraße. Der Wagen biegt von der Landstraße in den Forstweg ein und verschwindet im Wald. Über den verschneiten Gipfeln steht der Mond. Von ferne hört man eine Kirchenglocke Mitternacht läuten.

Verschneite Wiese. Der Vollmond taucht die Winterlandschaft in ein blausilbriges Licht. Mitten über die schneebedeckte Wiese gehen zwei kleine Tannen. Die letzten Schläge der Glocke verklingen. Tiefe Ruhe liegt über der Landschaft. Nach einer Weile hört man die Stimmen von Herbie und Baby aus der Richtung der beiden kleinen Tannen.
HERBIE. Sag mal Baby, und was is, wenn ich doch blitze?
BABY. Nix Blitz!
HERBIE. Dann hätten wir wenigstens *ein* todsicheres Foto.
BABY. *Ein* Foto nützt uns gar nix: Ich brauch mich nicht als Tanne in an Wald schleichen und dann blitzen. In dem Moment weiß der doch sofort, daß wir hinter ihm her sind, und die ganze Story is im Arsch. *Die beiden Tannen verschwinden im Dunkel des Waldes.*

Verschneiter Waldweg. Der Weg führt durch einen leicht ansteigenden Nadelwald. Durch die Wipfel der hohen Tannen fällt Mondlicht auf den Weg. Im Vordergrund stehen die beiden kleinen Tannen direkt am Wegrand. Aus den Zweigen seiner Verkleidung streckt Herbie den Arm ins Freie. In der Hand hält er einen Belichtungsmesser. Er dreht und wendet ihn.

HERBIE *leise.* Hier is nich gut, Baby, ich glaube auf der anderen Seite hätt ich ne halbe Blende mehr.
BABY *unter seiner Verkleidung.* Pst! Ich glaube, ich hör was.
Vom Hügel, vom Ende des Weges her, ist das leise Bimmeln von Glöckchen zu vernehmen.
HERBIE. Es wär aber wirklich auf der anderen Seite besser!
Nun ist auch das Trappeln von Hufen und das Schnauben von Pferden zu hören.
BABY. Es geht nimmer, bleib stehen!
HERBIE. Dann tuts mir leid, dann garantier ich für nichts.
BABY. Herrgottsakrament!
Mit raschen, trippelnden Schritten überqueren die beiden Tannen den verschneiten Waldweg und bleiben auf der anderen Seite, dicht am Wegrand, wie angewurzelt stehen. Gerade noch rechtzeitig – denn auf der Hügelkuppe tauchen jetzt Lichter auf. Herbie mißt noch einmal rasch das Licht.
BABY *flüstert.* Was is, gehts jetzt?
HERBIE. Ja, jetzt is es ganz Scheiße, jetzt is ne Wolke vorm Mond.
BABY. Wurscht, halts Maul und fotografier!
Herbie steckt den Belichtungsmesser weg, zückt seine Kamera, beide schauen mit gespannten Blicken den Waldweg hinauf.
Die Lichter kommen näher, Geläute und Getrappel werden lauter. Als erste erscheinen zwei Vorreiter in prächtiger bayerischer Kürassieruniform mit Stablaternen in der Hand. Dahinter folgt ein Gespann von vier prunkvoll aufgeschirrten und mit Glöckchen behängten Pferden, die einen goldenen Schlitten ziehen. Zwei der Zugpferde werden ebenfalls von Kürassieren geritten. Im Schlitten sitzen, von dicken Pelzen eingehüllt, eng aneinandergeschmiegt, zwei Gestalten: Beide tragen mit Edelsteinagraffen besetzte Pelzmützen, so daß man von ihren Gesichtern nicht viel erkennt. Die jüngere, etwas kleinere Person, hat ihren Kopf an den Hermelinkragen der anderen, älteren Person gelegt, die einen sehr majestätischen Eindruck macht. Hinter dem Paar stehen zwei Lakaien auf den Kufen des Schlittens und halten ebenfalls Stablaternen in der Hand. Der Troß rauscht in schnellem Trab den Weg entlang, an den beiden Tannen vorbei. Zwei Nachreiter in Kürassieruniformen bilden den Abschluß.

Der Industrielle Karl Gustav Banz verkleidet als König Ludwig.

Die Tanne Herbie löst sich vom Wegrand, springt in die Mitte des Weges und macht noch einige Fotos von der sich entfernenden Schlittenpartie.

Verlagsgebäude. Dunkelkammer. Baby und Herbie stehen in ihren Arktisanzügen, die Haare voller Tannennadeln, in der Dunkelkammer. Gespannt schauen sie auf die Fotos, die im Entwicklerbad liegen. Nach und nach gewinnen die Bilder Konturen, und das abgelichtete Motiv wird erkennbar: Pferde, Reiter und vor allem das Paar im Schlitten. Herbie holt eines der Fotos heraus und wirft es in ein Wasserbad. Baby hält ein Vergrößerungsglas über das Bild.

BABY. Man möchts nicht für möglich halten: Karl Gustav Banz verkleidet als König Ludwig! Jetzt möcht ich bloß noch wissen, wer sei Sissi is. Wer is denn die Frau da daneben?

Die erkennt man nicht gut. *Herbie wirft ein zweites Foto in die Wasserschale. Baby beugt sich wieder mit dem Vergrößerungsglas darüber.* Wer is denn das Weib, Kruzefix?
HERBIE *nimmt Baby das Vergrößerungsglas aus der Hand und beugt sich über die Wasserschale.* Weißte was, das Weib ist kein Weib, das Weib ist ein Kerl!
BABY. Was? *Er reißt Herbie das Vergrößerungsglas aus der Hand und studiert die Fotos noch mal genauer.* Tatsächlich. Seit wann is denn der schwul, der Banz? Der hat doch dauernd Weibergschichtn ghabt und verheirat is er auch.
HERBIE *nimmt Baby wieder die Lupe ab, als könnte er damit das Problem lösen, beugt sich über das Foto.* Tja, vielleicht isser jetzt *bi,* der Banz, neuerdings?
BABY. Bi, der Banz? Der Banz bi? Die Gschichte wird ja immer heißer?
HERBIE. Das wärn Hammer.
BABY. Das is ein ganz ein heißer Hammer, Herbie: Der Banz als König Ludwig...
HERBIE. Schwul...
BABY. ...oder bi...
HERBIE. ...oder beides...
BABY. ...stell dir vor, was des für ein Hammer is!
HERBIE. Ein ganz ein heißer Hammer!
Baby und Herbie schauen sich an. Baby grinst breit und boxt Herbie vor Begeisterung in die Seite.

Wohnung Schimmerlos. Mona sitzt im Bett, schaut eines der Fotos an und wirft es zu den anderen, die neben ihr auf der Bettdecke liegen. Baby sitzt am Bettrand, hat eine halbgeöffnete Konservendose in der Hand und ißt.
BABY. Was sagst?
MONA *legt sich zurück. Ohne Begeisterung.* Ja ... sehr schön.
BABY. Mona, des is nicht nur sehr schön, des is eine Sensation.
MONA. Wahrscheinlich *die* Sensation des Jahrhunderts.
BABY. Des is auch. In der Gschicht is nämlich alles drin, was die Leut interessiert: Geld, Sex, Tragik, Traum, Tragödie, Geheimnis, Märchen, Monarchie, Hochfinanz und Industrie, Alpenglühen und Perversion. Da bleibt kein Auge

trocken, das schwör ich dir! *Er setzt die Konservendose ab und öffnet die Champagnerflasche, die am Nachttisch steht.*
MONA *trocken.* Ja wirklich toll. Jetzt muß sich nur noch rausstellen, daß seine Frau ein sodomitisches Verhältnis mit ihrem Lipizzanerhengst hat, dann hast du alle Zielgruppen erreicht, und du bist wieder mal der Allergrößte.
BABY. Aha ... und das stört dich, das paßt dir nicht?
MONA. Baby, es interessiert mich einfach nicht mehr, ich kanns nicht mehr hören. Dieses ewige Gered von den heißen Storys, die Jahrhundertsensationen. Dieses widerliche Herumkramen in den Privatangelegenheiten von anderen Leuten ...
BABY *unterbricht.* Mona, des is mein Beruf. Ich bin ein Schnüffler, ein Wühler, ein gesellschaftliches Trüffelschwein – und wenn ich als des Schwein, des ich bin, einen solchen Trüffel gfundn hab, so wie heut, dann freu ich mich, dann ist des für mich ein Grund zum Feiern. *Er schenkt beide Gläser mit Champagner voll. Er hält ihr das Glas hin. Mona nimmt es und stellt es dann ohne zu trinken am Nachttisch ab.* Was isn aufamal los, Mona?
MONA. Nichts. Es ist vier Uhr früh. Ich bin müde, ich möcht schlafen.
BABY. Doch, natürlich is was! Sags, was is, war irgendwas?
MONA. Gar nichts war. Genausowenig wie sonst auch. Was soll bei mir schon los sein? Der Höhepunkt meines Tages ist doch irgendwann mitten in der Nacht, wenn du nach Hause kommst und mir deine heißen Stories erzählst. Für alle anderen interessierst du dich doch mehr als für mich. *Baby will unterbrechen.* Ich weiß, das ist dein Beruf, es ist dein Leben. Das kann man mitmachen, oder nicht. Ich habs jetzt fünf Jahr mitgemacht, dein Leben, immer nur dein Leben, deine Zeitung, deine Termine, deine Probleme, deine Verlegerin und deine Leser, dein Fotograf und deine Sekretärin, deine fünfzig oder deine hundert Zeilen, deine schlechte Laune, deinen Größenwahn und deine Depressionen, ganz zu schweigen von deiner Unterwäsche, deinen Socken, deinen Hemden, deinen Manschettenknöpfen und deinen Kragenstäbchen, immer nur dein, dein, dein und du, du, du! Und ich? Was ist mit mir?

BABY. Wieso, was soll mit dir sein? Du bist doch...
MONA. Was bin ich? Sag, was ich bin!
BABY. Ja für mich...
MONA. Nicht für *dich*. Nicht schon wieder für dich. Was bin ich selbst, und was tu ich? Was hab ich zum Beispiel heut den ganzen Tag getan?
BABY. Ja ... ich weiß es nicht, äh...
MONA. Und was hab ich gestern getan und vorgestern? Was hab ich da getan?
BABY. Jetzt hör doch auf mit dem Schmarrn! Ich weiß es nicht.
MONA. Vielleicht hab ich einen Liebhaber, vielleicht war ich bei dem?
BABY. Schmarrn.
MONA. Wieso? Könnt ich doch leicht haben. Vielleicht sogar mehrere. Ich könnt sogar auf den Strich gehn, ohne daß du irgendwas merkst.
BABY. Jaja, freilich!
MONA. Du – es gibt Frauen, die machen das aus lauter Langeweile, vielleicht mach ichs auch?
BABY. Jaja, bestimmt.
MONA. Gell, das glaubst du mir nicht, das hab ich mir gedacht. Stimmt aber. Ich bin jetzt eine berufstätige Frau. Ich mach jetzt Karriere. Ich für mich, ganz allein. So, und jetzt möcht ich schlafen, ich muß morgen gut aussehen und in Form sein. Ich hab einen schweren Tag. *Sie dreht sich auf die Seite und schließt die Augen. Baby sitzt am Bettrand, ungläubig, irritiert, beunruhigt.*

Am nächsten Morgen. Mona steht sehr elegant gekleidet vor dem Badezimmerspiegel und schminkt sich mit großer Sorgfalt. Baby liegt im Bett und tut, als ob er schläft, beobachtet sie jedoch aufmerksam durch die halbgeöffneten Lider. Mona nimmt ihren Schminkkoffer, geht zum Kleiderschrank, öffnet ihn, holt einen Koffer heraus und packt ihn voll mit den Kleidungsstücken und Requisiten aus dem Kostümverleih: Spanisches Flamencokostüm mit Kastagnetten und Tamburin, bayerisches Dirndl mit Kropfband und Brusttuch, pailettenbesticktes Abendkleid mit goldenen Schuhen und Federboa, Damensmoking mit Chapeau claque und

Silberstöckchen, schließlich ein schwarzes Lederset, Hose, Jacke, kniehohe Stiefel und zu guter Letzt diverse Dessous, Strapsgürtel, Strümpfe, eine schwarze, geflochtene Sadopeitsche, Handschellen und Ketten. Babys Augen werden immer größer. Mona geht mit dem Schminkköfferchen und großem Koffer auf Zehenspitzen leise am Bett vorbei, Richtung Türe.
BABY *richtet sich mit einem Ruck im Bett auf.* Mona! *Mona bleibt wie ertappt stehen, dreht sich zu ihm um.* Wo gehst du hin?
MONA. Zum Arbeiten.
BABY. Was hast du in dem Koffer?
MONA. Ja ... alles, was ich dazu brauche.
BABY. Mona!
MONA *geht zur Tür. Dort dreht sie sich noch mal um.* Es kann sein, daß es heute etwas später wird. *Sie öffnet die Türe.*
BABY *springt aus dem Bett und will ihr nachlaufen und sie zurückhalten.* Mona, bleib da, Kruzefix! So ein Schmarrn, so ein blöder! *In diesem Moment läutet das Telefon. Baby schlüpft in eine Hose.* Mona! Wart!
Vom Treppenhaus hört man die eiligen Schritte Monas. Wieder läutet das Telefon. Baby läuft schnell zum Telefon und hebt ab, während er sich weiter ankleidet.

Wohnung Schimmerlos/Büro Herbie.
BABY. Ja – was is?
HERBIE. Du Baby, die Geschichte mit dem Banz wird immer heißer.
BABY. Moment, Herbie, Sekunde! *Er steht mit dem Telefon in der offenen Tür und ruft ins Treppenhaus hinunter:* Mona! Du sollst warten! Ins Telefon. Was is?
HERBIE. Wir müssen sofort zum Flughafen raus ...
BABY. Ich kann jetzt nicht, Herbie.
HERBIE. Vor fünf Minuten ruft mich unser Typ vom Zoll an, erzählt mir, daß zwei Luftfrachtcontainer aus Marokko angekommen sind, Empfänger Banz, ob uns das interessiert, sag ich, klar, was ist denn drin, sagt er, arabische Kostüme, Krummsäbel, Turbane, Wasserpfeifen, Teppiche.
Baby ist mit dem Telefon ans Fenster gelaufen, schaut hinunter und sieht, wie Mona mit ihren Koffern das Haus verläßt und in ein Taxi steigt. Er kann die Nummer des Taxis erkennen.

BABY *ins Telefon.* Moment, Herbie, dreisechszwodrei ... dreisechzwodrei.
HERBIE. Wie, was?
BABY. Nix, ich muß mir nur schnell eine Nummer aufschreiben, dreisechszwodrei ... *Er notiert sich am Schreibtisch die Taxinummer. Unterdessen redet Herbie ungerührt weiter.*
HERBIE. ... ein ausgestopftes Kamel oder Dromedar oder so was, Palmen, Pfauenwedel, Kohle-Becken, Räucherpfannen – die ganze orientalische Kiste ... *Baby rennt wieder zum Fenster zurück und sieht, wie unten das Taxi davonfährt.* ... Tausendundeinenacht, verstehste; sag ich, natürlich interessiert uns das, und wie! Wir sind in einer Viertelstunde da.
BABY. Herbie, ich kann jetzt nicht, fahr du raus, mach Fotos – wir sehn uns dann in der Zeitung, Servus! *Er hängt auf und wählt sofort wieder. Edda ist am Apparat.* Hallo – Edda, paß auf: Ruf sofort in der Taxizentrale an, ich muß unbedingt wissen, wo der Wagen mit der Nummer dreisechszwodrei grad hinfahrt! Und wenn dus hast, dann rufst sofort zurück, ich bin zu Haus und wart.
EDDA *aus dem Telefon.* Und wann kommst du ins Büro?
BABY. Des weiß ich jetzt noch nicht, ich komm dann schon. Ruf jetzt sofort die Taxizentrale an! *Er legt auf.*

Vor Lach- und Schießgesellschaft. Vor dem Gebäude stehen Peggys Jaguar und eine große dunkle Limousine mit Chauffeur. Mona kommt mit dem Taxi an, steigt aus. Der Taxifahrer holt ihr den Koffer aus dem Kofferraum und trägt ihn vor den Eingang des Kabaretts. Aus dem Taxi hört man eine Stimme über Funk.
STIMME. Dreisechszwodrei bitte kommen ... dreisechszwodrei bitte kommen ...
Mona verschwindet im Gebäude. Der Taxifahrer geht zurück zu seinem Wagen, steigt ein, greift nach dem Mikrofon seines Funkgeräts und meldet sich.
TAXIFAHRER. Ja, hier dreisechszwodrei.
STIMME. Wo san Sie momentan?
TAXIFAHRER. Haimhauser, Ecke Ursula ...

Vor Haus Schimmerlos. Baby rennt aus dem Haus, steigt in seinen Wagen und fährt weg.

Vor Lach- und Schießgesellschaft. Babys Wagen hält hinter Jaguar und Limousine. Baby steigt aus. Sein Blick fällt auf die beiden teuren Wagen. Dann schaut er die Fassade des Gebäudes hinauf. Nichts deutet darauf hin, daß sich hier ein Bordell oder ein ähnliches Etablissement befinden könnte. Er schaut nach links, schaut nach rechts ... da sieht er eine jüngere, ziemlich ordinär aussehende Frau in hochhackigen Schuhen den Bürgersteig entlanggehen. Sie geht an Baby vorbei, er schaut ihr nach und sieht, wie die Frau in einem Hauseingang verschwindet. Baby folgt ihr.

Treppenhaus. Aus den Räumen der Lach- und Schießgesellschaft hört man Musik und Monas Stimme. Baby realisiert beides nicht, sondern folgt der Frau die Treppe hinauf.

Zweiter Stock. Baby steht im Treppenhaus vor einer Türe des zweiten Stocks, an der ein großes Schild angebracht ist: »Massagen und Bäder«. Er klingelt. Die Tür wird geöffnet. Vor Baby steht die Frau, die er zuvor auf der Straße gesehen hat. Allerdings sieht sie jetzt gar nicht mehr nuttig aus, sondern trägt einen weißen Schwesternkittel und normale Arbeitsschuhe.
BABY. Wo ist meine Frau?
SCHWESTER. Wie bitte?
BABY *laut.* Tuns nicht so! Wo meine Frau is, möcht ich wissen! *Er schiebt die Schwester zur Seite und tritt ein. Brüllt.* Mona! *Er beginnt, verschiedene Türen aufzureißen.* Mona!
Aus den Praxisräumen kommen Damen und Herren in weißen Kitteln und schauen Baby verwundert an.
SCHWESTER. Was wollen Sie denn eigentlich hier? Wen suchen Sie?
BABY *verwirrt.* Ja ... sind Sie kein ...
SCHWESTER. Kein was?
BABY. Ja ... ein, ein ...
SCHWESTER. Ein was?
BABY. Ja ... ein, ein Pfuff! Naa? Nicht? *Die weißgekleideten Herren und Damen sehen ihn an wie einen Geisteskranken.* Entschuldigung. Entschuldigens bitte vielmals ...

Treppenhaus. Baby kommt rasch die Treppe heruntergelaufen und will zum Ausgang. Wieder hört man aus den Räumen der Lach- und Schießgesellschaft Musik und den Gesang Monas. Plötzlich bleibt Baby wie angewurzelt stehen. Er lauscht dem Gesang. Dann macht er kehrt und geht langsam auf eine Türe zu, die zu den Hinterräumen der Lach- und Schießgesellschaft führt.

Lach- und Schießgesellschaft. Zuschauerraum. Mona steht in schwarzem Hosenanzug mit weißem Hemd und Smokingjacke und einem Chapeau claque in der Hand auf der von Scheinwerfern beleuchteten Bühne. Von einer kleinen Combo begleitet, singt sie das Liebeslied »Mein blondes Baby«.
Im Zuschauerraum sitzen Peggy, ein Herr im Hut und Mantel, mit einem Aktenkoffer auf den Knien, und Sammy, der Besitzer. Alle drei sind offenbar sehr beeindruckt. Der Herr nimmt seinen Hut ab. Baby betritt leise den Zuschauerraum, stellt sich in eine Ecke und hört der Musik zu.

Verlagsgebäude. Dunkelkammer. Herbie holt eine Reihe Fotos aus dem Trockner, die er auf einen Stapel legt. Auf den Fotos sind Luftfrachtcontainer, Frachtbriefe, Kostümteile etc. zu erkennen. Er schaltet den Trockner ab, packt die Fotos und verläßt die Dunkelkammer.

Büro Schimmerlos. Herbie betritt das Büro. Edda sitzt hinter ihrem Schreibtisch und strickt an ihrem Pullover.
HERBIE. Is er immer noch nicht da?
Edda schüttelt den Kopf.
HERBIE. Ja, wo is er denn?
EDDA. Wenn ichs doch nicht weiß, Herbie.
Herbie seufzt auf, schaut auf die Uhr, wirft den Packen Fotos auf den Schreibtisch, fläzt sich in Babys Sessel und legt die Füße auf den Tisch.
In diesem Moment geht die Tür auf, und eine wütende Friederike von Unruh kommt in Hut und Mantel herein.
UNRUH. Ist er immer noch nicht da?
Edda läßt ihr Strickzeug fallen, Herbie nimmt die Füße vom Tisch und versucht, seine Fotos mit den Händen zu bedecken.
EDDA. Nein.

UNRUH. Und Sie wissen auch nicht, wo er ist?
EDDA. Nein.
UNRUH. Was wissen Sie überhaupt?
EDDA. Nichts.
UNRUH. Auch nicht, daß er vor einer Stunde eine Verabredung mit mir hatte?
EDDA. Ja ... doch.
UNRUH. Und warum ist er nicht gekommen?
EDDA. Wenn ichs doch nicht weiß!
UNRUH. Wo war er gestern abend?
EDDA *weinerlich.* Ich weiß es doch nicht.
UNRUH. Aber ich weiß es. Er war weder bei der Französischen Woche, noch bei der Welthungerhilfe.
HERBIE. Dann war er bestimmt im Bayerischen Hof bei der Bademodenschau. Da war er. Bestimmt.
UNRUH. Da war er auch nicht.
HERBIE. Ach, da war er auch nicht? Ja, wo war er dann?
UNRUH. Ich nehme an, daß Sie das besser wissen, mein lieber Fried. Aber ich sage Ihnen jetzt was, Ihnen beiden: Ich lasse mir von niemanden auf dem Kopf herumtanzen. Und wer versucht, mich zu hintergehen, mich zu belügen und mich warten zu lassen, wer mir Gästelisten und Archivfotos wochenlang als heiße News verkaufen will, der kann sich gerne seinen Job woanders suchen, verstehen Sie mich? Wer mich verarscht, der fliegt! Und das richten Sie jetzt dem Herrn Schimmerlos aus, falls Sie ihn heute noch sehen sollten, und zwar genauso, wie ichs Ihnen jetzt gesagt habe.
HERBIE. Ja wie...
EDDA. Was?
UNRUH. Er ist gekündigt. Fristlos. *Sie rauscht hinaus und knallt die Türe hinter sich zu.*
Herbie und Edda schauen ihr nach. Dann dreht sich Herbie um zu Edda.
HERBIE. Also Edda: Wo ist er denn nun wirklich?
EDDA *weinend.* Ich weiß es doch nicht. Er ist irgendeinem Taxi nachgefahren.
HERBIE. Und wohin?
EDDA. Irgendwo ... Ecke Ursula/Haimhauser.

Vor Lach- und Schießgesellschaft. Es hat zu regnen begonnen. Vor der Lach- und Schieß stehen hintereinander die Limousine, Peggys Jaguar und Babys Porsche. Sammy steht im Türeingang des Kabaretts und raucht. Der Herr mit Hut sitzt im Fond seines Wagens, hinter dem Chauffeur, schaut auf die Uhr, dann dreht er sich um zu Peggys Jaguar. Peggy sitzt am Steuer des Jaguars, raucht nervös, schaut zu Sammy hinüber. Sammy dreht sich um und schaut durch die halbgeöffnete Türe in das Lokal hinein.

Lach und Schießgesellschaft. Innen. Mona träg wieder normale Kleidung und sitzt mitten auf der Bühne auf ihrem Koffer. Baby geht rauchend vor der Bühne auf und ab.

BABY. Des ist doch ein Schmarrn, Mona, eine Schnapsidee ist des Singen. Du bist doch keine Sängerin.

MONA. Du, das sind andre auch nicht.

BABY. Ja, andre! Andre intressiern mich nicht. Außerdem haben andre einen Erfolg. Was is denn, wenns ein rechter Flop wird? Dann bist aber blamiert, aber sauber. Da machst dich sauber lächerlich.

MONA. Das weiß ich. Aber das Risiko geh ich ein.

BABY. Ja, aber ich nicht.

MONA. Ach so! Du meinst, es könnte deinem Ansehn schaden, wenn ich mich lächerlich mache?

BABY. Ja. Durchaus.

MONA. Aber wenn ich einen Erfolg hätte, dann wärst du recht stolz – auf dich?

BABY. Schmarrn Erfolg. Erstens wirds keiner, und zweitens ... was is denn dann, wennst einen hast?

MONA. Ja, was soll da sein? Das wär doch wunderbar.

BABY. Gar nix is wunderbar! Dann gehts nämlich erst los. Mit Platten, Konzerte, Tourneen – was meinst, was des für a Streß is? Da bist aber keinen Tag mehr zu Haus.

MONA. Ich war lang genug zu Hause, Baby. Und falls du dir Sorgen machen solltest um deine Unterwäsche und deine Socken ...

BABY. Darum gehts nicht.

MONA. ... dann nimm dir eine Haushälterin!

BABY. Ich will keine Haushälterin.

MONA. Es wird dir nichts anderes übrigbleiben, Baby.

Baby. Mona, damit wir uns jetzt ganz klar verstehn: Ich verbiete dir ein für allemal, daß du singst. Entweder du nimmst jetzt deinen Koffer und wir fahren heim, oder ...
Mona. Oder?
Baby. ... oder ... oder es ist aus. Ein für allemal.
Mona *steht auf, läßt ihren Koffer auf der Bühne stehen und geht zum Lokalausgang. Dort bleibt sie noch einmal kurz stehen und dreht sich um.* Servus, Baby! *Sie geht hinaus.*

Vor Lach- und Schießgesellschaft. Mona kommt aus dem Eingang, wo Sammy noch steht.
Mona. Wann soll ich nun morgen zur Probe kommen, Sammy?
Sammy. Wann de willst. Ich steh um zehn auf der Matte.
Mona geht auf die Limousine zu, der Chauffeur öffnet ihr die hintere Tür, sie steigt ein. Baby erscheint neben Sammy in der Tür. Die Limousine fährt los. Peggy folgt im Jaguar. Baby schaut den Wagen nach, die die Haimhauser Straße hinunterfahren.
Sammy. Tja. – Sag mal, Baby, wenn du schon mal da bist – da könnenwa doch gleich mal ein paar Takte plaudern über die Promotion oder so.
Baby *abwesend.* Was?
Sammy. Ja – wie wir se rausbringen. Vielleicht machste morgen gleich mal nen kleinen Vorbericht mit einem schönen großen Foto von ihr, oder von mir; am besten von uns beiden.
Baby *schaut immer noch den Autos nach.* Wer war denn er da – der mitm Hut?
Sammy. Peggys Exmann Nick Täubner. Plattenproduzent. War schwer beeindruckt.
Baby geht wortlos zu seinem Wagen. Als er gerade einsteigen will, kommt Herbie mit dem Jeep angefahren, hält, steigt aus, und geht auf Baby zu.
Herbie. Mensch, da biste ja! Wir suchen dich schon seit Stunden. Stell dir vor, was passiert ist!
Baby. Die ... singt ...
Herbie. Wie?
Baby. Die Mona wird Sängerin ... Grad is weggfahren ... Die macht jetzt nämlich Karriere. Aus is, Herbie, aus ...

HERBIE. Ja, du – was andres, was ganz andres: Schönen Gruß von der Unruh: Du bist gekündigt.
BABY. Was?
HERBIE: Fristlos.

Restaurant El Toula. Einige Tage später. Baby betritt das Restaurant. Gregory Wiener steht von seinem Tisch auf, breitet seine Arme weit aus, geht Baby entgegen und umarmt ihn innig.
WIENER. Mein lieber Baby – kommen Sie an mein Herz! Was gibt es Schöneres im Leben, als ein freier Mann zu sein! Haben Sie die Fotos dabei?
Baby greift in die Tasche und holt einen Packen Fotos heraus. Sie setzen sich an Wieners Tisch, Wiener schaut die Fotos an.
WIENER. So a schöne Schlittenfahrt! Aber ehrlich gsagt, a schöne Orgie wär mir lieber. Macht er keine Orgien?
BABY. Des wissen wir noch nicht so ganz genau. Auf jeden Fall macht er demnächst a großes orientalisches Kostümfest mit Bauernburschen aus der Umgebung.
WIENER. Kostümfest mit Bauernburschen? No – dann macht er auch Orgien. Bestimmt peitscht er auch?
BABY. Wie? ... wen?
WIENER. No – irgendwen. Seinen Sekretär, seinen Chauffeur, Bauernbuben, Minderjährige .. nein?
BABY. Des wissen wir noch nicht so ganz genau – aber wenn ers macht, dann krieg ich des auch raus.
WIENER. Mein lieber Baby, da müssen Sie aber hieb- und stichfeste Beweise haben. Sozusagen a lückenlose Dokumentation: Von jeder Sauerei a Foto. Wie wollen Sie das machen?
BABY. Des machma scho.
WIENER. Wie denn?
BABY. Ja – am besten halt so, daß er nix davon merkt. Oder?
WIENER *lächelt.* Jaja ... natürlich *Er schaut Baby an. Baby lächelt freundlich zurück.* Was mir an Ihnen so gefällt, Baby, ist die Hartnäckigkeit, mit der Sie ein einmal gefaßtes Ziel verfolgen. Wenn Sie einmal auf einer Fährte sind und Blut gerochen haben, dann kann Sie nichts und niemand mehr davon abbringen, oder?
BABY. Naa.

WIENER. Dann lassen Sie nicht mehr locker – oder?
BABY. Naa.
WIENER. Um keinen Preis?
BABY. Naa.
WIENER. Ich glaube, wir werden sehr gute Geschäfte miteinander machen.

Vor Haus Schimmerlos. Herbies Jeep kommt vorgefahren. Herbie steigt aus. Er ist in ein lächerliches orientalisches Kostüm mit Turban und Pluderhosen gekleidet. Er geht zur Haustür und klingelt, der Türsummer ertönt. Herbie verschwindet im Haus. Nach einer Weile gehen oben in Babys Wohnung die Lichter aus. Aus der Haustür kommen Herbie und Baby. Auch Baby trägt ein orientalisches Kostüm, allerdings ein eher kriegerisch-wildes. Eilig gehen sie zum Wagen, steigen ein und fahren weg.

Landstraße. Der Mercedes biegt von der Landstraße in die Forststraße ein. Im Scheinwerferlicht sieht man zwei finstere Gestalten neben ihren Motorrädern stehen. Sie sehen aus, als kämen sie geradewegs aus den Reihen der Afghanischen Guerillakämpfer, tragen Dolche, Patronengürtel etc.: Es sind die beiden Bauernburschen. Herbie und Baby steigen aus und gehen zu ihnen hinüber.
ERSTER BURSCHE *zu Baby.* Wo ist die Kohle.
Baby zieht einen Packen Geldscheine aus der Tasche, die Burschen stecken die Scheine ein. Der erste Bursche wirft einen mißbilligenden Blick auf Herbie.
ERSTER BURSCHE *zu Baby.* Wie schaut denn der aus, dei Freind da!
HERBIE. Wieso – orientalisch dachte ich. Oder nicht?
ERSTER BURSCHE. Ja scho. Aber nedaso. Der schaugt ja aus wie da Sarotti-Mohr. Da steht der Banz fei ned drauf. Wildes Kurdistan, hab ich dir gsagt, Blut, Männerschweiß und Tränen. Aber ned kloaner Muck. Da steht der ned drauf.
HERBIE. Auf mich braucht er auch gar nicht stehen, weil ... weil so Sauereien mach ich sowieso nicht mit. Das sag ich dir gleich, Baby; und ... irgendwie ausziehen tu ich mich auch nicht.
ERSTER BURSCHE. Da is bei dir auch koaner gspannt drauf,

Mucki! *Die beiden Burschen lassen ihre Maschinen an. Baby setzt sich auf die Maschine des zweiten Burschen, Herbie zögert noch einen Moment.* Ja kumm, geh weida, Mucki!
Herbie steigt hinter ihm auf. Der Bursche dreht sich nochmals zu ihm um. Tu wenigstens dei Brilln runter, Mucki!
Herbie nimmt seine Brille ab. Sie fahren weg.

Jadgschloß Banz. Das Schloß ist hell erleuchtet. Die Tore der Einfahrt sind geöffnet, werden allerdings bewacht von zwei orientalischen Kriegern, die Maschinenpistolen über der Schulter hängen und Schäferhunde neben sich haben.
Im Schloßhof steht schon eine ganze Reihe von Motorrädern. Einige Motorradfahrer, die gerade angekommen sind (sie sind alle verkleidet), steigen ab und gehen ins Schloß.
Von der Zufahrtsstraße her hört man den näherkommenden Lärm von einigen Dutzend Motorrädern: Eine Horde wild verkleideter Motorradfahrer braust unter ohrenbetäubendem Lärm auf die Schloßeinfahrt zu. Unter den Vorbeifahrenden erkennt man zwei Motorräder, die als einzige Beifahrer aufsitzen haben: Baby und Herbie. Die Motorradfahrer brausen an den Wachen vorbei in den Schloßhof.

Schloßhof. Die Burschen steigen ab und gehen ins Schloß. An der Türe steht ein in dunklem Anzug gekleideter, jüngerer Herr, Banz' Sekretär, Herr Vogel. Er läßt die Burschen anstandslos passieren. Aus dem Innern des Schlosses hört man orientalische Musik, Stimmen, Gelächter ... Der erste Bursche geht an dem Sekretär vorbei, deutet mit dem Daumen hinter sich.
ERSTER BURSCHE. Des sans, die da.
Der Sekretär tritt auf Baby und Herbie zu, die sich hinter dem Burschen einzuschleichen versuchen.
VOGEL. Guten Abend.
BABY UND HERBIE. Guten Abend. *Sie wollen rasch an dem Sekretär vorbei.*
VOGEL. Herr Schimmerlos!
Beide bleiben stehen und drehen sich langsam um. Der Sekretär ergreift Babys Hand und schüttelt sie. Guten Abend, Herr Schimmerlos! Guten Abend, Herr Fried! Mein Name ist Vogel. Ich bin der Sekretär von Herrn Banz. Wenn Sie bitte

mit mir nach oben kommen wollen!
Baby und Herbie schauen sich stumm an. Dann folgen sie dem Sekretär.

Bibliothek. Vogel öffnet die Türe und führt Baby und Herbie in den großen Bibliothekssaal. Vor dem brennenden Kamin stehen einige Sessel.
VOGEL. Wenn Sie sich bitte einen Moment gedulden wollen. Ich bin sofort zurück.
Vogel geht hinaus und schließt die Tür. Baby und Herbie gehen zum Kamin und setzen sich in die Sessel. Herbie zieht Zigaretten aus der Tasche seiner Pluderhosen und zündet sich eine an. Auch Baby raucht eine Zigarette. Von unten hört man den Lärm des Festes.
HERBIE. Also entweder hamse uns wirklich an meinem Kostüm erkannt...
BABY. Schmarrn.
HERBIE. ... oder diese Bauernlümmel haben uns verraten.
BABY. Oder ganz wer anders.
In diesem Moment geht die Türe auf, und der Sekretär Vogel kommt mit einem kleinen Aktenköfferchen zurück. Er geht zum Kamin, zieht sich einen Sessel heran und legt den Aktenkoffer auf den Kamintisch.
VOGEL. So meine Herren. Ich darf Ihnen jetzt folgendes Angebot machen: In diesem Koffer ist eine halbe Million Mark in bar. Dafür überlassen Sie uns ihr gesamtes Recherchenmaterial, einschließlich sämtlicher Fotos und Negative, und verpflichten sich, über alles, was Sie wissen oder auch nur zu wissen glauben, Stillschweigen zu bewahren, und Herrn Banz fürderhin in keiner Weise mehr zu behelligen. *Er zieht ein Papier aus der Tasche.* Wenn Sie mir nur den Empfang des Geldes hier unten quittieren wollen... *Er legt die Quittung und einen Kugelschreiber auf den Tisch und öffnet den Koffer. Der Koffer ist gefüllt mit gebündelten Fünfzig- und Hundertmarkscheinen. Herbie bekommt ganz große Augen. Baby wirft mit einer Handbewegung den Deckel des Koffers zu.*
BABY. Naa, Herr Vogel. So einfach geht das nicht.
VOGEL. Sie werden nicht mehr herausschlagen, Herr Schimmerlos...

BABY. Des mein ich nicht...
VOGEL. Wir machen nur *ein* Angebot... Dabei sind wir nicht kleinlich, wie Sie sehen – aber wir handeln nicht. Sie können dieses Angebot akzeptieren und ablehnen, wie Sie wollen. Überlegen Sie es sich. *Er steht auf und will gehen.*
BABY. Moment, Herr Vogel.
VOGEL. Ja bitte?
BABY. Sagens doch dem Herrn Banz einen schönen Gruß – und ich tät gern selber mit ihm da drüber reden.
VOGEL. Herr Banz ist für Sie nicht zu sprechen, Herr Schimmerlos.
Er geht zur Tür.
BABY. Herr Vogel! Einen Moment noch!
VOGEL. Ja, bitte?
BABY. Du Herbie, schau ihn amal genau an: Is er ned der Kerl, der mitm Banz im Schlitten gesessen is?
HERBIE. Na klar, Mensch.
Vogel dreht sich um und geht hinaus.
BABY. Arschloch arrogants. Die meinen, mit ihren Millionen, da können sie sich alles kaufen. Wirklined! *Er steht auf. Herbie bleibt sitzen, schaut auf den Koffer, öffnet ihn.* Ja, was is? Gehweida, gemma!
HERBIE. Baby...
BABY. Was?
HERBIE *steht auf.* Du, Baby ... äh ... weißte ... verstehste ... irgendwie ... ich meine, irgendwo ... sind das ja auch *meine* Fotos ... verstehst ... und nicht nur *deine* Geschichte ... irgendwo...
BABY. Was is?
HERBIE *setzt sich wieder und steckt sich eine Zigarette an. Seine Finger zittern.* Weißte Baby ... egal, wasde jetzt von mir denkst ... aber ... ich denke mir, man muß die Sache doch realistisch sehen.
BABY *drohend.* Was heißtn da realistisch, ha? *Er geht auf Herbie zu, packt ihn und zieht ihn aus dem Sessel.*
HERBIE. Baby – unsre Story is doch so und so im Arsch. Jetzt wo wir aufgeflogen sind, kommen wir doch nie mehr an den Typen ran. Was hamwa denn? Paar lausige Fotos von ner Schlittenfahrt und von ein paar Kostümen und ein paar

Vermutungen, die wir nie und nimmer beweisen können. Und dafür, meine ich, verstehste ... is das doch wirklich n faires Angebot: Zwohundertfünfzig Mille pro Nase ... verstehste ... das is ne Menge Kohle ... finde ich.
BABY. Findst du? *Er läßt ihn los, Herbie sinkt in den Sessel zurück.*
HERBIE. Ja. Finde ich. Find ich schon.
BABY *beugt sich über ihn.* Ja wolltn wir nicht eigentlich die großen Stories miteinander machen, Herbie? Farbe, Hochglanz, Doppelseite? Wolltn wir des nicht?
HERBIE. Können wir doch, Baby! Können wir doch jetzt um so besser ... jetzt, wo du frei bist ... mit der ganzen Kohle, verstehste ... da können wir doch jetzt machen, was wir wollen ... wie und wo und was ...
BABY. Ja, des kannst du dann allein machen. *Er dreht sich um und geht zur Tür.*
HERBIE *steht auf.* Baby! – Mensch ...
Baby geht hinaus. Herbie klappt den Koffer zu, packt ihn und will Baby nachlaufen – da fällt ihm noch etwas ein. Er geht zum Tisch zurück, unterschreibt die Quittung und läuft hinaus.
HERBIE. Baby ... warte!

Gregory Wiener, der durch das Schlüsselloch in die Bibliothek geschaut hat, richtet sich auf und reibt sich zufrieden die Hände.
WIENER. No? Was hab ich Ihnen gesagt: Bargeld lacht. Hätt auch weniger sein können.
An einem Tresor steht Vogel und packt Geldscheine in einen zweiten kleinen Aktenkoffer.
VOGEL. Sie meinen, dann wäre ihr Anteil noch größer gewesen?
WIENER. Bitt Sie, Herr Vogel – das Haus Banz sollte mir dankbar sein.
VOGEL *klappt den gefüllten Koffer zu und schließt den Tresor.* Wir wissen Ihre Bemühungen zu schätzen, Herr Wiener. Wir hoffen aber sehr, daß wie Sie fürderhin nicht mehr benötigen.
WIENER. Stehe immer zu Diensten.
VOGEL *legt ihm eine Quittung auf den Tisch.* Wenn Sie dann bitte hier quittieren wollen.

WIENER *nimmt den Koffer.* A Quittung? Ich brauch ka Quittung. *Er zerreißt sie.*
VOGEL. Ja ... wir müssen doch wissen ...
WIENER. No – Sie wissen doch, wem Sies gegeben haben: Mir. Das genügt doch. Guten Abend. Und grüßen Sie mir Seine Majestät. *Er geht mit dem Aktenkoffer hinaus.*

Straße vor dem Jagdschloß Banz. Im Hintergrund liegt das beleuchtete Schloß. Die orientalische Musik klingt noch leise herüber. Baby und Herbie gehen die Auffahrt hinunter. Herbie mit dem Koffer in der Hand. Hinter ihnen sieht man die Scheinwerfer von Wieners Wagen näherkommen. Wiener hupt. Baby und Herbie drehen sich um, erkennen ihn. Wiener hält, lächelt. Er öffnet die hinteren Türen und wartet.

In Wieners Wagen. Wiener chauffiert. Baby und Herbie sitzen im Fond. Herbie zählt das Geld im Koffer.
BABY. Sie sind die größte Drecksau, die mir jemals begegnet ist, Wiener.
WIENER *gutgelaunt.* Was wollen Sie? Dankbar sollten Sie mir sein. Sie machen Ihre erste Geschichte für mich, und ich verkaufs gleich für a halbe Million. Was wollen Sie mehr?
Herbie legt Baby die Hälfte des Geldes auf den Schoß. Baby steckt es ein.

Wohnung Schimmerlos. Es ist früher Morgen. Baby steht im Bademantel am Fenster seiner Wohnung und schaut auf die Straße hinunter. Dort sind vor einer großen Plakatwand zwei Arbeiter mit Leiter und Leimkübel zu sehen. Sie kleben die Wand nach und nach voll mit Plakaten, auf denen groß der Kopf von Mona zu sehen ist und ihr Auftritt in der Lach- und Schießgesellschaft angekündigt wird.

Vor Lach- und Schießgesellschaft. Nachts. Monas Stimme ist zu hören. Baby steigt aus seinem Wagen und geht langsam zum Hintereingang in die Ursulastraße. Er betritt den Hausflur. Dort steht Peggy und pfafft nervös eine Zigarette nach der anderen.

Im Hausflur. Das Lied ist jetzt laut und deutlich durch die Tür des Bühneneingangs zu hören. Baby bleibt neben Peggy stehen. Er zündet sich eine Zigarette an, raucht. Sie sprechen kein Wort miteinander. Das Lied ist zu Ende. Enormer Beifall ist zu hören, laute Rufe: »Bravo! Mona! Zugabe!« Peggy stößt einen Jubelschrei aus, reißt die Türe des Bühneneingangs auf und verschwindet. Baby steht rauchend vor der verschlossenen Tür. Langsam dreht er sich um und geht hinaus auf die Straße.

HEYNE BÜCHER

HEYNE TASCHENBÜCHER

zu Film und Fernsehen

Frank Herbert
Der Wüstenplanet
01/6356 - DM 9,80

Robert Jordan
Conan der Zerstörer
01/6281 - DM 7,80

William Kelley /
Earl W. Wallace
Der einzige Zeuge
01/6367 - DM 5,80

John Knittel
Via Mala
01/6674 - DM 9,80

William Kotzwinkle
E.T.
Der Außerirdische und seine Abenteuer auf der Erde
01/6065 - DM 6,80
E.T. Das Buch vom Grünen Planeten
01/6516 - DM 6,80

Elmore Leonard
Sie nannten ihn Stick
01/6532 - DM 6,80

Ira Levin
Rosemaries Baby
01/978 - DM 5,80

Gerrold / Longyear
Enemy Mine
Mein Feind im Weltall
01/6677 - DM 6,80

Robert Ludlum
Das Osterman-Wochenende
01/5803 - DM 7,80

Alistair MacLean
Die Kanonen von Navarone
01/411 - DM 6,80

Preisänderungen vorbehalten.

Colleen McCullough
Dornenvögel
01/5738 - DM 9,80
Tim
01/5884 - DM 6,80

Vonda McIntyre
Die Braut
01/6672 - DM 6,80

James A. Michener
Colorado-Saga
Micheners berühmter Roman, nachdem die gleichnamige 24teilige Fernsehserie gedreht wurde.
01/5750 - DM 12,80

Paul Monette
Scarface – Der Mann mit der Narbe
01/6440 - DM 6,80

David Morrell
Rambo
01/6448 - DM 6,80
Rambo 2 – Der Auftrag
01/6364 - DM 6,80

Warren Murphy /
Richard Sapir
Remo
Unbewaffnet und gefährlich
01/6365 - DM 6,80

Gerhard Polt /
Hanns Christian Müller /
Carlo Fedier
Kehraus
01/6273 - DM 6,80

Stephen Phillip Smith
Ein Offizier und Gentleman
01/6195 - DM 5,80
Moving In – Eine fast intakte Familie
01/6366 - DM 6,80

Bram Stoker
Dracula
01/526 - DM 6,80

Craig Thomas
Firefox
01/6132 - DM 7,80

Joseph Wambaugh
Tod im Zwiebelfeld
01/6416 - DM 9,80

Joan Wilder
Auf der Jagd nach dem grünen Diamanten
01/6316 - DM 6,80
Auf der Jagd nach dem Juwel vom Nil
01/6675 - DM 6,80

Ted Willis
Ein Heim für Tiere
01/6282 - DM 6,80
Ein Heim für Tiere 2
01/6642 - DM 6,80

Wilhelm Heyne Verlag München

HEYNE TASCHENBÜCHER

Humor, Nonsense, Graffiti, Neues von der Szene

01/6666 - DM 9,80

01/6699 - DM 5,80

01/6548 - DM 5,80

01/6595 - DM 6,80

01/6537 - DM 6,80

18/7 - DM 6,80

01/6737 - DM 5,80

18/36 - DM 6,80

DER GANZ NORMALE WAHNSINN

Man könnt' leben, aber man läßt nicht
in der Originalfassung von Helmut Dietl
320 Seiten mit 40 Abbildungen, kart.

Das Ganze übertraf an Witz und Einfall, an satirischem Klapperschlangenbiß und Schwabinger Typenkomik die üblichen Heiterkeits-Serien um Längen. Nicht nur, weil da sämtliche irrationalen Verhaltensweisen des in Liebe entbrannten Individuums mit genüßlichem Ingrimm zerfieselt wurden – sondern weil sich nebenbei all diese Marotten aus dem Kulturbetrieb und Erfolgsgeschäft, aus Künstlers sensiblen Anpassungsalpträumen und zeitgenössischem Vermarktungshorror mit Ironie und bayerischem Skurrilhumor zur bürgerlichen Spiegelgroteske auswuchsen.

Ponkie, Abendzeitung

Helmut Dietls Schriftstellerfigur war ein auf Münchner Maße zurechtgestutztes Szenengenie, eher Woody Allens Alptraum als er selber. Wieder hatte uns Dietl durchschaut. Erst unser politisches, dann unser neurotisches Dandytum.

Helmut Schödel, DIE ZEIT